HISTOIRE
DE
PHILIPPE-AUGUSTE.

III.

Se trouve également
CHEZ LADVOCAT, LIBRAIRE.

TYPOGRAPHIE DE J. PINARD, IMPRIMEUR DU ROI,
RUE D'ANJOU-DAUPHINE, N° 8.

HISTOIRE
DE
PHILIPPE-AUGUSTE,
PAR M. CAPEFIGUE.

OUVRAGE COURONNÉ PAR L'INSTITUT.

TOME TROISIÈME.
1206—1214.

Paris.

DUFEY, LIBRAIRE,
Rue des Beaux-Arts, N° 14.

1829.

AVERTISSEMENT ET ERRATA.

Les nombreuses citations de vers latins dans les notes de ce volume nécessitent une observation. On remarquera l'absence presque complète des règles usuelles de quantité telles qu'on les admet aujourd'hui : c'est que les chroniqueurs poètes du moyen âge s'étaient formé des règles particulières. Quelques mots barbares s'y trouvent aussi; la langue franque faisait sentir son influence sur cette latinité.

Dans le récit, souvent on a donné le titre d'évêque aux métropolitains comme aux suffragans; les troubadours, et même les chroniqueurs auxquels on a fait cet emprunt, ne les distinguent pas toujours comme la *Gallia christiana* et les compilations ecclésiastiques.

On a écrit Sarisburi, comme les chroniqueurs du temps, au lieu de Salisburi, usuellement adopté.

On a préféré quelques répétitions de mots, en suivant avec fidélité la chronique, qu'une élégance facile, mais moins colorée et moins contemporaine, néanmoins, T. III, page 35, ligne 16, lisez : vicaire au lieu de collègue.

Les Courtenays apparaissent tout à la fois comme comtes d'Auxerre, de Nevers et de Namur; c'est que les divers rejetons de cette noble famille possédaient ces différens fiefs par eux-mêmes ou du chef de leurs femmes.

HISTOIRE DE FRANCE

SOUS

PHILIPPE-AUGUSTE.

CHAPITRE XIX.

Naissance et progrès de l'hérésie des albigeois. — Situation féodale de la Langue-doc [1]. — Ses mœurs et coutumes aux XIIe et XIIIe siècles. — Le clergé. — L'évêque de Toulouse. — Opinions religieuses. — Ariens. — Succession des doctrines gnostiques. — Bulgares. — Patarini. — Bons-hommes. — Premiers symptômes d'hérésie dans la Langue-doc. — Ses développemens chez les nobles, les bourgeois et les serfs. — Efforts impuissans du clergé. — La cour de Rome. — Lettre d'Innocent III. — Première idée d'une croisade.

1147—1206.

Un des fiefs les plus puissans du royaume de France, désigné sous le titre de comté de Toulouse, et quelquefois par les dénominations plus génériques de Langue-doc ou de

[1] Je me sers de l'expression et de l'orthographe du temps. On disait la Langue-doc pour toutes les provinces au midi de la Loire. La Langue-doïl comprenait les provinces au nord.

Provence, était pour ainsi dire resté en dehors du grand mouvement politique qui centralisait l'autorité suzeraine. La confiscation sur le roi Jean avait rapproché les domaines de la couronne des provinces méridionales, mais les rapports de féodalité ne s'étaient point modifiés; les seigneurs territoriaux conservaient leur même indépendance, leur privilége de législation et de gouvernement, sans que la royale famille des Francs exerçât une plus grande influence sur les populations du midi des Gaules. Cependant un triste drame se préparait, qui devait amener, par l'extermination de toute une race d'hommes, la domination momentanée des enfans du Nord dans cette belle terre.

La situation féodale et politique de la Langue-doc ou de la Provence[1], offrait des traits particuliers qu'il est essentiel de signaler, pour bien comprendre les événemens qui vont se dérouler devant nos yeux.

Le comte de Toulouse, le plus puissant et

[1] La Provence avait une circonscription bien plus étendue qu'aujourd'hui; on la confondait souvent avec la Langue-doc, et on appelait Provençaux indistinctement tous les enfans du midi des Gaules, c'est-à-dire la vieille race visigothe.

le plus riche des barons de France, était seigneur suzerain de cinq grands fiefs qui dépendaient de son domaine. Le premier était celui de Narbonne, dont le sire prenait le titre de vicomte, et possédait les plus larges prérogatives de la féodalité, même le droit de battre monnaie et de s'intituler *par la grâce de Dieu*. La vicomté de Narbonne était échue en 1180 à une noble héritière nommée Hermengarde, femme d'Aimeri de Lara, comte de Molina, en Castille. Don Pedro, l'aîné de son lignage, lui avait succédé; mais par une cession faite en 1194, il avait lui-même transmis la vicomté de Narbonne à Aimeri son fils, fiancé à Guillemine de Montcassin.[1]

Le second fief était la vicomté de Béziers, dont les comtés d'Albi et de Carcassonne relevaient; le seigneur se nommait alors Raymond Roger; il avait succédé à Raymond, premier du nom dans la race des sires de Béziers.[2]

Le comté de Foix se composait de six vassa-

[1] Narbonne avait été d'abord la capitale du royaume de Septimanie et du marquisat de Gothie ou du duché de Narbonne; elle formait une province ecclésiastique. Voyez Catel, Mémoires sur les comtes de Toulouse, p. 589. — [2] Dm. Vaissète, Hist. du Languedoc, a traité avec détail l'histoire de la vicomté de Béziers.

lités territoriales, et était alors dans les mains de Raymond Roger V; il héritait de Roger Bernard IV, surnommé le *Gros*, son père [1].

Le comté de Montpellier venait d'écheoir aux rois d'Aragon. Quoique la ville relevât directement de l'église de Maguelone, dont elle était fief, Guillaume IV la possédait comme seigneur, en 1180, ainsi que Tortose dans la Catalogne. Il avait épousé Eudoxe, nièce de Manuel, empereur de Constantinople, dont il n'avait qu'une fille nommée Marie, mais le sire comte subitement amoureux d'une jeune Espagnole, dona Agnès, quitta sa femme pour l'épouser : il en eut cinq enfans, dont les deux aînés, quoique déclarés adultérins dans une bulle du pape, furent destinés par son testament, l'un à posséder la seigneurie de Montpellier, l'autre celle de Tortose; Marie, fille du premier lit, mariée à douze ans au sire de Barral, vicomte de Marseille, puis l'épouse du comte de Cominges, fut préférée par les notables habitans de Montpellier, et reconnue pour leur dame dans la place publique au son

[1] Marca Hispanica, p. 1283.

de toutes les cloches; alors elle fit annuler son mariage avec le comte de Cominges, devenu son époux du vivant de deux femmes légitimes qu'il avait, et donna son cœur et sa seigneurie au roi d'Aragon, qui fut ainsi vicomte de Montpellier [1].

Le cinquième fief du grand domaine de Toulouse comprenait les comtés de Quercy et de Rhodez. Richard, roi d'Angleterre, qui avait toujours prétendu la suzeraineté sur ces terres, comme duc de Guyenne, les avait conquises autrefois sur Raymond V, comte de Toulouse; puis il les donna en dot à Jeanne sa sœur, en l'unissant à Raymond VI. Le fils qui était né de ce mariage, portait le titre de comte de Quercy et de Rhodez [2].

Le marquisat et comté de Provence, quoique disputés entre la maison d'Aragon et celle de Raymond de Toulouse, étaient considérés comme une annexe de la Langue-doc, avec la-

---

[1] Sur les révoltes fréquentes des bourgeois de Montpellier, il faut consulter Murator. Script. rer. Italicar., t. 6, p. 261. Les Génois intervinrent plusieurs fois dans ces querelles.

[2] Roger de Hoveden, p. 436. Guill. de Puy-Laurens, chap. 5.— Chroniq. anonym. apud Catel, p. 160.

quelle on l'avait souvent confondu ; les populations étaient les mêmes ; un esprit commun de liberté et d'indépendance animait les habitans des cités et les barons féodaux, et ce que l'on doit remarquer pour constater de plus en plus la différence des races qui habitaient le territoire des Gaules, c'est qu'il existait plus de rapports entre les seigneurs de la Languedoc et les vieux chrétiens dispersés parmi les Maures d'Espagne, qu'entre les barons francs, et ceux de la Provence. L'esprit de ces populations, la forme de leur gouvernement, portaient comme une empreinte particulière. Dès le XII° siècle, les droits de la bourgeoisie se trouvaient aussi nettement établis et reconnus, que ceux des barons et du clergé. Dans une charte de 1107 [1], on voit un corps de bourgeois à Carcassonne; en 1113, on délibère en la maison commune de Montpellier [2]; en 1121, à Béziers; des consuls jugent et décident les causes municipales à Nîmes, Narbonne, Castres; le commun con-

[1] Chartes du chât. de Foix, caisse 15. Dm. Vaissete, t. 3 aux preuves.

Archives de Montpellier, 2° part. p. 94. Dm. Vaissete, ibid.

seil de Toulouse est aussi indiqué à cette même époque[1].

Le pouvoir de ces magistrats bourgeois était bien plus large que celui des maires et échevins des cités de France. Ils le tenaient des lois romaines, et des vieilles municipes gauloises, que la domination successive des Visigoths et des princes francs sous Charlemagne, n'avait point effacées. Les magistrats bourgeois assistaient aux plaids du comte, et formaient souvent sa cour; c'était à eux d'administrer la justice, et de faire la police de la cité; le commun conseil concluait des traités comme les barons; des conventions d'alliance unissaient la plupart des cités commerçantes de la Langue-doc et de la Provence avec les républiques d'Italie; leurs habitans formaient une milice particulière, avec leurs lois propres et des chefs élus par eux. De là résultait cette haute puissance des bourgeois, qui décidaient des droits héréditaires de leur comte ou seigneur; admettaient de préférence tel de ses fils au préjudice de l'autre, se prononçaient quelquefois même à main armée contre les actes de leur sire.

[1] Ibid. col. 391.

Nous avons déjà signalé l'indépendance d'opinion et de manière qui distinguait les populations de la Provence en général; toute nouveauté y était adoptée avec ardeur. C'était sur ce territoire qu'avait pris naissance la grande hérésie des Ariens; elle y avait jeté de profondes racines; la vive imagination de ces races enjouées les portait vers tout système nouveau avec entraînement; la situation du clergé catholique dans ces provinces, ses mœurs, ses richesses, étaient aussi tellement en opposition avec l'esprit de l'évangile, avec la haute pureté de la vie pastorale, qu'il n'est pas étonnant que les peuples ne conservassent qu'un faible respect pour les dogmes et les enseignemens émanés d'une source si terrestre. On ne peut se faire une idée de la vie joyeuse de la plupart des évêques et des clercs dans la Provence, et pour en donner un exemple, nous retracerons les gestes du plus puissant des prélats de ces contrées, à cette époque; l'évêque de Toulouse.

Folquet de Marseille, évêque de Toulouse, depuis si célèbre par son fanatisme dans la guerre des Albigeois, était fils d'un marchand de Gênes; les travaux du commerce ne pouvant lui plaire, il préféra le service des grands et la science gaie des troubadours. Par l'art des chansons, il acquit une douce influence à la cour de Richard d'Angleterre, d'Alphonse d'Aragon, et de Raymond comte de Toulouse; mais il s'attacha particulièrement à Barral, l'un des cinq sires de la vicomté de Marseille, ou plutôt à Azalaïs de Roquemartine, sa femme, qui devint l'objet de ses adorations[1]; il chanta pour elle *amour et merci*, divinités favorables aux amans, et obtint aussi *aimable retour* de Laure de St.-Julien et de Mobile de Pontevez, bien que, dans un lay plaintif, il prétende que son amour pour ces deux nobles dames n'est que fictif[2], et sert de voile pour déguiser la passion réelle qu'il porte à la belle Azalaïs : « Hâte-toi, dit à la noble dame le volage troubadour depuis évêque de Toulouse, hâte-toi de me rendre heureux, tandis qu'on

[1] Et entenda se en la molher del sien senhor en Barral et pregava el d'amor. Nostrad. 53.

[2] En Barral se avia due serors de gran valor et de gran Bieutat l'une avia non Laura de san Julian lantra Mobilia de Pontevez et Folquet avia tant damistat ab chascune que semblar era quel entende chascune per amor. Nostrad. p. 55.

me croit encore passionné pour Laure et Mobile ; la circonstance est favorable[1]. » La femme du vicomte Barral ne se laissa point prendre à ces protestations de fidélité; jalouse de la dame de Saint-Julien, elle chassa son amant qui vint se consoler dans les bras d'Eudoxe, femme du sire de Montpellier. Un an plus tard le troubadour se couvrait de l'habit de Citeaux, devenait abbé de Toronet, non loin de la cour de la dame de Barral, sa mie, puis était élevé à l'évêché de Toulouse qu'il remplit de trouble et de désolations[2].

Avec un clergé riche, opprimant toutes les classes de la société, insultant par sa pompe et ses débauches à la foi du Christ, il n'est pas étonnant que l'esprit de piété ne se fût point conservé pur parmi les populations vives et enjouées de la Langue-doc, et que le sacerdoce n'inspirât que les sirventes moqueurs des troubadours.

«Pourquoi le clergé veut-il avoir de si beaux habits et vivre dans l'opulence? pourquoi prétend-il à de si beaux chevaux, puisqu'il sait

[1] Millot, hist. des troubadours, t. 1, p. 181.
[2] Millot, hist. des Troub., t. 2, 5, et Raynouard, t. 4

que Dieu vécut pauvre? Pourquoi veut-il s'emparer du bien d'autrui, puisqu'il sait que tout ce qu'il dépense au-delà de son nécessaire est un vol qu'il fait aux nécessiteux, si l'écriture ne ment. [1] »

« Si j'étais mari je me garderais bien de laisser approcher de ma femme ces gens-là, car rien ne s'allume si aisément que la graisse avec le feu? [2] »

« Il n'y a point de crime dont on ne trouve l'absolution. Pour de l'argent ils donneront à des renégats, à des usuriers, la sépulture qu'ils refusent aux pauvres, qui n'ont pas de quoi la payer ; vivre tranquilles, acheter de bons poissons, du pain bien blanc, du vin exquis, c'est à quoi ils passent l'année entière. [3] »

« Il n'est point de vautour qui évente d'aussi

---

[1] Le troubadour Guillaume de Montagnagout, apud Millot, hist. des troubadours, t. 3, p. 100. Raynouard, choix de poésies, t. 4, p. 333.

O per que clercs vol belha vestidura,
Ni per que voi vivre tan ricamen
Ni per que vol belha cavalcadura.
Que el sap que dieus vol vivre paubramen.

[2] Le troubadour Pierre Cardinal ; Millot, t. 5, p. 245.
[3] Le même troubadour, Millot, t. 5, 249.

loin un cadavre, que les clercs et les prédicateurs sentent un homme riche; aussitôt ils en font un ami; et, quand il lui survient une maladie, ils lui arrachent une donation qui dépouille ses parens [1]. Vous les voyez sortir tête levée de mauvais lieux pour aller à l'autel; les rois, les comtes, les chevaliers avaient coutume de gouverner la terre, mais les clercs ont usurpé sur eux cette autorité. »

«Si Dieu sauve pour bien manger et avoir des femmes blanches de peau, les moines, les templiers et les chanoines auront le paradis; saint Pierre et saint André sont bien dupes d'avoir tant souffert de tourmens pour un paradis qui coûte si peu aux autres. [2] »

[1] Tartarassa ni voutour,
No sent plus leur carn puden
Com clerc et predicador,
Senton ont es lo manen
Mantenen son siei privat,
Et quand malautia il bat,
Fan li far donatio
Tal que il paren no y an pro.

Le troubadour Pierre Cardinal, Raynouard, t. 4, p. 358.

[2] Le troubad. Pierre de Castelnau, Millot, t. 3, p. 77, sur les MSS Sainte-Palaye.

« Pour les moines, s'il y a chez vous une jolie femme, il en naît bientôt une lignée ; comment les chevaliers ne meurent-ils pas de honte de se laisser fouler aux pieds par de telles gens ? Charles-Martel savait bien mieux gouverner les clercs ; mais aujourd'hui que les gens d'église connaissent la faiblesse des rois, ils nous mènent comme ils veulent. [1] »

Telles étaient les opinions contemporaines sur le clergé, et l'on doit bien penser qu'elles n'étaient pas de nature à protéger la ferveur catholique. Les chants des troubadours étaient populaires ; ils se récitaient dans les châteaux, au milieu des cités, et le peuple devait y puiser une licence de propos et de pensée en opposition avec les doctrines orthodoxes.

Dans la Langue-doc, d'ailleurs, l'hérésie était ancienne. Sous les Visigoths, la population avait embrassé presqu'unanimement l'Arianisme, et comme les opinions et les sentimens des multitudes ne s'effacent pas tout d'un coup, il était resté quelque débris des an-

[1] Le troubadour Pierre Cardinal; Millot, t. 3, p. 236; Raynouard, t. 4.

ciennes royances. Dans la campagne, chez le bourgeois et même parmi les nobles, la foi catholique n'avait pas conservé toute sa pureté et son orthodoxie, et les hérésies du XII° siècle trouvèrent d'anciens souvenirs, qui, avec le caractère national, favorisèrent leur propagation. L'arianisme était fondé sur la non-consubstantialité du Verbe, la nature toute humaine du Christ ; nous retrouverons quelques-unes de ces opinions philosophiques dans les doctrines des hérétiques albigeois.

D'où provinrent ces nouvelles prédications ? dans quelles sources ces systèmes religieux furent-ils puisés ? Quelle fut la succession d'enseignemens à travers laquelle ils arrivèrent jusques dans l'Occident barbare, questions graves qui se rattachent à la marche et aux progrès de la philosophie ?

Lorsque le christianisme apparut au monde, une certaine masse d'idées religieuses ou d'opinions philosophiques était répandue dans l'univers ancien. La prédication évangélique n'était point en elle-même assez séparée des enseignemens préexistans pour qu'il y eût incompatibilité complète entre les vieilles doctrines et la nouvelle croyance, et presque dès l'origine une fusion naturelle s'opéra entre la religion du Christ et la plupart des mythologies contemporaines, ou des écoles philosophiques. De là, le premier principe des hérésies, qui ne furent, à vrai dire, que d'anciens systèmes se revêtant du costume chrétien [1]. Si la philosophie de Platon devint la doctrine orthodoxe après le concile de Nicée, les mystérieux enseignemens de la cabale et des prêtres de l'Égypte entrèrent dans les opinions des Gnostiques, tandis que la distinction des deux principes, des essences diverses avec leur longue hiérarchie d'émanations, fut la source de l'hérésie de Manès ou du manichéisme.

De tous les systèmes répandus dans l'univers chrétien, ce fut cette dernière hérésie qui domina le plus complètement. Elle fut d'abord prêchée dans la Perse et dans cette partie de l'Arménie qui touche à ses frontières. Encore au Ve siècle les lois impériales, les canons des conciles proscrivaient ses sectateurs. Nous la voyons paraître à cette époque en Occident;

[1] Voir sur les systèmes philosophiques des hérésiarques des premiers temps du christianisme : Beausobre, hist. du Manichéisme.

l'évêque d'Avila, Priscilius, répandit en Espagne la doctrine de Manès : les hérétiques prirent de leur chef le nom de Prisciliens [1].

La secte des Pauliciens fut encore une branche du manichéisme; elle parut sous Justinien, et fut proscrite par un grand nombre de lois du Digeste et des Basiliques. Les hérétiques, contraints de fuir de leur patrie, se réfugièrent en Bulgarie, et toujours persécutés, se répandirent sur tous les points de la chrétienté. En Italie, les sociétés secrètes de ces anciens Manichéens prirent le nom de Patarini; en Allemagne, celui de Cathare; on leur donna aussi le nom de Bulgares, dont les chroniques ont fait ensuite celui de Bolgre ou Bougre [2].

Des germes de doctrines orientales altérés par leur passage à travers des idées barbares et des mythologies locales, étaient donc incon-

---

[1] Mosheim, Hist. ecclesiast. t. 2, p. 176; Gibbon, t. 5, et Volf *de Manich. ant. Manich.*, p. 247.

[2] Ducange. V°. *Bulgre*, Bulgarii. Murator., antiq. ital. medi. ævi. 2 vol. p. 13. — Les Bolgres, Bougres et Albigeois sont entièrement confondus dans les chroniques. On trouve dans l'épitaphe d'un vieux baron mort contre les Albigeois :

« Il mourut contre les Bolgres et les Albigeois. »

testablement parvenus en occident, et ces doctrines ainsi localisées, nous devons le dire, se retrouvent tout entières dans les sectes des *bons-hommes* ou Albigeois qui furent l'objet du drame sanglant que nous devons retracer.

Les premiers symptômes d'hérésie dans la Langue-doc, depuis l'arianisme, remontent à 1147. Un clerc du nom de Henri, originaire d'Italie, enseigna *la science* de concert avec un autre clerc, Pierre de Bruys, et tous deux très-lettrés, à Poitiers, Bordeaux, en Dauphiné et en Provence. Dans leurs prédications, écoutées avec passion par le peuple, ils rejetaient une grande partie de l'écriture sainte et tout l'ancien testament; ils niaient que Dieu eût institué un culte matériel, un sacerdoce visible; ils ne voulaient point d'Église, point de sacremens; pas plus le baptême que l'eucharistie. Ces deux hérésiarques furent poursuivis par Pierre-le-Vénérable et condamnés au supplice du feu [1].

Mais l'hérésie n'en avait pas moins fait d'immenses progrès, si bien qu'à l'instigation du pape Eugène III, saint Bernard quitta sa pieuse solitude de Clairvaux, pour entrepren-

[1] Mabillon præf. in. S. Bernard, § 6. *id.* Analect., t. 3, p. 512.

dre la conversion des nouveaux hérétiques. Il écrivit au comte de Toulouse pour lui annoncer son dessein. Le pieux abbé a peint avec toute la pompe de son style religieux le triste état de la foi catholique dans la Langue-doc. « On y voit des églises sans peuple, un peuple sans prêtre et le prêtre sans ministère ; on ne célèbre pas les fêtes, les chrétiens meurent sans sacremens et on refuse le baptême aux adultes. Un homme qui enseigne de telles erreurs peut-il venir de Dieu ! et l'on dit cependant qu'il a un grand nombre de serviteurs [1] ! »

En effet, la prédication de saint Bernard dans la Langue-doc ne fut point heureuse; et quoiqu'il prêchât tous les jours publiquement, que les sectateurs avoués de l'hérésie ne fussent que de simples ouvriers, des tisserands enfin, il ne put persuader personne, et à la fin de sa prédication il dut se convaincre qu'un grand nombre de notables habitans professaient en secret les doctrines hérétiques. A Verfeuil [2], petite ville à quatre lieues de Toulouse, le défenseur de la foi orthodoxe reçut

---

[1] St. Bernard. Epistol. p. 241.
[2] Viridi-folium. (Verte feuille.)

une triste leçon. Il y avait cent maisons de chevaliers, tous fauteurs d'hérésie, et saint Bernard voulut porter un coup fatal à l'erreur en prêchant au milieu de ces nobles hommes. A peine avait-il commencé sa vive oraison, que tous, chevaliers et bourgeois, quittèrent l'église, et lorsque le saint homme se présenta sur la place publique on se prit à rire et l'on se retira. Le lendemain les hérétiques causèrent tant de bruit que personne ne put plus entendre, et saint Bernard se vit contraint d'abandonner le château de Verfeuil [1], en secouant la poussière de ses sandales, comme J.-C. l'avait recommandé aux apôtres.

Le prédicateur zélé dirigea ensuite ses pas sur Albi; tous les habitans avaient embrassé l'hérésie; le légat du Pape, qui précédait saint Bernard, s'avança vers la ville; mais, spectacle désolant pour les orthodoxes! les citoyens vinrent au devant de lui montés sur des ânes en signe de moquerie; ils tenaient des propos joyeux, chantaient des chansons populaires contre les clercs. Le succès de la prédication

---

[1] Guill. de Puy-Laur., Chronic. c. 1.

de saint Bernard fut si peu satisfaisant que le zélé docteur ne put s'empêcher de déclarer que la Langue-doc et la Provence étaient toutes infectées, et qu'elles allaient devenir une terre maudite de Dieu et des Saints[1].

Ainsi les populations d'une riche province tendaient à secouer par l'hérésie, sorte de protestation contre le système d'autorité, les lois générales de la société catholique. Les mœurs des habitans, leurs joyeuses satires contre le clergé, leur mépris hautement exprimé pour la cour de Rome, la liberté des opinions, tout cela était en opposition évidente avec les lois d'obéissance et d'ordre que l'église pontificale avait établies; cette église était dès-lors menacée dans son existence même. Il fallait éviter que l'indépendance de l'esprit ne s'agrandît, et ne donnât l'exemple d'une résistance générale aux volontés de la cour de Rome.

Il faut voir avec quel mépris étaient traités, dans la Langue-doc., les clercs et les évêques. Aucun chevalier, aucun homme de race noble n'aurait cherché à donner à son fils une éducation ecclésiastique; lorsqu'on voulait insulter

---

[1] Vita St-Bernardi l. 3, chap. 6.

quelqu'un on l'appelait *moine, clerc* ou *abbé;* les
églises étaient désertes, on préférait les exhortations des hommes simples et instruits, qui professaient dans le désert et ne demandaient ni
dîmes, ni redevance cléricale.

Au commencement du XIII° siècle, les doctrines des hérétiques avaient pris un caractère
d'ensemble et de régularité ; on y découvrira
facilement à travers le grossier récit des chroniques, le système philosophique des Manichéens.

Les hérétiques établissaient deux créateurs,
l'un des choses invisibles, qu'ils appelaient le
dieu bon, l'autre de choses visibles, qu'ils
nommaient le dieu du mal, attribuant au premier le nouveau-testament, et l'ancien au second; aussi rejetaient-ils toute la tradition judaïque; le dieu de l'ancien-testament était
menteur et cruel; menteur, car il avait dit :
« En quelque jour que vous mangiez de l'arbre
de la science, vous mourrez de mort. » Or, les
docteurs de l'hérésie avaient mangé de la science,
et ils étaient encore tous pleins de vie; cruel,
car il avait anéanti le monde sous les eaux
diluviennes, brûlé les habitans de Sodome et

de Gomorrhe, submergé Pharaon et les Égyptiens sous les flots de la mer.

Le Christ, l'oint du Seigneur, dont parle l'évangile avec ses actions toutes terrestres et son corps matériel, n'est point l'émanation céleste, le Christ intellectuel qui jamais ne mangea ni but [1].

L'église romaine était la caverne de fraude et de prostitution dont parle l'Apocalypse. Un vieux chroniqueur, fanatique pour la cause du comte de Montfort, nous fait ainsi le tableau des croyances pratiques et de l'organisation intérieure des sociétés hérétiques. « Ces hommes maudits annulaient les sacremens de l'église à tel point, qu'ils disaient publiquement que l'onde du sacré baptême ne diffère aucunement de l'eau des fleuves, et que l'hostie du très-saint sacrement est la même chose que le pain laïque et commun, distillant dans l'oreille du simple ce blasphème que le corps du Christ, quand bien même il contiendrait en lui l'immensité des Alpes, aurait été consommé par tous ceux qui en mangent. Ils avançaient de plus que la confirma-

[1] Pierre de Vaulx-Cernay nous donne avec précision, mais sans philosophie, le tableau des doctrines des Albigeois, chap. 2

tion et la confession sont deux choses frivoles, et le sacrement du mariage une prostitution; que nul ne peut être sauvé en engendrant fils et filles; ils prétendaient que nos âmes sont ces esprits angéliques qui précipités du ciel, comme apostats d'orgueil, ont laissé dans les airs leurs corps glorieux, et que ces mêmes âmes après une successive habitation en sept corps quelconques, doivent retourner aux esprits comme s'ils avaient parachevé leur pénitence. »

Les hérétiques ne reconnaissaient ni prêtre ni hiérarchie ecclésiastique; ils se divisaient en deux catégories : les uns prenaient le titre de *parfaits ou bons*, et les autres celui de *croyans*. Les parfaits étaient vêtus de noir, observaient la plus sévère chasteté, détestaient l'usage des viandes, des œufs et du fromage, se refusaient au serment et à tous juremens. Les *croyans* n'atteignaient point encore cette perfection; ils vivaient dans le siècle et plaçaient leurs espérances de salut dans les exhortations et la conduite exemplaire des parfaits. Il suffisait en mourant de la prière pour être sauvé.

« Lorsqu'un catholique orthodoxe voulait embrasser les croyances hérétiques, il s'adressait

à un *parfait* qui, élevant la voix, lui disait :
Ami, si tu veux être des nôtres, il faut que tu
renonces à la foi toute entière, telle que la tient
l'église de Rome. Le néophite devait alors répondre : Oui, j'y renonce. Le parfait lui souf-
flait sept fois dans la bouche. Renonces-tu, lui
disait-il encore, à cette croix qu'en ton bap-
têmè le prêtre t'a faite sur la poitrine, les épaules et la tête avec l'huile et le chrême; et il répondait : J'y renonce; alors il était *consolé* par
les parfaits, c'est-à-dire qu'il recevait les enseignemens de la foi nouvelle [1].

A ces sectes qui avaient évidemment leur
origine dans les croyances secrètes des gnostiques et des manichéens, s'étaient jointes aussi
les opinions des Vaudois, simple réformation
morale; ils professaient la plupart des principes
orthodoxes, mais ils combattaient la hiérarchie
ecclésiastique, le luxe des autels, les richesses
des moines. Nouveaux puritains, ils soutenaient
l'égalité des fortunes, le partage des biens, et
posaient comme un article de foi que tout
homme qui se croyait inspiré pouvait parler la

[1] Pierre de Vaulx-Cernay, ibid. Comparez avec les interrogat.
MSS. des Albigeois par l'inquisition, biblioth. du roi, MSS. Colbert,
n°. 1069.

parole céleste, et enseigner la foi du Christ [1].

Malgré les efforts des conciles, et les prédications constantes des prêtres, l'hérésie faisait sans cesse de nouveaux progrès, non-seulement parmi les classes simples de la campagne, les bourgeois des villes, mais encore chez la plupart des chevaliers, des barons, des seigneurs. Le comte Raymond lui-même, le seigneur de tant de terres dans la Languedoc, favorisait ouvertement ces croyances. On disait qu'il ne quittait point les hérétiques, et se nourrissait nuit et jour de leurs enseignemens. Il en avait sans cesse auprès de sa personne afin de mourir entre leurs mains si la maladie le prenait. Le comte portait avec lui le nouveau testament pour recevoir au moment fatal l'imposition du livre saint. Il annonçait hautement qu'il élèverait son fils dans cette réforme religieuse, et il offrait de l'argent à ses serviteurs, à ses amis, qui voulaient quitter les croyances orthodoxes [2].

[1] Du Cang. V°. *Valdenses*.

[2] Nous rapportons ici l'opinion unanime des chroniqueurs orthodoxes. L'historien provençal, serviteur du comte, qu'a publié dom Vaissete, dans son Histoire du Languedoc, sous le titre : Historial de la guerre des Albigeois en languedocien, soutient que son seigneur n'avait jamais cessé de professer la foi la plus parfaite.

On rapportait encore parmi les prêtres catholiques certains mots du comte de Toulouse, qui faisaient présumer l'ardente protection qu'il accordait aux nouvelles doctrines.

Un jour Raymond attendant avec impatience quelques serviteurs qui n'arrivaient pas à son gré, s'écria : « Il appert clairement que le diable a fait ce monde, car rien ne nous réussit à souhait. »

« Étant dans une église, ce Raymond, qui avait habituellement en sa compagnie un certain mime et bouffon raillant les autres, selon l'usage, par gestes et grimaces, lui dit au moment où le prêtre célébrant se retournait vers le peuple pour le *dominus vobiscum :* « Arnal, contrefais-moi ce drôle là, » et aussitôt le bouffon fit gestes à la manière des histrions, et tout le peuple se prit à rire.

Il jouait une autre fois aux échecs avec son chapelain, et il lui dit : « Maître Pierre, le dieu de Moïse, en qui vous croyez, ne pourra vous aider en ce jeu, et quant à moi, que jamais ce dieu ne me soit en aide, je n'en veux pas. »

« Devant aller en guerre notre sire Raymond contre le roi d'Aragon, il vint à la maison des hérétiques, et il leur dit : « Frères, divers sont les événemens de la guerre, quoi qu'il arrive de moi je recommande en vos mains mon âme et mon corps [1]. »

Il est possible sans doute que les chroniqueurs catholiques, en louant Simon de Montfort, aient exagéré la ferveur hérétique du comte Raymond; mais il n'en était pas moins vrai qu'à Toulouse, Béziers, Albi, et dans tous les châteaux de la Langue-doc et de la Provence, les hérésies trouvaient appui et protection absolue.

Cette situation de la Langue-doc, l'exemple d'émancipation, qu'elle pouvait donner à l'univers catholique, occupait vivement les pontifes. Après l'inutile prédication de saint Bernard, la cour de Rome ne désespéra point cependant de faire rentrer toute cette grande population sous son autorité et dans la foi orthodoxe. Alexandre III chargea Pierre, cardinal du titre de Saint-Chrisogon ; Guarin, archevêque de Bourges ; Réginald, évêque de Bath en Angleterre, et l'évêque de Poitiers, d'une prédication évangélique dans toute l'étendue de ces

[1] Pierre de Vaulx-Cernay, chap. iv.

provinces. Il écrivit à cet effet au roi de France et d'Angleterre pour accorder protection et appui aux nouveaux missionnaires; mais ces efforts ne furent point heureux; on reçut les clercs pontificaux à Toulouse avec de grandes huées, et on les appelait dans toutes les rues *hypocrites* et *apostats*. A Béziers, également accueillis par des rires et des moqueries, les prédicateurs se contentèrent d'excommunier le vicomte, protecteur avoué de la secte hérétique[1].

On put se convaincre durant cette mission des véritables caractères de l'hérésie. Les Albigeois ne croyaient pas que Jésus eût été vrai homme, qu'il eût véritablement bu et mangé, ils disaient que toutes les actions rapportées par les évangiles ne s'y trouvent qu'en apparence; ils rejetaient et condamnaient absolument le sacrifice de la messe, le baptême des enfans, les offices divins reçus dans l'église catholique; ils avançaient sans crainte que Lucifer, le grand Satan, était le créateur de toutes les choses visibles, et le principe de toutes les émanations terrestres. Que l'union des sexes entre parens ou

---

[1] En 1178, Roger de Hoved. Annal, p. 327. Robert du Mont, chronic. ad ann. 1178.

non était également criminelle; on apprit enfin que les femmes des parfaits qui étaient grosses faisaient périr leurs enfans, afin d'éviter une procréation [1].

Le mauvais succès de cette mission ne fit point renoncer à l'espérance de dompter l'hérésie. La cour de Rome envoya, en 1181, le cardinal Albano dans la Langue-doc, à la tête d'une troupe de chevaliers, levés parmi les populations de race franque. Cette expédition armée ne fut pas plus heureuse que la prédication épiscopale. L'hérésie loin de se restreindre, se mêlait aux habitudes de tout le peuple, et le clergé était tombé dans un tel mépris qu'on le regardait pis que les Juifs, et qu'on disait communément comme un juron populaire : « J'aimerais mieux être clerc que d'avoir fait telle chose. » [2] Les habitans riches et pauvres de Carcassonne, Béziers, Toulouse, Foix, avaient entièrement secoué la foi orthodoxe. L'hérésie avait même passé les Pyrénées, et se répandait dans l'Aragon et la Catalogne.

[1] G^{me}. de Puy-Laurens, pref. in chronic. c. 6.
[2] Ibidem.

Dès que la thiare eut touché la tête d'Innocent III, son génie vaste et hardi comprit le danger qui menaçait la suprématie romaine. Toutes ses pensées se portèrent sur l'hérésie de la Langue-doc. Il délégua frère Régnier, pour visiter la province; en même temps une lettre circulaire fut adressée aux princes de la chrétienté. «Nous ordonnons, disait le pontife impérieux, aux princes, comtes, et à tous les barons, nous leur enjoignons pour la rémission de leurs péchés de traiter favorablement notre légat, de l'assister de toutes les forces temporelles contre les hérétiques, de poursuivre ceux que frère Régnier aura excommuniés, de confisquer leurs biens, et d'user envers eux d'une plus grande rigueur encore s'ils persistent à demeurer dans le pays. Nous avons donné à notre légat plein pouvoir d'agir de la sorte, soit par l'excommunication, soit en jetant l'interdit sur les terres. Nous prescrivons aussi à tous les peuples de s'armer contre les hérétiques, lorsque frère Régnier jugera à propos de le leur ordonner, et nous accordons à ceux qui prendront part à cette expédition pour la conservation de la foi, les mêmes indulgences qu'aux pèlerins qui visitent l'église de Saint-Pierre de Rome et de Saint-Jacques[1]. »

Ce n'était point encore la prédication d'une croisade ; mais un pas était fait vers la guerre religieuse. Le pape adjoignit à frère Régnier, son légat, Pierre de Castelnau, archidiacre de Maguelonne, pour le seconder dans la haute mission qui lui avait été confiée. Tous deux se rendirent dans la Langue-doc[2].

L'hérésie y devenait une mode. Tout le pays retentissait des prédications d'un sectaire du nom de Guillabert de Castres ; Esclarmonde, sœur du comte de Foix, et cinq dames de sa cour vinrent se jeter à ses pieds pour lui demander l'imposition des mains ; elle fut faite par un *fils majeur* de l'église de Toulouse assisté des autres hérétiques qui *consolèrent* ces nobles pénitentes, « lesquelles se rendirent à Dieu et à l'évangile, et promirent de ne plus manger à l'avenir ni chair, ni œufs, ni fromage, mais de vivre seulement d'huile et de poisson. » Elles s'engagèrent aussi

---
[1] Epist. Innoc. III, liv. 1, ep. 94.
[2] Epist. Innoc. III, liv. 2, ep. 222.

à ne pas jurer ni mentir à n'avoir de commerce charnel tout le temps de leur vie et à ne jamais abandonner la secte par la crainte de la mort. Après cette cérémonie, on leur souffla trois fois dans la bouche, et le chef des hérésiarques fit une lecture de l'évangile en tenant le livre ouvert sur la tête des nobles adeptes. Le comte de Foix, frère d'Esclarmonde, les bourgeois et chevaliers prirent part à cette cérémonie, tous adorèrent le prédicant, excepté le Comte [1].

Revêtus d'un pouvoir absolu, le premier soin des légats fut de rassembler les notables de la Langue-doc, les barons, capitouls, bourgeois, afin de leur demander compte de leur foi religieuse. Ils s'occupèrent aussi de la réforme du clergé. « Clercs, évêques, abbés, courtisaient femmes et filles de joie. » L'archevêque de Narbonne fut accusé et convaincu d'avoir négligé de visiter son diocèse depuis treize années et d'avoir ainsi laissé s'accroître les désordres. Ce prélat entretenait à sa solde l'Aragonais Nicol,

---

[1] Procédure de l'inquisit. dans la Langue-doc, MSS. Colbert, n° 1067, et dans les archives de l'inquisition de Toulouse. Preuves de l'Histoire du Languedoc, t. 2.

et faisait rançonner tout le pays, arrêtant les passans sur les grandes routes. Il avait vendu l'évêché de Narbonne quatre cents sous d'or. Quelquefois il restait quinze jours de suite absent de la cathédrale et courait les champs avec les chanoines et les clercs de son diocèse [1].

La prédication catholique s'étendit ensuite dans tout le pays. Elle s'était fortifiée de deux clercs ardens que le pape venait d'adjoindre à ses légats. C'étaient Diégo de Azèbe, évêque d'Osma en Espagne, et Dominique sous-prieur de son église, moines austères et fanatiques; ils proposèrent aux légats de prêcher nu-pieds et de donner ainsi l'exemple de la vie des cénobites; mais les envoyés de la cour de Rome dirent : « Oh, nous ne le pouvons! ce serait une nouveauté. » On parcourut donc les provinces avec toutes les pompes cléricales. Des désaveux, des conversions de bouche furent obtenues, mais les hérésies n'en restèrent pas moins dans toute leur force; elles trouvèrent faveur et protection parmi les chevaliers et

---

[1] Epist. Innoc. III, liv. 7, apud Mauriquez. Annal. Cisterc. an 1204.

bourgeois, si bien que, durant cette prédication, les laïcs pris pour juges sur des points de foi, communiquaient les mémoires des prédicans catholiques aux fauteurs d'hérésie pour faciliter leur réponse. Enfin, dans un moment de fureur, le légat Castelnau fulmina l'excommunication contre le comte de Toulouse, et jeta l'interdit sur toutes ses terres [1].

La guerre étant ainsi hautement déclarée entre la cour de Rome, les seigneurs et les peuples de la Langue-doc, le pape se hâta d'écrire au comte de Toulouse et de le menacer de toute sa colère.

« A noble homme, Raymond, comte de Toulouse. Si nous pouvions ouvrir votre cœur, nous y trouverions les abominations détestables que vous avez commises. Quelle est votre folie, homme pernicieux! vous êtes déjà à charge sur la terre, voulez-vous l'être encore à Dieu? ne rougissez-vous pas d'avoir violé le serment prêté de chasser les hérétiques de vos fiefs! nous confirmons la sentence prononcée par nos légats. [2] »

[1] Guill. de Puy-Laurens, c. 9. Pierre de Vaulx-Cernay, c. 3.
[2] Epist. Innoc. III, liv. x, ep. 67.

Le comte Raymond se soumit un moment aux ordres du pape, mais la mort violente de Pierre de Castelnau souleva plus imminentes les foudres de la cour de Rome. Il paraît que le légat n'étant point satisfait du zèle que déployait le comte dans la poursuite des hérétiques, vint à Toulouse dans des transports de fureur, et qu'en présence des barons de la Langue-doc rassemblés, il le traita de tyran et l'excommunia de nouveau [1].

Raymond conserva beaucoup de sang-froid, mais il fit prier le légat et ses collègues de quitter la ville et de se retirer à Saint-Gilles. De plus en plus irrité, Pierre de Castelnau déclara qu'il abandonnait la Langue-doc, et se mit en route avec son collègue. Les bourgeois de Saint-Gilles lui donnèrent une escorte de leurs hommes; car Raymond avait dit: « Ils m'ont trop fait de mal, il faut que je m'en débarrasse. » Arrivés sur les bords du Rhône, au moment où Pierre se disposait à passer le fleuve, un chevalier qui l'avait suivi et s'était logé avec lui dans la même hôtellerie, lui asséna par derrière un grand coup de lance

[1] Pierre de Vaulx-Cernay, chap. 3.

qui le transperça d'outre en outre. Le légat se sentant mourir, donna des ordres à ses clercs, récita quelques prières et expira[1].

On ne peut dire si le comte de Toulouse trempa dans cet attentat; les haines que le légat avait soulevées par sa conduite hautaine, pouvaient toutes seules exciter des ennemis personnels, et les croyances religieuses sont toujours si près du fanatisme qu'il est bien possible que quelque sectateur des doctrines nouvelles eût été poussé par son zèle, sans aucune autre inspiration.

L'historien impartial du comte de Toulouse[2] venge la mémoire de Raymond du crime que le fanatisme lui imputait. « Pierre de Castelnau, dit-il, eut à St.-Gilles une dispute fort vive, à cause de l'hérésie, avec un homme de la suite du comte Raymond, et leur querelle s'échauffa tellement, que le commensal du comte frappa de son poignard Pierre de Castelnau[3]. Ce meur-

---

[1] Ep. Innoc. III, liv. xi, chap. 26.

[2] Anonyme du comte de Toulouse. Preuves de l'hist. du Languedoc, de Dm. Vaissete, t. 3, col. 4.

[3] Lo dit Peyre de Castelnau aguét alcunas paraulas an un servitou et gentilhome del conte Ramon tougan la dita heresia et talamen fou lor question que a la fin lo dit gentilhome donet d'un spict à travers le cors del dit Peyre des Castelnau et lo tuet de fet et meurtrit, p. 3.

tre causa un grand mal, ainsi qu'on pourra le voir; car le légat en fut très-irrité. Pierre de Castelnau fut ensuite inhumé dans le monastère de St.-Gilles. Quant à l'homme d'arme, il s'enfuit à Beaucaire auprès de ses parens et de ses amis. Si le comte eût pu se rendre maître de sa personne, il en eût fait une éclatante justice, de telle sorte que le prélat et ses gens en eussent été pleinement satisfaits [1]. »

Quoi qu'il en soit, le pape jeta tout le poids de ses colères sur Raymond, comte de Toulouse, et son autorité catholique, méconnue d'une manière si nouvelle et qui pouvait devenir si fatale, recourut à un moyen extrême que la fureur lui suggéra. Il résolut de faire prêcher contre les hérétiques une croisade dans les mêmes termes et avec les mêmes moyens que pour les grandes expéditions contre les infidèles.

Après avoir décrit et déploré la triste mort de Pierre de Castelnau, il déclara aux archevêques d'Arles, de Toulouse, d'Aix et de Vienne qu'il accordait une indulgence plé-

[1] Car si lo conte Ramon laguessa pogu ne prendre naguere fe far tal justecia et punicions que los dit legats et sa gens ne furent estas contens. col. 4.

nière à tous ceux qui entreprendraient de venger le sang du juste sur les hérétiques : l'abbé de l'ordre de Citeaux fut chargé de prêcher la croisade dans tout le royaume de France [1].

On pense bien que Philippe-Auguste ne fut point omis dans la liste des princes auxquels le pontife s'adressa pour demander vengeance de la mort de son légat et l'extirpation de l'hérésie. Déjà il avait écrit à ce prince deux lettres spéciales sur l'état de la Langue-doc et la malice du comte Raymond, sur la nécessité que le roi de France intervînt comme suzerain dans l'ordre des fiefs pour contraindre le comte de Saint-Gille à rentrer dans la doctrine orthodoxe et l'obéissance au Saint-Siège [2]; en cette dernière circonstance, sa lettre au roi fut encore plus violente. Il l'exhorta à se liguer avec les princes francs contre la race provençale et les ennemis de la foi; d'aller en personne dans la Langue-doc pour y détruire les hérétiques qui sont pires que les Sarrasins, et dépouiller un vassal infidèle de ses domaines [3].

[1] Epist. Innoc. III, liv. xi, ep. 26.
[2] En 1207, epist. Innoc. liv. x, ep. 149.
[3] Livre xi, epist. 27.

D'autres lettres furent encore adressées à tous les comtes, barons de France, aux évêques pour les inviter à prêcher la croisade, afin que les peuples se levassent contre la Languedoc, leur enjoignant de préparer l'union entre les princes pour concentrer leurs sollicitudes sur les maux de l'hérésie[1]. Il est nécessaire maintenant de voir l'état du royaume de France afin d'apprécier quel put être l'effet des exhortations pontificales sur les barons et leur suzerain.

[1] Livre xi, epist. 27 à 36.

CHAPITRE XX.

Situation de Philippe-Auguste lors de la prédication de la croisade contre les Albigeois. — Débarquement du roi Jean sur le continent. — Guerre dans le Poitou. — Confiscation du fief d'Auvergne. — Seigneurs qui prennent la croix contre les hérétiques. — Marche des francs contre les Provençaux. — Le Comte de Mont-fort. — Le Duc de Bourgogne. — Le Comte de Nevers. — Le Comte de Saint-Pol. — Le Comte de Bar-sur-Seine. — Dénombrement de l'armée des Croisés. — Effroi du Comte de Toulouse. — Son abjuration. — Prise de Béziers, Carcassonne. — Élection du Comte de Montfort.

1206. — 1209.

Au moment où le pape écrivait épître sur épître au roi Philippe, pour l'exciter à prendre les armes contre les hérétiques albigeois, ce prince était vivement préoccupé d'assurer ses récentes conquêtes et de perpétuer dans sa race les résultats de la confiscation des fiefs anglais, c'est-à-dire la possession de la Normandie, de l'Anjou et du Poitou. Dès l'année 1205, le roi Jean s'était préparé de son côté à quitter l'Angleterre à la tête d'une nombreuse chevalerie, pour débarquer sur le continent et reconquérir les provinces que la force lui avait arrachées. Il avait imposé de pesantes taxes pour cette croisade politique; chaque fief paya le treizième de ses revenus, et les monastères ne furent pas plus affranchis de cette levée de deniers que les baronnies laïques, ce qui faisait grandement murmurer le clergé et les possesseurs de terres[1]. Jean s'embarqua sur cinq cents navires bien armés, et vint toucher à La Rochelle. Il y avait dans le Poitou et l'Anjou de vieux dévouemens pour la famille de Plantagenet, prince de la race du pays. Les vicomtes de Thouars, le brave Savari de Mauléon, avaient secrètement offert au roi anglais de rentrer sous sa dépendance féodale. Les comtes bretons, toujours inconstans dans leur soumission politique, avaient également écrit aux barons d'Angleterre qu'ils n'attendaient que leurs gonfanons pour briser les liens qui les rattachaient au roi

---

[1] On exigea aussi le septième de la valeur du mobilier. Math. Par. ad ann. 1204.

de France, et qu'ils trouvaient déjà pesans[1].

L'armée des chevaliers du roi Jean fut donc bien accueillie à son arrivée dans le Poitou; elle offrait une grande foison de lances; quelques places de la Guyenne avaient été prises par l'armée de France, elles rentrèrent immédiatement sous la domination de Jean; ses chevaliers se répandirent ensuite dans l'intérieur des terres où ils furent reçus avec acclamations.

Philippe était alors dans cette province, mais l'enthousiasme des barons du Poitou et de Bretagne pour Jean, et une cause qu'ils considéraient comme nationale, ne lui permit pas de s'opposer au débarquement des Anglais. Les troubadours avaient excité les châtelains à prendre les armes. Depuis deux années ils ne cessaient de blâmer la honte du roi anglais qui s'était laissé dépouiller tout vivant; une occasion se présentait pour reconquérir la gloire, et il n'était pas petit possesseur de terre qui n'eût repris volontairement la lance et l'épée. « Quel honneur vous allez acquérir! disait le noble fils de Bertrand de Born, de ce troubadour turbulent qui avait si souvent excité la

[1] Guillaume le Breton, chant x.

chevalerie de Guyenne et du Poitou aux armes ; pour moi on m'offrirait une couronne que j'aurais honte de me détacher de cette glorieuse ligue de chevalerie. »

Philippe crut donc prudent de se retirer du Poitou, et de laisser ses hommes d'armes dispersés dans les points fortifiés et dans tous les châteaux susceptibles d'une longue défense. Le roi anglais et sa brillante armée marchèrent sur Poitiers dont on forma le siège ; puis ils se répandirent dans l'Anjou. Angers fut pris sans résistance, et le roi Jean traita d'ingrate la cité, origine de sa noble race, et qui s'était si facilement soumise à son rival, le roi de France. Il démolit ses hautes murailles et une partie de ses maisons. De l'Anjou, les hommes d'Angleterre vinrent soumettre les cités de Bretagne qui tenaient encore pour les Francs. Ils prirent Dol dont on fit une position militaire, et le promontoire de Garplic où s'éleva bientôt une vaste tour garnie d'archers, afin de favoriser le débarquement des Anglais toutes les fois qu'une invasion de la Bretagne pourrait être nécessaire [1].

[1] Mathieu Paris, ann. 1205.

Philippe ayant convoqué le ban de sa chevalerie, se jeta immédiatement dans l'Anjou pour s'opposer aux progrès de Jean. Quelques centaines de lances furent dirigées vers le Poitou où le roi s'efforça d'abaisser le vicomte de Thouars. Les barons de France lui prirent Parthenai, puis ils marchèrent dans la Bretagne où ils vinrent assiéger Nantes [1]. La guerre pouvait devenir toute nationale; il y avait encore rivalité de race, ces vives et longues inimitiés traditionnelles qui faisaient des batailles une sorte de besoin et d'habitude. Bretons, Poitevins, Francs, tous n'avaient d'autres rapports entre eux que l'amour commun des combats. L'intérêt de Guy de Thouars, régent de la Bretagne, comme celui du roi, était de traiter entre eux. Les stipulations furent toutes avantageuses au comte Guy, ce qui fait croire que les progrès de Jean d'Angleterre dans les provinces du Poitou et de l'Anjou étaient de nature à faire désirer à Philippe un prompt accommodement. Il fut convenu que « le roi de France céderait le fief de Loudun au comte Guy, si celui-ci voulait

---

[1] Guillaume-le-Breton, dans son Histoire en prose. Ann. 1206.

faire sa soumission, et qu'il obtiendrait la main
d'Eustachete de Mauléon avec une bonne dot
de deniers comptans pris dans le trésor royal
de France. On stipula en secret le mariage de
la jeune Alix, duchesse de Bretagne, avec
Henri, fils d'Alain, comte de Treguier et de
Guincamp, union qui serait plus tard publiquement célébrée. Les deux époux devaient rester
sous la garde noble de Philippe-Auguste jusqu'à
leur majorité. Le comte s'engageait à payer
tous les frais de noce, toutes les dépenses de
tournois et de chevaleries que l'union nouvelle pourrait occasionner; ainsi s'il fallait envoyer des évêques ou des clercs à Rome afin de
solliciter la dispense pour cause de parenté,
ce devait être à ses dépens. Au cas où le
mariage ne pourrait avoir lieu, il était bien
convenu qu'Alix ne serait donnée pour
femme à un baron que du consentement de
Philippe, afin qu'il pût connaître d'avance le
vassal qui lui ferait hommage : le roi devait
rendre aussi au comte Guy les cinq mille livres
qu'il lui avait payées pour le rachat, selon les
bonnes coutumes féodales. Au moment où le
jeune comte Henri serait fait chevalier, Guy

devait le mettre en possession des comtés de Vannes, Rennes et St-Malo; quant à lui, il se réservait ceux de Nantes et de Cornouailles, pour lesquels il était l'homme-lige du roi [1]. » Cette alliance mettait un terme aux différens sur la succession des ducs de Bretagne qu'Alix et les comtes de Penthièvre se disputaient depuis la mort de Constance et d'Arthur.

Le roi Jean et ses Poitevins, privés de l'appui des Bretons et de leur comte, n'en continuèrent pas moins leurs batailles dans l'Anjou. Quelques bandes de ses chevaliers s'avancèrent même jusqu'à Montauban, et ce château que Charlemagne, dans les vieilles traditions chevaleresques, avait assiégé pendant sept ans, se rendit en peu de jours [2]. Philippe chargea le maréchal de Metz et Guillaume des Roches, sénéchal d'Anjou, de conduire ses chevaliers pour s'opposer aux Poitevins, aux Gascons et aux Anglais; on vit alors ce que pouvait le fier et loyal baronnage

---

[1] Anc. cartul. de Philippe-Auguste, fol. 95. Nouv. Cartul., chap. 2, art. 34. Les conventions définitives sont de 1209, mais la promesse de mariage est de 1205, époque de cette guerre.

[2] Math. Paris, ann. 1205.

des Francs; il dispersa les Poitevins, et la plupart des nobles hommes de l'Anjou firent leur soumission. A son tour la chevalerie du roi Jean se vit contrainte à la retraite.

Ce fut dans ces circonstances que les légats du pape vinrent faire entendre aux deux rois que le trouble qu'ils jetaient par leurs batailles dans les provinces empêchaient le triomphe de la foi catholique, et que dans les graves circonstances où se trouvait la chrétienté, une trêve à leurs combats devenait une loi impérieuse. Après bien des entretiens, les bases en furent arrêtées. On convint des conditions suivantes que constate une charte de Jean.

« Jean, roi d'Angleterre, seigneur duc de Normandie, d'Aquitaine, comte d'Anjou [1], à tous ceux qui ces présentes verront. Vous saurez que les points suivans d'une trêve entre nous et le roi Philippe ont été arrêtés; cette trêve doit commencer vendredi prochain et durer deux ans à partir de ce jour.

» La Loire et Angers serviront de limites

[1] On voit par ces titres que Jean n'avait point renoncé à ses droits sur les provinces conquises par Philippe-Auguste, et dont il était privé de fait.

pour séparer mes terres de celles de Philippe. S'il y a contestation sur les hommes et les fiefs, elles seront décidées par quatre arbitres, deux par chaque partie; savoir: pour le roi de France, le comte d'Auge et Hugues de Châtelraud.

» Pour nous, roi d'Angleterre, Savari de Mauléon et Guillaume de Cantumer.

» Ces quatre nobles hommes connaîtront aussi de tout ce qui peut toucher les infractions de la trève, prise de forteresse, de cité, de vivres, de vassaux, le tout dans les quarante jours de la plainte.

» Ont adhéré à cette trève les nobles hommes dont les noms suivent. Du côté du roi de France : Gui de Thouars, comte de Bretagne; Hugues-le-Brun, comte de la Marche; le comte d'Auge, Guy de Lusignan, le vicomte de Limoges, le vicomte de Châtelraud, Guillaume de Mauléon, Thibaud de Blazon, Guy du Toch, Sulpice d'Amboise, le vicomte de Brosse, Eschinard de Preuilly.

» De notre côté à nous roi des Anglais : le vicomte de Thouars, Savari de Mauléon, Guillaume, seigneur de Surgère, G. Maingot, Henri, l'archevêque seigneur de Parthenay, T. Chabot, Guillaume Martel, B. de Maulevrier, (le mauvais Levrier), Geoffroy de Rancon.

» Tous ces nobles hommes ont juré de tenir la convention de bonne foi. Les vassaux respectifs de France et d'Angleterre pourront, durant le temps des trèves, aller et revenir dans les terres des deux princes, excepté pendant les cours plénières, si ce n'est quelque marchand connu, ou quelque religieux et homme saint; quant aux fiefs communs, on agira selon les anciennes coutumes.

» Le roi de Castille sera compris dans la trève s'il en manifeste l'intention.

» Donné à Thouars, l'an du Seigneur 1205 au mois d'octobre, sous le témoignage de l'évêque de Winchester, de Guillaume de Briewe, et de Robert fils de Guillaume. Écrit à Thouars, de la main de Hugues l'archidiacre [1]. »

Philippe profita de la trève pour porter la guerre en Auvergne. Cette terre était alors soumise au comte Guy, jovial, buveur, mais grand pillard d'église. « Il osait dépouiller, dit un

[1] Duchesn. *scriptor. rerum. norman.*, p. 1061.

chroniqueur, les saints couvents de leurs biens, sans même songer à ménager les vases consacrés, et il confisquait à son profit tous les ornemens des monastères[1], » le vin du cellier et la chasse bénite. Les dévots chevaliers de France marchèrent donc contre le comte Guy. Après une courte résistance, il fut privé de ses fiefs. Le roi les confisqua à son profit, et les accorda au comte de Dampierre : second exemple d'un jugement de confiscation prononcé par le roi et sa cour contre les possesseurs de fiefs. L'ancien comte d'Auvergne vécut retiré sans jamais obtenir la restitution de ses terres. Il donnait de grands coups de lance en l'honneur des dames, s'affligeant de ce qu'un autre s'engraissait de ses biens, et de ce que la famille de Dampierre jouissait de son beau château, commandait à ses hommes d'armes; « il n'avait d'autre consolation, dit Guillaume-le-Breton, que de voir tomber pour un crime semblable le misérable comte de Toulouse que l'on appelle encore, je ne sais pourquoi, comte de Saint-Gilles. »

C'était dans ces circonstances que le pape

[1] Guillaume-le-Breton, Philippeide, chant 9.

faisait un appel au roi et aux barons de France et d'Angleterre pour les convoquer à la croisade contre les Albigeois. Maître Milon, légat du Saint-Siège, et l'abbé de Citeaux, également son délégué, s'étaient acheminés vers la cour plénière de Philippe de France, alors réunie à Villeneuve-le-Roi, près de Sens. Ils étaient revêtus des insignes de légat, et de tout l'appareil des pompes cléricales; partout sur leurs passages, ils furent l'objet des respects et de l'hommage des populations; les chevaliers vinrent au-devant d'eux, et les accueillirent avec honneur : on comptait en cette cour le duc de Bourgogne, les comtes de Nevers et de Saint-Pôl, et beaucoup de nobles hommes alors rassemblés pour délibérer avec leur suzerain sur divers objets relatifs au gouvernement du royaume [1].

Les légats exposèrent l'objet de leur mission, remémorant au roi et aux princes les lettres pressantes du pape qui les appelaient au service de la religion contre les rebelles et hérétiques de la Langue-doc Philippe répondit

---

[1] Pierre de Vaulx-Cernay, chap. 10.

avec grand calme : «Seigneur Légat, bien avez fait de compter sur moi pour secourir sainte mère l'Eglise, mais j'ai à mes flancs deux grands et terribles lions : savoir, Othon d'Allemagne qui se dit empereur, et Jean d'Angleterre, lesquels de leur côté travaillent de toutes leurs forces à porter le trouble dans le royaume de France ; ainsi d'aucune façon ne veux sortir, ni laisser aller mon fils. Quant à mes barons, je leur octroie licence et permis d'aller contre les hérétiques et seconder sainte Eglise [1]. »

Alors les barons s'écrièrent : « Bien dites, sire roi : allons châtier ces légers et vaniteux Provençaux [2] ; allons faire cesser ces complaintes pleines de licence et de propos contre l'apostole de Rome. »

Pour s'expliquer l'enthousiasme qui saisit toute la race des barons francs contre les Provençaux Albigeois, il faut se rappeler, que l'esprit religieux du temps était ici secondé par les différences caractéristiques qui distinguaient les deux populations, différences

[1] Ibid.
[2] Le pape se servait dans ses bulles de l'expression *méchante, et perverse, race de provençaux*.

qui étaient loin encore d'être effacées. La Provence ou la Langue-doc ne faisaient point partie de la France : les Provençaux se moquaient de la gravité sérieuse de tout le haut baronnage du nord ; ces barons à leur tour lançaient de gros jurons chevaleresques contre les histrions du midi et leur parure efféminée ; les moines, les évêques francs censuraient leurs mœurs licencieuses et leur vie de plaisir : c'étaient encore deux races d'hommes conservant les caractères distinctifs d'une origine différente. La guerre contre les Albigeois était une nouvelle invasion de la race franque dans le midi de la France, parmi ces populations que la puissance de Charlemagne avait un moment domptées, mais qui avaient secoué presque aussitôt le joug des enfans du Nord. L'appât des fiefs confisqués dans cette belle terre de Languedoc, fertile en toute chose, de ces riches cités commerçantes et civilisées, bien autrement agréables que les sombres donjons de Montfort ou de Nevers, était bien capable aussi de réchauffer les dévotions tièdes et les imaginations sans enthousiasme. Il y avait, comme on le voit bien des motifs, outre le sentiment religieux, pour entraîner les paladins de France contre les hérétiques albigeois.

Les chefs principaux qui prirent la croix en cette expédition, furent Eudes, duc de Bourgogne, le comte de Nevers, le comte de Saint-Pôl, le comte de Montfort et celui de Bar-sur-Seine. Au devant d'eux marchaient, précédés de la croix des pontifes, l'archevêque de Sens, l'évêque d'Autun et de Clermont. C'était une grande partie de la chevalerie de France proprement dite; les barons n'avaient en partant ni roi, ni chef unique à leur tête; ils formaient comme une de ces expéditions irrégulières, de ces invasions armées, de population contre population, qu'on ne vit plus ensuite lorsque l'autorité royale, prenant une attitude forte, imprima aux expéditions militaires, comme au système du gouvernement, un caractère d'unité.

Eudes III, fils de Hugues et d'Alix de Lorraine, l'un des principaux barons qui avaient pris la croix, gouvernait le duché de Bourgogne depuis 1195. L'un des pairs de la cour de France, il avait participé, en cette qualité, au jugement de confiscation prononcé contre le roi

Jean. Dans le parlement de Villeneuve-le-Roi, où la croisade des Albigeois fut proposée, Eudes venait de faire décider que, lorsqu'un fief serait divisé par succession, chacun des cohéritiers rendrait les services au supérieur pour la portion échue après partage [1]. Avant cette époque, c'était l'aîné qui devait l'hommage et les charges pour tous. Le commencement de son règne avait été occupé par les vieilles querelles des ducs de Bourgogne et des seigneurs de Vergi, devenus leurs grands sénéchaux [2]. Eudes était un prince sage et pieux, et il avait été choisi par les croisés partis, en 1202, pour la croisade de Constantinople, comme un de leurs chefs. Il venait de concéder une commune à la ville de Beaune sur le modèle de celle de Dijon [3]. Il s'obligeait à ne prendre à crédit du vin et du pain chez ses bourgeois, que pour l'espace de quinze jours; consentant qu'après ce terme on ne lui donnât plus rien, jusqu'à ce que la première dette fût acquittée.

[1] Recueil des ordonn. du Louv.; ad ann. 1209.
[2] Art de vérifier les dates, t. II, 2ᵉ part., p. 8. In-4°.
[3] Recueil de Pérard, p. 274.

Le comte de Nevers se nommait Pierre de Courtenay. Il avait commencé sa vie par de grandes libéralités envers les bourgeois d'Auxerre, et par le pillage de maintes églises. Pierre avait vécu fort mal avec l'évêque; il lui avait pris son vin, ses hommes et vexé les bons moines, si bien que le prélat jeta l'interdit sur toutes ses terres[1]. On refusait partout la sépulture ecclésiastique; mais un officier de l'escorte du comte étant mort, et les clercs n'ayant point voulu l'enterrer, Pierre fit ensevelir le cadavre dans la propre chambre de l'évêque; les censures ecclésiastiques redoublèrent : Courtenay en fut effrayé; et, comme pénitence, il se soumit à déterrer le mort de ses propres mains, et à le porter sur ses épaules, nu-pieds et en chemise, pendant la procession des Rameaux. Depuis ce moment, le pauvre comte était tout honteux, grand dévot et faiseur d'oraisons[2].

Le comte de St-Pôl se trouvait cousin de Philippe-Auguste par sa mère Alix de France, fille de Robert, comte de Dreux, fils du roi Louis VI. Il avait accompagné le roi à la croisade

---

[1] Lebœuf, Hist. d'Auxerre; t. II. p. 226.
[2] Ibid.

et les comtes francs à Constantinople. A son retour il suivit Philippe dans la conquête de la Normandie. Aussi le considérait-on comme un des vassaux le plus fidèle de la couronne de France [1].

Le comte de Bar-sur-Seine était un prince jovial mais pauvre; il avait vendu le droit de commune aux habitans de son comté de Bar. Ils étaient apparavant tous main-mortables, et ne pouvaient transmettre leur succession à une fille, attendu qu'elle n'avait pas les bras assez forts pour faire les corvées [2]. Le comte les libéra entièrement; ils purent laisser leur héritage à fils ou fille et même à un filleul. De pareilles chartes furent aussi concédées aux hommes de Villeneuve, de Merei et d'Essoye, le tout pour cent livres une fois payées. Il venait de recevoir cette bonne somme, et la dépensait avec de joyeux amis dans les tournois et les festins.

Le comte de Montfort, dont le nom est tristement célèbre dans cette guerre des Albi-

[1] Art de vérifier les dates, t. II, p. 305, in-4.
[2] Cartulaire de Champagne. — Chambre des comptes de Paris; fol 229.

geois, était fils-puîné de Simon, comte de Montfort, et d'Amélie, comtesse de Leycester; il possédait la petite seigneurie de Montfort Amaury [1], située sur une montagne entre Chartres et Paris, et du chef de sa mère le comté de Leicester. Son caractère était ardent et son courage indomptable. Il avait été un des champions les plus hardis de la croisade de 1201, et suivit les chevaliers de France au siège de Zara. Durant cette expédition, Montfort s'était montré le constant défenseur des intérêts et des volontés du pape [2]; il avait tenu le parti dévot qui ne voulait ni assiéger Zara ni Constantinople [3]. Au siège de cette grande cité, Montfort se sépara des croisés, et passa au service du roi de Hongrie; puis il vint dans la Palestine et servit cinq ans contre les infidèles. Il arrivait à peine en France de son long pèlerinage d'outre-mer, où son ambition n'avait pu se satisfaire; car alors toutes les belles terres de Palestine étaient au pouvoir des Sarrasins. Il accepta donc avec ardeur

---

[1] Il avait succédé à cette seigneurie en 1181.
[2] Vilhardouin, liv. 3.
[3] Voir le chapitre XVII de cette histoire.

le poids d'une nouvelle expédition qui pouvait ajouter à sa petite baronnie de Montfort l'Amaury les fertiles campagnes du Languedoc.

Tels étaient les chefs de la nouvelle croisade. De toutes les parties du royaume, les châtelains de France étaient accourus pour se ranger sous leur bannière. Le roi Philippe avait envoyé quinze mille hommes d'armes [1]. Une multitude de servans accompagnaient les gonfanons chevaleresques. Tous portaient des croix sur leur casque pour se distinguer des croisés d'outre-mer qui les avaient cousues sur leur cuirasse.

« L'an de l'incarnation 1209 et le onzième du pontificat du seigneur pape Innocent, sous le règne de Philippe, roi des Français, aux environs de la fête Saint-Jean-Baptiste, tous les croisés prenant route sur diverses parties de la France, se rassemblèrent auprès de Lyon ; leur nombre s'élevait, disait-on, à cent mille, bien couverts de fer, sans compter le menu-peuple, qui s'était engagé à combattre par dévotion. Le pape pria le roi Philippe de nommer le chef de cette confédération.

[1] Guill. le Breton, Philippide, chant 9.

"Le roi s'en abstint, l'abandonnant à la libre élection [1].

Lorsque le comte Raymond eut appris la grande levée d'hommes qui se faisait par toute la France contre lui, il commença à préparer ses moyens de résistance. Par des mesures bienveillantes il s'efforça de gagner l'amitié de tous les magistrats, confédération des cités, compagnies bourgeoises. Il pardonna la révolte des habitans de Nîmes, qui avaient blessé ses connétables, renversé un moulin banal, et le château de la ville; il leur reconnut même un droit de commune, et de consulat, avec toutes les libertés qui en étaient la conséquence [2].

Ces intentions toutes populaires ne durèrent pas long-temps. A mesure que le comte apprenait les formidables préparatifs de l'armée des Francs, il perdait courage. Enfin le légat Milon étant arrivé à Montelimar, le somma de comparaître devant un concile d'évêques réuni à Valence. Le malheureux comte obéit,

---

[1] Epistola Innocent. t. 3, p. 344.
[2] Archiv. du domaine de Montpell.—Viguerie de Nimes 2ᵉ liasse n° 4. Trésor des chartes S. 9 n° 21.

et c'est en présence des prélats et du peuple rassemblés, qu'on commença à délibérer sur les affaires de la Langue-doc. Le légat prit la parole et dit : « Raymond, promets-tu d'obéir fidèlement à tous mes ordres? veux-tu remettre entre mes mains sept de tes châteaux? Oui, seigneur légat, répondit le sire comte. » Alors Milon s'adressant aux consuls et magistrats d'Avignon, de Saint-Gilles et de Nîmes : « Consentez-vous à ne plus obéir à Raymond s'il enfreint ce qu'il vient de promettre? » Les bourgeois répondirent par des acclamations, et le comte lut la formule de serment.

« L'an 1209, au mois de juin, moi Raymond, par la grâce de Dieu, duc de Narbonne, comte de Toulouse, marquis de Provence, me remets moi et mes châteaux savoir : Oppède, Montferrand, Baumes, Mornas, Roquemaure, Fourques et Fanjaus à la miséricorde de Dieu et au pouvoir absolu de l'Église romaine, du pape, et de vous, seigneur Milon, légat du saint-siège apostolique, pour servir de caution au sujet des articles pour lesquels je suis excommunié; je confesse, dès à présent, tenir ces châteaux de l'Église romaine, promettant de les confier incessamment à qui vous voudrez, et quand on le jugera à propos; d'obliger comme vous l'ordonnez les châtelains et les habitans au serment de les garder exactement tout le temps qu'ils seront au pouvoir de l'Église nonobstant la fidélité qu'ils me doivent [1]. »

Après cette promesse et ce serment, le légat envoya immédiatement prendre possession par ses clercs des châteaux donnés en garantie; alors seulement le comte Raymond fut admis à l'absolution. Le 22 juin, le légat Milon, accompagné des archevêques d'Arles, d'Auch et d'Aix, des évêques de Marseille, Cavaillon, Carpentras, Nîmes, Agde, Maguelone, Lodève, Toulouse, Béziers, se rendit dans le vestibule de l'abbaye de Saint-Gilles où l'on avait dressé un autel garni de reliques. Le comte Raymond s'avança vers le sanctuaire; il était nu jusqu'à la ceinture, une corde serrait son cou, et deux évêques en tenaient les bouts pendans comme pour une bête de somme; alors prenant la parole devant toute l'assemblée, le comte dit, d'une voix émue:

« L'an XII du pontificat de monseigneur le

[1] Act. inter. epist. Innoc. III. t. 2, p. 546.

pape Innocent III, moi, Raymond, en présence des saintes reliques, de l'eucharistie et du bois de la vraie croix, je jure que j'obéirai à tous les ordres du pape, et à vous, maître Milon, touchant chacun des articles pour lesquels j'ai été excommunié; je promets de rendre raison de bonne foi sur tous les points pour lesquels je suis accusé, et particulièrement sur ce qu'on dit que je n'ai pas tenu le serment que j'avais fait d'expulser les hérétiques et que je les ai toujours favorisés; sur ce que j'ai entretenu des routiers, *meinades*[1] ou compagnies de larrons, et confié à des juifs des offices publics; sur ce que j'ai pillé le domaine de l'Église, fortifié les monastères comme des lieux de défense, et chassé l'évêque de Carpentras de son siège; sur ce qu'on me soupçonne d'avoir trempé dans l'assassinat du légat du saint-siège, maître Pierre de Castelnau; sur ce que j'ai fait jeter en prison l'évêque de Voison, et me suis emparé de son palais; si j'enfreins ce que je dis, je consens que les châteaux donnés en garde, otage et caution, deviennent la propriété de l'Eglise, et

[1] Compagnies franches et stipendiées.

que mes sujets soient absous du serment de fidélité¹. »

Alors le légat élevant la voix, dit : « Comte Raymond, je t'ordonne de rétablir l'évêque de Carpentras dans tous les droits qu'il a en dedans et en dehors de cette ville; restitue aussi toutes les propriétés de l'église de Voison, chasse de tes fiefs et terres tous les mécréans connus sous le nom d'Arragonois, Routiers, Cotteraux, Brabançons, Basques, Maynades; promets, encore, de ne donner désormais aucun emploi public aux juifs, et de veiller à la sûreté des routes, à ce que les marchands ne soient pas pillés et privés de leur avoir.

» Et vous, Guillaume de Baux, prince d'Orange, Guillaume d'Arnaud, Raymond d'Agout, Bertrand de Laudun, Bernard d'Anduze, seigneur d'Usez et sire de Lunel, ici présens, faites-vous le même serment ? »

Et tous dirent : « Nous le jurons². »

Alors la cérémonie de réconciliation commença; le légat fit mettre une étole, au lieu de corde, au cou du comte de Toulouse, et,

---

1 Act. inter. epist. Innoc. III, t. 2 p. 348.
2 Martene, anecdot. t. 1 p. 815.

en ayant pris les deux bouts, il l'introduisit dans le sanctuaire, en le fouettant avec une poignée de verges ; il criait le sire comte et était tout rouge de honte ; enfin le légat lui donna l'absolution. La foule était si grande dans l'église, qu'on fut obligé de faire sortir Raymond, tout en sang, à travers le souterrain qui allait dans la campagne. Il passa devant le tombeau de Pierre Castelnau comme en expiation du crime dont il était accusé [1].

Le légat réunit une assemblée le lendemain, et de nouveaux articles furent imposés comme condition au comte de Toulouse. « Il promit de ne plus violer ni laisser violer le saint temps du dimanche, ni les abstinences du carême ; de ne lever aucun autre péage que ceux qui étaient autorisés par les rois ou les empereurs ; de supprimer tous les greniers à sel qu'il avait établis, et de permettre le passage libre à tout voyageur, soit par eau, soit par terre [2]. » Les consuls de Toulouse, d'Avignon, de Saint-Gilles et de Nîmes, prêtèrent un semblable serment. Il paraît que le clergé et les barons francs

---

[1] Pierre de Vaulx-Cernay, c. 12.
[2] Act. inter. epist. Innoc. III. t. 2 p. 347 et 367.

cherchaient à se rendre populaires par ces mesures d'ordre et de police, et à séparer ainsi les habitans des cités de leurs seigneurs et de leurs magistrats.

Enfin, un dernier acte de foi fut exigé du comte, il était conçu en ces termes : « Moi Raymond, par la grâce de Dieu, duc de Narbonne, comte de Toulouse et marquis de Provence, je jure sur les saints évangiles que lorsque les princes francs qui ont pris la croix, arriveront dans mes états, je leur obéirai entièrement, tant pour ce qui regarde leur propre sûreté, que pour toutes les choses qu'ils jugeront à propos de me commander pour leur utilité ou pour celle de toute l'armée de Dieu [1]. »

Ainsi le comte de Toulouse s'engageait à prendre les armes contre ses propres domaines, à seconder l'entreprise des Francs contre les Provençaux ses sujets. Il est à croire qu'il ne s'humilia si profondément que pour détourner l'orage et pour éloigner cette armée menaçante qui s'avançait contre la population du midi des Gaules.

Le pape lançait bulle sur bulle pour exciter

[1] Catel. Mémoires sur les comtes de Toulouse. in-folio.

le zèle de ces nouveaux champions de la croix. Il imposa une dîme sur tous les biens laïques et ecclésiastiques de la terre de France, et il ordonna à ses légats d'en presser le paiement par les foudres de l'excommunication. Toute résistance devait être sévèrement punie. Les priviléges des croisés étaient accordés à ces nouveaux pèlerins. L'acquittement de leurs dettes devait être suspendu ; ils n'en payaient aucun intérêt pendant tout le cours du voyage ; ils étaient bien nourris et bien hébergés partout où ils s'arrêtaient, car l'armée du Seigneur devait faire la joie des fidèles[1].

Les croisés s'étaient arrêtés à Lyon comme on l'a dit, et c'est dans cette ville que le légat Milon alla en passer *la monstre*, ou revue sous les gonfanons à mille couleurs. On pouvait voir réunis tous ces hommes de la race franque, les Flamands, les Normands et les Bourguignons. Ils portaient le bourdon de pèlerin à la main, en même temps que leur armure de fer. Ils élurent pour leur chef Arnaud, abbé de Citeaux, l'un des légats du pape, afin de

---

[1] Act. inter. epist. Innoc. III. T. 2, p. 350.

marquer leur soumission au Saint-Siège[1].

De son côté le comte de Toulouse réconcilié avec l'église, se mit en marche pour aller au devant des croisés. Il en rencontra bon nombre dans les environs de Valence, et se livra à quelques joyeux ébats avec Pierre et Robert de Courtenay, seigneurs d'Auxerre, ses parens; il leur promit, foi de chevalier, de les seconder dans leur expédition contre les hérétiques, avec toute la loyauté d'un haut baron. Il accabla de dons, par des chartes, les églises et les monastères sur son passage. Il le fallait bien, il s'agissait de sauver ses belles terres de la Langue-doc[2].

L'armée des croisés traversa le Rhône en bon ordre, et vint se concentrer à Montpellier, où elle s'arrêta pendant quelques jours. On résolut d'attaquer d'abord les terres du vicomte de Béziers qui, étant informé de cette résolution des chevaliers de France, se rendit auprès du légat. Il passait pour un grand fauteur

---

[1] Mathieu Paris ad. ann. 1213, Innoc. III, liv. 12 ep. 108. Rigord, liv. 8. Cæsar. Heisterb, liv. 5, chap. xi. Pierre de Vaulx Cernay, chap. 17.

[2] Pierre de Vaulx-Cernay, c. 15. — Annonym. Historial des comtes de Toulouse, ch. 5. Guill. de Puy-Laurens, c. 13.

d'hérésie. Il chercha à s'excuser, en jetant la faute sur ses officiers. On ne voulut point l'écouter; le vicomte prit alors la noble résolution de défendre par les armes ses domaines. Il convoqua son parlement de vassaux, demanda conseil à ses hommes, qui tous unanimement applaudirent à la volonté de leur seigneur. Les bourgeois de Béziers fermèrent leurs portes, réparèrent leurs tours et leurs murailles; quant au vicomte il se renferma dans Carcassonne avec le dessein d'opposer la plus sanglante résistance. A cet effet il fit demander des secours à son seigneur supérieur, le roi d'Aragon, dont la ville de Carcassonne dépendait. On lui en promit secrètement [1].

Ainsi se développait une guerre de population à population, une invasion des Francs contre les Provençaux différens de langage, de mœurs et d'habitudes; c'étaient les sévères et hautains chevaliers du nord quittant leurs sombres manoirs et leurs vieilles tourelles pour envahir les villes riches et joyeuses de la Provence, et ces castels pleins de troubadours

[1] Chron. *Preclar. Franc. Facin.*, p. 112.— Innoc. III, liv. 12, p. 108.

et de nobles dames, qui peuplaient les contrées du midi.

Dans cette guerre, ce qu'il faut bien remarquer, c'est que les barons de France distinguent à peine les orthodoxes des hérétiques. Tous les Provençaux sont également le sujet des plaintes cléricales, des injures des vieux barons, en même temps que la population catholique de la Langue-doc ne se sépare point des hérétiques dans la défense du territoire; fidèles et Vaudois protègent en commun les murailles de leurs cités, et luttent de concert pour repousser la domination étrangère, tant il est vrai qu'à la pensée religieuse d'une guerre sainte, venaient se mêler des habitudes de sol et de races! Répétons-le, c'était une dernière invasion des familles franques dans les terres des Visigoths, produite, il est vrai, par un accident religieux, mais qui cachait une cause générale, une vieille haine que des rapprochemens tentés avaient affaiblie sans la détruire.

L'armée des croisés était parvenue devant Béziers, la première des cités hérétiques qui s'offrait sur son passage. On la considérait sous les tentes des Francs « comme toute infectée du poison de la perversité hérétique. » Les prédicateurs catholiques racontaient mille faits capables d'exciter le zèle fanatique des pèlerins. Un jour, disait-on, un prêtre gagnait son église aux approches de la nuit pour y célébrer les saints mystères. Il avait son calice dans les mains, lorsque des habitans de Béziers embusqués, le saisirent et le frappèrent avec violence, de telle manière qu'il en eut un bras cassé, puis prenant le calice de leurs mains profanes, le découvrirent, « et firent maintes ordures dedans, » au mépris du corps et du sang de Jésus-Christ[1].

Un grand nombre de ces anecdotes religieuses racontées dans le camp des croisés réchauffaient leur fanatisme impatient en même temps que les belles plaines de Béziers couvertes de vignes, et de nobles châteaux excitaient leur ambition envieuse.

Avant d'entourer la ville par un siège régulier, les croisés firent sommer les notables habitans de se soumettre aux soldats de la croix qui venaient de rançonner deux petites

[1] Pierre de Vaulx-Cernay, chap. 17.

villes, La Caussade et Saint-Antonin, et de brûler Villemur sur le Tarn. Ces exemples ne déterminèrent pas les habitans de Béziers; ils résolurent de se défendre leurs consuls en tête. Quelques-uns d'entre eux sortirent même des murailles, et vinrent attaquer, à coup de flèches et d'arbalètes, les avant-postes des pèlerins. Tout à coup les trompettes sonnent, et les chevaliers prennent les armes. Les Francs avaient dans leur camp une race d'hommes du nom de Ribauds; ceux-ci prennent leur légère armure, et, s'adressant à l'abbé de Citeaux, l'un des légats qui commandaient la croisade, ils dirent : « Sire abbé, que devons-nous faire en cas que nous prenions la ville par assaut, pour distinguer les catholiques des fauteurs d'hérésie? Tuez-les tous, répondit l'abbé; Dieu connaîtra quels sont les siens, » car il craignait, ajoute la chronique, que les hérétiques ne cherchassent par de faux semblans à s'échapper de la mort[1].

---

[1] Cæsar Heisterb. l. V, chap. XXI; Echard *scriptor ordin. prædic.* t. I, met en doute que cet atroce propos ait été tenu par le légat; le témoignage que nous citons est cependant celui d'un contemporain, mais étranger.

SAC DE BÉZIERS.

Les Ribauds courent en toute hâte vers les murailles en criant France ! France ! Les habitans de Béziers ne résistèrent que trois heures à la race du Nord plus guerrière, moins efféminée; les Ribauds escaladent les tours, se précipitent dans la ville, n'épargnent personne, ni les femmes ni les enfans. Une population éperdue s'était réfugiée dans l'église Sainte-Magdeleine, elle fut poursuivie; on frappa jusques au pied des autels [1]; en moins de dix heures, l'antique ville de Béziers ne fut plus qu'un monceau de ruines. Le nombre des habitans qui périrent dans cette déplorable journée est infini; l'abbé de Citeaux, dans la relation toute vaniteuse qu'il envoya au pape, déclare qu'on tua bien quinze mille âmes; des chroniques portent ce nombre jusqu'à soixante mille [2]; l'abbé de Vaulx-de-Cernay, qui suivait les croisés, après avoir décrit avec satisfaction cette grande hécatombe, s'écrie dans son fanatisme raisonneur : « Et fut

---

[1] Tot fut passés per lo trinchet de l'Espasa, et nul fut per far tirar la campanas quant tot le monde fut mort. (Hist. anony. du comte de Toulouse, Dom Vaissète, hist. du Languedoc, Preuve, p. 13.)

[2] Guillaume-le-Breton porte ce nombre à 60,000; un autre chroniqueur à 100,000.

ladite ville prise le jour de la fête de sainte Marie-Magdeleine, laquelle les hérétiques disaient avoir été la concubine du Christ. C'est juste donc, s'ils furent pris et exterminés le jour de la fête de celle dont ils avaient tenu tant de propos indécens. »

Le bruit de cette catastrophe jeta l'épouvante dans toute la Langue-doc. Les Croisés virent arriver dans leur camp une députation de la ville de Narbonne qui, suppliante, venait faire sa soumission. On lui imposa de dures conditions : « Les habitans devaient prêter foi et hommage à l'armée des croisés ; lui payer dix deniers pour livre de tous leurs biens, excepté de leurs livres, meubles et ustensiles ; abandonner tous les hérétiques à la discrétion des comtes et des évêques francs, et délaisser à ceux-ci tous les biens des juifs, sous la condition que les comtes protègeraient la ville. » Ces lois acceptées, les confédérés épargnèrent Narbonne [1].

Plus de cent petits castels se soumirent à de semblables conditions. La Langue-doc en était

[1] Catel, mém. sur les comtes de Toulouse, p. 597 et 791.

alors couverte, et partout on exigea foi et hommage envers l'armée des pèlerins francs qui s'avança sans plus tarder devant Carcassonne¹.

Le vicomte de Béziers, comme on l'a dit, y avait cherché un asile, ramassant tout ce qu'il put de cavaliers et de nobles hommes décidés à défendre les opinions de l'hérésie et l'indépendance de la Provence. Tout fut bon pour augmenter les fortifications, les murailles et les tours élevées. « Les maudits bourgeois détruisirent les réfectoires, les caves et les cellules des chanoines, et ce qui est encore plus exécrable, les stales même de l'église pour fortifier leurs murailles. Les maisons des paysans hérétiques demeurèrent en leur entier, et celles des serviteurs de Dieu furent jetées à bas². »

Carcassone, placée à l'extrémité d'une montagne, était ceinte d'un double faubourg, tous deux couverts par des fossés et des remparts. Le premier fut emporté à l'improviste. Le comte de Montfort, à la tête des chevaliers de France, se précipita à travers les barricades. Après

---

[1] Epist. Innoc. III, ep. 108.
[2] Pierre de Vaulx-Cernay, c. 16, Chron. *Preclar. franc. facin.*

deux heures de rudes combats, il resta maître des maisons et des murailles. Le second faubourg, défendu par le vicomte de Béziers, fit un peu plus de résistance; deux fois repoussés, les croisés s'en emparèrent enfin, et les habitans se réfugièrent vers la haute ville.

Alors les chefs délibérèrent dans le camp. Le duc de Bourgogne dit : « S'il nous arrive ici comme à Béziers, que nous rasions la cité de fond en comble, il ne restera rien pour nous qui allons devenir seigneurs et maîtres de ce territoire. Il vaut donc mieux traiter en épargnant les maisons et les richesses du lieu. »

Le roi d'Aragon venait d'arriver au camp des Croisés, suivi d'une noble chevalerie. Il avait été vivement affecté de la destruction de Béziers et de la situation du vicomte son grand ami, assiégé dans Carcassonne [1], et il chercha à faire agréer sa médiation. « Le vicomte de Béziers est jeune, dit-il, je réponds qu'il accédera à de justes conditions : vous autres, Francs, avez beaucoup trop d'orgueil pour traiter d'affaires. »

---

[1] Lo rey d'Aragoun esta grandament malen coynos daquest fait; car lo dit viscomte era son aliat et grant ami. Chronique en langue romane. Preuve de l'Hist. du Lang. t. III, p. 11.

Le roi d'Aragon alla donc voir le vicomte, de Béziers assiégé dans Carcassonne; quand on vit de dessus les murailles les couleurs d'Aragon, les ponts-levis s'abaissèrent et le roi fut admis en la ville. Il exposa au vicomte l'objet de sa visite: « Seigneur, dit celui-ci, je ne sais ce que je dois faire, et je vous serais fort reconnaissant si vous vouliez traiter avec le légat et les Francs, car je vois bien que je ne pourrai tenir long-temps à cause du grand nombre de femmes et d'enfans qui sentent le besoin; si j'étais seul avec mes chevaliers, je vous jure que je préférerais mourir de faim que de me rendre [1]. » Le roi d'Aragon promit son intervention au vicomte, puis il retourna dans le camp des Francs, et dit aux barons : « Le vicomte est bien jeune, il n'est point coupable d'hérésie; ce sont ses officiers qui l'ont favorisé... Allons donc, il faut traiter avec lui ! » Quelques barons furent de cet avis, et voici ce qui fut proposé : le vicomte devait sortir de la ville, lui treizième, avec ses armes, meu-

---

[1] Car si no y avia que my et mas gens que jamais an al dit legat et as sas gens non me rendria que no avant me laissois morir de fan. Chroniq. anonyme. p. 11.

bles et habits; les habitans seraient livrés à la discrétion des croisés; les vicomtés de Béziers et de Carcassonne étaient confisqués au profit du Saint-Siége et de la race des barons francs. « Lorsque le roi d'Aragon retourna porter ces propositions au vicomte dans Carcassonne, celui-ci tout rouge s'écria : « J'aimerai mieux me faire écorcher vif que de laisser en danger le dernier de mes hommes qui se sont exposés pour moi¹. »

Le roi d'Aragon vit bien qu'il n'y avait rien à faire; il s'en retourna tout triste au camp des croisés qui continuaient le siège. Un jour se présente un chevalier armé de toutes pièces, à l'une des portes de Béziers, demandant à parler au vicomte. « Me voilà, répondit celui-ci avec une voix ferme.—Ah! seigneur, je suis un peu de vos parens², et je vois avec peine les malheurs qui vous accablent. Foi de chevalier, venez dans le camp des croisés, aucun mal ne vous sera fait, et vous pourrez traiter directement avec les chefs qui sont vos amis. » Le

1 Se laissera tout vieu scorgiar que el laissar tant solamen le plus petit my paisant di sa compagnia, car pel el eran tots en dangier; p 14.

2 Ly ven dire quel era son propry parent; p. 15.

crédule vicomte se laissa entraîner[1] ; il sort de la ville, et bientôt le voilà sous la tente du légat. L'abbé de Citeaux rassemble le conseil des barons et demande ce qu'on doit faire du vicomte. Malgré la noble opposition du haut baronnage on délibéra de le retenir prisonnier sous la garde des gens de Bourgogne.

Après cette trahison, il fut très-facile de soumettre les habitans privés de leur vicomte. Comme les chevaliers français voulaient conserver les maisons et tous les riches meubles, ils proposèrent à tous les citoyens de sortir, un à un, de la ville en chemise et en culotte (braye) seulement, et qu'ils auraient la vie sauve. Ainsi dit, ainsi fait. Voilà donc les pauvres habitans de Carcassonne exténués de fatigue et de faim, se précipitant en foule vers les portes de la ville. L'armée des Francs était rangée en armes, les prêtres et porte-croix en tête, à mesure que ces gens passaient, les prêtres leur demandaient une profession de foi catholique, et il y en eut bien 4 ou 500 d'égorgés pour n'avoir pas voulu croire aux saints mystères, à la virginité de Marie, et à la pudi-

---

[1] Donc fe folia, (dit le chroniqueur anonyme.)

cité de Magdeleine. Un grand nombre d'hérétiques s'étaient heureusement enfuis par un souterrain qui leur était connu, jusqu'aux tours de Cabardes, à trois lieues au-delà de la ville. Les uns s'en allèrent du côté de Toulouse, les autres prirent la route des terres d'Aragon [1].

La conquête de Carcassonne et de Béziers dépouillait tout à fait le vicomte, et la confiscation prononcée par les bulles donnait lieu à l'élection d'un seigneur pour les terres saisies. On assembla donc le conseil des croisés afin de pourvoir, par un choix libre, au gouvernement des terres conquises. On proposa d'abord le duc de Bourgogne. — « Je n'en veux pas, répondit le duc, car je ne puis en aucune manière dépouiller un homme de noble race par trahison, et c'est ce qui arrive, puisqu'on le retient captif contre le droit. » Telle fut à peu près la réponse du comte de Nevers. Les pèlerins tournèrent alors les yeux vers le comte de Montfort. Simon

[1] L'auteur anonyme dit même que tous se sauvèrent. — An aquestas manieras es estades laissates, et desamparat la dita villa, p. 18.

s'était rendu populaire en toute cette guerre par sa valeur merveilleuse et sa dévotion éclatante. Il accepta les terres des mains du légat et des barons armés pour la cause de Dieu. Le 22 août, les princes étant réunis, Montfort fut proclamé, aux applaudissemens de la foule, vicomte de Béziers et de Carcassonne; tout le monde remarqua sa bonne mine sous la couronne et le manteau de vicomte. Il était d'une stature très-élevée, une chevelure blonde et flottante signalait son origine franque; son corps était gracieux et agile, ferme en tous ses mouvemens; barons, chevaliers, hommes d'armes approuvèrent donc ce choix[1].

[1] Guillaume de Puy-Laurens, chap. 8.

CHAPITRE XXI.

Pensées de Philippe-Auguste en apprenant l'élection de Montfort. — Droit féodal. — Le Comte Raymond prend en main la cause des Provençaux hérétiques. — Conquêtes des Francs. — Les Ducs de Bourgogne et de Nevers se retirent. — Ligue contre le Comte de Toulouse. — Le Comte à la cour de France. — Soumission des villes de la Langue-doc à Montfort. — Mort du Vicomte de Béziers. — Refus des supérieurs de recevoir l'hommage. — Voyage du Comte de Toulouse à Rome, en Allemagne, et en France. — Son retour dans la Langue-doc. — Exploits de Montfort. — Excommunications. — Guerres et nouvelles batailles. — Les Francs envahissent les terres de Toulouse. — Hommages. — Monfort est attaqué dans Castelnaudari. — Soumission de la Provence aux barons francs. — Nouveau règlement de police pour les terres de la conquête.

1209 — 1212.

La prise de Carcassonne et de Béziers, l'élévation de Montfort à la seigneurie de ces vicomtés, avaient peu d'importance pour Philippe-Auguste. Carcassonne ne relevait point des domaines de France; elle était dans les suzerainetés des rois d'Aragon; Philippe n'avait pas dès-lors à s'occuper des changemens arrivés dans cette hiérarchie féodale. Il y avait même quelque avantage à ce qu'un baron de la race franque, vassal de la couronne, devînt possesseur d'une belle seigneurie dans la Provence; car cela rapprochait encore de la suzeraineté royale cette terre de la Langue-doc qui s'en était toujours éloignée par ses mœurs, ses lois et ses habitudes. Pour la vicomté de Béziers, Simon de Montfort relevait féodalement du comte de Toulouse, et ne devenait par conséquent qu'arrière feudataire de la couronne de France, ce qu'il était déjà pour le comté de Montfort l'Amaury. Ce changement importait donc encore très-peu au roi Philippe.

Tous les efforts du nouveau vicomte de Béziers et de Carcassonne devaient tendre à être admis à l'hommage de ses nouvelles terres par le roi d'Aragon et le comte de Toulouse, car cette formalité féodale changerait en un droit reconnu, une simple possession de fait, que seule il pouvait alors invoquer. Ce résultat, comme on le sent, était difficile à obtenir. Le vicomte de Béziers était tout à la fois proche parent du roi d'Aragon et du comte de Toulouse, qui partageaient ses doctrines et pleuraient ses malheurs. Tous appartenaient à une commune race, tous avaient les mêmes habitudes, et la même faiblesse pour l'hérésie. Comment donc espérer qu'ils reconnaîtraient cette possession de fait d'un baron franc usurpée tout à coup dans les terres du Midi ?

La force seule, les exploits éclatans qui, dans ces temps de violence, légitiment tout, pouvaient assurer à Montfort la paisible possession de ses terres. Après s'être acquis l'appui de l'Église, en établissant un cens annuel en faveur de la cour de Rome[1], il s'efforça d'affermir son autorité par la conquête. La chose devenait cependant difficile, car la plupart des croisés, ayant fini leur temps de service, selon leur devoir féodal, parlaient de quitter les terres de la Langue-doc. La trahison dont le légat avait usé envers le vicomte de Béziers, éloignait de cette entreprise toutes les âmes un peu élevées. Le comte de Nevers déclara hautement qu'il voulait rentrer dans ses domaines avec ses hommes d'armes. Vainement lui remontrait-on que les castels de Mi-

---

[1] C'est dans cette charte qu'il prend pour la première fois le titre de vicomte de Béziers et de Carcassone. Preuves de l'Hist. du Languedoc, par Dm. Vaissete, vol. 3. colonn. 215.

nerve, des Termes, et de Cabaret, étaient tous remplis d'hérétiques, il persista dans sa volonté. On disait dans le camp qu'il avait eu une vive querelle avec le duc de Bourgogne, et que plusieurs fois ils avaient été sur le point d'en venir aux armes. Quoi qu'il en soit, les chevaliers du comte de Nevers repassèrent le Rhône [1].

Le comte Raymond de Toulouse s'était abaissé à toutes les lâches soumissions qu'avait exigées l'armée des croisés. « Il avait même conseillé d'abattre certains châteaux voisins de ses domaines, qui par la suite pouvaient nuire aux comtes francs. » Mais tous ces témoignages ne désarmèrent pas les ambitions et les haines. Raymond était à peine arrivé à Toulouse, que Simon de Montfort et les légats lui députèrent un grand nombre d'évêques pour le sommer, ainsi que les consuls de cette ville, de leur livrer quelques notables habitans, afin qu'ils vinssent se purger en présence de l'armée des croisés du crime d'hérésie qu'on leur imputait. Simon menaçait en cas de refus du comte,

[1] Pierre de Vaulx-Cernay, c. 30.

d'envahir ses terres comme celles d'un relaps
et excommunié [1].

Raymond répondit qu'il ne ferait point ce
qu'on lui demandait; qu'il n'avait rien à dé-
mêler avec Montfort et l'abbé de Citeaux ;
qu'il se plaindrait à son suzerain, le roi de
France, et même au pape, des vexations qu'on
avait commises dans la Langue-doc, sous pré-
texte de l'hérésie : en même temps les consuls
de Toulouse déclarèrent, de concert avec tous
les habitans, qu'ils n'avaient point parmi eux
d'hérétiques. Cela n'empêcha pas que le légat
n'excommuniât les citoyens, et ne jetât l'interdit sur la ville.

Pendant ce temps Montfort aidé des hommes du duc de Bourgogne, soumit les petits
châteaux qui environnaient Carcassonne et
couvraient l'Albigeois. Les bourgeois de Castres vinrent lui faire une volontaire soumission [2]; or il était toujours d'avis de brûler
les hérétiques; voici donc quelle fut la déci-

[1] Manda sas lettras et messagia al comte Ramon al Toulosa et
als habitans daquelas per aver heretica, car autrament avez delibere
deli corre sus et sei terra, col. 20.

[2] Pierre de Vaulx-Cernay, chap. 27.

sion de Montfort sur un cas particulier qui lui fut soumis. Comme on lui présenta deux hérétiques dont l'un était *parfait* et l'autre *néophite* ou disciple, il ordonna dans son conseil de chevalerie qu'ils fussent tous deux brûlés. Le néophite éprouvant une vive contrition voulut se convertir. On retourna prendre l'avis du comte; or celui-ci décida qu'il devait néanmoins être livré au bûcher, parce que s'il était réellement repentant, le feu lui servirait d'expiation, et que s'il avait menti, il paierait le talion de sa perfidie [1]; ce qui fut très-applaudi.

« A son retour de Castres, on résolut dans l'armée catholique d'assiéger le château de Cabaret, pour voir si d'aventure on pourrait le forcer à se rendre. Le lendemain les hommes d'armes s'en approchèrent, puis ayant donné l'assaut, et voyant qu'il ne profitait guère, ils retournèrent à leurs tentes [2]. »

Le duc de Bourgogne, après avoir accompli son temps de pèlerinage, voulut aussi se retirer avec ses chevaliers, et en effet le troisième jour il quitta l'armée. Montfort resta donc seul et

[1] Pierre de Vaulx-Cernay. *Ibid.*
[2] *Ibid.*

quasi désespéré. Il n'avait plus sous son gonfanon que trente chevaliers de France; aucun Provençal ne voulait le suivre. Cependant avec ce petit nombre d'hommes il s'empara encore de Mirepoix, réceptacle d'hérétiques, et de Saverdun dont les bourgeois lui firent pleine et entière soumission [1].

« En s'en retournant voilà que les chevaliers de Lombers vinrent demander à Montfort d'entrer dans leur château, mais ce n'était qu'une ruse; ils voulaient l'y attirer pour le sacrifier. « Allons, allons, dit le comte, je ne m'y laisserai point prendre [2]. »

Il restait donc le noble sire, presque seul d'entre les Francs, au milieu de la terre de ces maudits Provençaux; il songeait toujours à se faire admettre à l'hommage pour les vicomtés de Béziers et de Carcassonne, et à régulariser ainsi sa possession, d'après les lois féodales. En guerre avec le comte de Toulouse, il ne pouvait le requérir d'agréer sa féauté [3]. Que faire? Il chercha donc à légitimer pour le

[1] Pierre de Vaulx-Cernay, chap. 23.
[2] Ibid.
[3] L'historien provençal des comtes de Toulouse, dit cepen-

moins la seigneurie de Carcassonne, et demanda à faire l'hommage au roi d'Aragon. Pierre s'excusa de ne pouvoir l'admettre; mais lassé de ses pressantes sollicitations, il lui donna rendez-vous à Narbonne. Ils se virent en effet; mais, pendant quinze jours que durèrent les conférences, Simon ne put persuader le roi de recevoir sa foi féodale; le suzerain éloignait cette formalité sous divers prétextes. On disait même que des hommes sûrs parcouraient tous les arrière-fiefs des vicomtés de Béziers et de Carcassonne et répétaient aux feudataires : « Ne faites qu'un hommage simulé à Montfort; ce n'est pas un homme de notre race, un baron légitime; en quelque temps vous aurez du secours. » Ces feudataires tinrent compte de cet avis, car aucun d'eux ne remplit ses devoirs de féauté, si l'on en excepte quelques abbés ou évêques possesseurs de terres.

C'était un attachement véritable que celui

dant que Montfort fit quelques démarches auprès du comte de Toulouse pour en obtenir sa permission d'hommage. « Et de fait par le conseil del dit legaut mandet sas lettras al conte Ramon à Tolosa et aussi als habitans d'aquela per saber se an se volien accordar. » P. 21.

[1] Pierre de Vaulx-Cernay, chap. 53.

des peuples du midi pour leurs seigneurs nationaux ; Simon de Montfort put s'en convaincre lors de la mort du vicomte de Béziers, dont il avait pris les terres, et qui expira subitement dans les fers que la trahison lui avait imposés. « Tous les habitans de Carcassonne vinrent sous la tente, pour voir leur seigneur et lui rendre les derniers honneurs que chacun lui devait. C'était une chose triste à considérer que cette douleur du peuple, d'autant plus qu'on ne savait pas quand le vicomte était mort en prison, et par quelle cause [1]. »

La cour de Montfort ne se composait que d'hommes de la race Franque ; ses confidens et ses officiers n'appartenaient point à la terre de la Langue-doc ; son maréchal était Guy de Levis ; Pierre de Richebourg faisait les fonctions de sénéchal et Robert de Passi celles de bouteillier. Rien de national n'entourait donc cette récente conquête.

Aussi dès que les corps de lances, les

[1] Son vengut de alentour per veser lor dit senhor mort et per li far honor que l'y eran tengu chascun far, la quala causa fut fort lamentosa et pietosa a veyre la dolor qui lodit pobla meneva, non sabia per lo dit visconte quant ora mort ainsi en priso, ni en aquela forme que mortera. p. 19.

hommes d'armes du comte de Nevers et du duc de Bourgogne se furent éloignés, un mouvement général s'opéra dans la Languedoc contre la domination du comte de Montfort. On n'y comprenait ni la langue, ni les mœurs, ni l'austérité dévote des champions de la sainte église. La plupart des chevaliers et des châtelains des diocèses de Béziers, Carcassonne et Albi se déclarèrent contre le comte, leur nouveau seigneur. Ceux du Minervois avaient aussi pris les armes. C'était un cri général contre la domination des hommes de France [1].

En même temps le comte de Toulouse s'était rendu auprès du roi Philippe, son seigneur suzerain, pour demander justice des menaces et attaques à main armée d'Amauri de Montfort. D'après le droit féodal c'était à la cour des barons à prononcer sur les droits respectifs des vassaux de la couronne. Le duc de Bourgogne, le comte de Nevers et la comtesse de Champagne assistèrent à cette cour plénière; ces deux hauts barons qui revenaient de la croisade contre les Albigeois purent exposer la

[1] Pierre de Vaulx-Cernay, chap. 27.

déloyale et barbare conduite de Montfort dont ils avaient été témoins dans la Langue-doc; la comtesse de Champagne surtout prit vivement les intérêts de Raymond [1]; de son côté, le comte de Toulouse fit entendre les plus vives plaintes contre le légat; les barons promirent justice et lui confièrent plusieurs chartes adressées au pape, afin que le souverain pontife pût mettre un terme aux vexations de toute espèce auxquelles était exposé un grand vassal de la couronne.

Le comte de Toulouse se décida à faire le voyage de Rome; mais avant de quitter la cour de Philippe, il fit son testament car le pèlerinage était long : « Moi Raymond, comte de Toulouse, étant en la cour des barons de France, j'écris mes dernières volontés : Je lègue aux templiers et hospitaliers tout le blé et le vin que j'aurai recueilli dans l'année. Les premiers auront mon cheval de bataille, mes armes, ma cuirasse; les autres prendront soin de mon plus jeune palefroi. Mon fils Raymond sera mon héritier. Mais je donne à Éléonore

[1] Les touts ensemble feguen bon accueil al dit cont Ramon et a sa compagnie specialement la comtesse de Campana. p. 25.

d'Aragon, ma femme, tout ce que je lui ai constitué en dot ; à Bertrand, mon bâtard, les châteaux de Caylus et de Bruniquel en Querci ; à Guillaumette, ma fille, tout ce que je possède à Montlaur et à Saint-Georges. Je mets enfin tous mes domaines sous la protection de Philippe roi de France, mon cousin, et sous celle d'Othon empereur des Romains. Au cas où ma lignée masculine viendrait à défaillir, j'appelle à mon héritage, pour toutes les terres sises dans le royaume de France, Philippe mon suzerain, et pour toutes celles au-delà du Rhône l'empereur Othon [1]. »

Ce testament fut déposé dans les archives de l'abbaye de Saint-Denis, et notre comte s'achemina vers Rome. Des lettres fulminantes du légat l'y avaient précédé. « Seigneur pape, disait-il, nous nous sommes assemblés en concile pour décider la grande affaire du comte de Toulouse, et nous l'avons excommunié parce qu'il n'a pas rétabli dans leurs domaines les évêques de Carpentras et de Vaison ; parce

---

[1] L'original qui était aux archives de Saint-Denis se trouve textuellement dans Dm. Vaissète, Preuves de l'hist. du Languedoc, t. 3, p. 23.

qu'il n'a pas chassé les hérétiques ainsi qu'il l'avait promis; parce qu'il n'a pas fait justice aux églises et n'a pas aboli les péages et autres exactions injustes qu'il lève sur les terres. Comme nous avons appris que le comte doit se rendre incessamment à Rome pour obtenir, sur la recommandation de Philippe de France, et de l'empereur Othon, votre bienveillance; nous nous hâtons de vous prévenir de ce qu'il a fait pour démériter de l'église et de vous [1]. »

Le comte de Toulouse arriva à Rome dans les premiers jours de janvier 1210, muni de ses bonnes lettres de recommandation. Il fut admis à l'audience du pape. « Seigneur, dit-il, souffrirez-vous que je sois sans cesse vexé par le comte de Montfort ? » Alors le pape lui répondit avec douceur : « Hélas, mon fils, pourquoi avez-vous favorisé l'hérésie? » Le comte demanda à se purger des griefs qu'on lui imputait et appela le témoignage de plusieurs des capitouls de Toulouse qu'il avait amenés à sa suite. Innocent lui tendit alors la main [2], l'admit

---

[1] Epistol. Innoc. III, liv. XII, ep. 106.
[2] Adonc a pres lo dit conte Ramon per la man. p. 23.

à la confession générale de toutes ses fautes, et lui donna l'absolution; puis il écrivit aux archevêques d'Arles et de Narbonne dans les termes suivans :

« Raymond comte de Toulouse s'étant présenté devant moi, m'a porté ses plaintes contre nos légats qui, en effet, l'ont fort mal traité, quoiqu'il eût rempli la plupart des obligations auxquelles ils l'avaient assujetti; nous enjoignons à tous les prélats de la province de tenir un concile dans les trois mois de notre bulle. S'il se présente un accusateur contre le comte qui prouve que Raymond est coupable de la mort de Pierre de Castelnau et qu'il s'est écarté en plusieurs points de la foi orthodoxe, alors le légat nous renverrait cette affaire; que s'il ne se présente aucun accusateur et que le comte se justifie, on lui rendra ses châteaux et ses terres[1]. » Les habitans de Toulouse furent en même temps absous de l'excommunication; et l'interdit fut levé.

Le comte quitta Rome très-satisfait du bon accueil qu'il avait reçu du pape. Il revint par

[1] Innoc. 3 epistol. liv. XII, ep. 152 et 169.

l'Allemagne, visita encore une fois Othon pour demander des secours contre le comte de Montfort; il obtint bon accueil et de grandes promesses, il vint ensuite à la cour de Paris, où sa visite à l'empereur excita quelque défiance. Néanmoins Philippe lui promit appui et protection.

Lorsqu'il arriva dans son comté de Toulouse la bulle du pape relative à sa justification venait d'y être connue. Elle avait vivement déplu aux légats et à Simon de Montfort. La situation des Français dans la Langue-doc s'était améliorée depuis. De nouveaux croisés arrivaient sur la frontière et cherchaient à se procurer des établissemens en se plaçant sous la bannière du sire de Montfort. Une multitude de petits châtelains avaient quitté leurs donjons, leurs vieilles tours de France, et leurs terres sans culture, sur le récit des merveilles de la Langue-doc. Gui de Lucé, Robert-le-mauvais-voisin, Ancel de Coëtivi et même un sire de Montmorenci s'étaient rendus dans la Provence, et Simon qui ne comptait pas plus de cent lances après le départ du comte de Nevers et du duc de Bourgogne, avait alors réuni plus de mille chevaliers en armes.

Il fallait profiter de ces avantages pour faire des conquêtes. Le légat n'obéit donc pas immédiatement aux volontés du pape. Il menait de jour en jour le comte de Toulouse au sujet de sa justification, et, pendant ce temps, Simon reprenait la possession du pays et augmentait ses terres. Le nombre des Français voyageurs s'accroissait sans cesse. Au printemps l'on vint dire à Montfort que sa femme arrivait suivie des vassaux de ses domaines. Il alla jusqu'à Agde pour la recevoir; en effet trois cents lances marchaient avec la noble châtelaine; on résolut dès lors le siège de Minerve, l'un des points les mieux fortifiés de toute la Langue-doc.

«L'an 1210 de l'incarnation de notre Seigneur, aux environs de la fête de St.-Jean-Baptiste, on se porta devant ce formidable castel [1] entouré par la nature de vallées très-profondes, de telle sorte qu'un corps de chevaliers n'aurait pu venir sans grands risques au secours de l'autre.» Après quelques jours de siège, le châtelain de Minerve offrit de se soumettre. Le comte de Montfort déclara qu'il ne pouvait rien par lui-même, et

---

[1] L'historien provençal du comte de Toulouse, dit : Ung fort bel castel que era governado par ung homo sage et valouroux, chap. 25.

qu'il fallait s'entendre avec le légat, le maître et seigneur de l'armée. Le châtelain s'adressa donc à l'abbé de Citeaux, mais celui-ci se trouva fort embarrassé; il désirait ardemment la mort des ennemis du Christ; mais prêtre et religieux il n'osait demander du sang. Que faire? il ordonna à Simon de Montfort et au sire de Minerve de rédiger séparément des articles de capitulation, bien sûr qu'ils ne s'entendraient pas, que les hérétiques ne pourraient se sauver, et qu'ils mourraient tous ainsi de la main des laïques; mais Montfort persistant toujours à s'en référer au légat, celui-ci accorda la vie sauve au châtelain et à tous les habitans de Minerve, et même aux hérétiques *parfaits*, s'ils renonçaient à leurs erreurs. Alors Robert, *le mauvais voisin*, haussant la voix, dit : « Sire abbé, nous sommes venus ici pour exterminer les hérétiques et non pour les protéger. » Le légat se prit à rire: « Allons donc, sire Robert, rassurez-vous, nous les tuerons tous, car ils ne se convertiront pas; » et en effet aucun des *parfaits* ne voulut renoncer à sa foi; on alluma de grands bûchers autour de la ville, et 180 personnes femmes et hommes furent brûlés en présence de l'armée agenouillée et chantant un *Te Deum* d'action de grâce ¹.

En ce temps il arriva de nouveaux croisés; ils étaient de race bretonne et au nombre de huit cents. Les évêques de Chartres, de Beauvais, les comtes de Dreux et de Ponthieu se trouvaient parmi eux; « mais rien de grand ni d'honorable ne fut opéré avec leur aide². » On attaqua le château de Thermes où s'étaient encore réfugiés maints hérétiques fameux³; Guillaume, archidiacre de Paris, qui servait non-seulement de la parole et du glaive, mais encore avec une activité et une intelligence peu communes, s'y fit remarquer. Il allait dans les forêts faire couper du bois pour les machines de guerre, construisait de ses mains pierriers et arbalètes; il était considéré comme le plus habile en toutes ces choses qu'on jugeait profitables au succès du siège.

1 Pierre de Vaulx-Cernay, chap. 33.
2 *Ibid.*, chap. 40.
3 L'historien provençal du comte de Toulouse, dit qu'une grande maladie régnait dans le château des Thermes : Sy met une grande et terrible malaudia dont tot les jors y morian gen sans fin. Col. 28.

Ce qui faisait la force et la richesse des seigneurs féodaux, c'étaient les services militaires, les redevances des fiefs, et les produits de la terre. La situation de Montfort se trouvait sous ce rapport très-misérable. Jeté dans un pays de conquête, sans aucun lien ni avec ses supérieurs dans l'ordre féodal, ni avec ses inférieurs, il n'avait point de ressources; le comte était même dans une telle pauvreté que le pain venait souvent à lui manquer, « ainsi que nous l'avons appris de toute certitude, dit un chroniqueur; et le noble homme s'absentait tout exprès, et n'osait, par vergogne, retourner à son pavillon, parce qu'il était heure de manger, et qu'il n'avait pas de pain [1]. »

Le siège étant presque achevé, les évêques de Chartres, de Beauvais, le comte de Ponthieu dirent qu'ils voulaient s'en aller dans leur pays, car il n'y avait rien à gagner. Montfort eut beau se jeter à leurs pieds, les supplier avec larmes abondantes de rester quelque temps au siège; « ils refusèrent tout net. »

Après le départ des barons francs, Si-

---

[1] *Ibid.*, chap. 41.

mon se voyant presque seul et tout désolé, tomba en grand ennui et anxiété d'esprit. « De vrai, il ne savait que faire ; il ne voulait point lever le siège, il ne pouvait davantage y rester; car il avait de nombreux ennemis sous les armes, peu d'auxiliaires, et dans ce petit nombre la plupart bien mal disposés. D'un autre côté le château des Thermes était très-fort, et l'on ne croyait pas qu'il pût être pris à moins d'avoir sous la main de nombreux hommes d'armes. Pendant qu'il avait ces inquiétudes, voilà qu'il arrive des troupes de lance du côté de Lorraine couvertes de fer. « Grand miracle ! ce château, que l'on croyait imprenable, se rend tout à coup à de pauvres pèlerins. [1] »

Vivant au milieu d'une population ennemie, le sire de Montfort ne pouvait se consolider que par des alliances avec les seigneurs naturels du pays. La conquête ne suffisait pas, car, opérée par des forces accidentelles et étrangères, elle ne pouvait rien donner, rien affermir. Aussi les légats cherchèrent-ils à rap-

---

[1] Pierre de Vaulx-Cernay, liv. 41. L'historien du comte de Toulouse dit encore que les hérétiques furent brûlés : et aquels arsen et brûlants les heretges, sans marci ni pietats.—Col. 29.

procher entr'eux les vieux et les récens possesseurs du sol.

Des conférences furent encore indiquées à Narbonne; le roi d'Aragon, les comtes de Toulouse, et de Foix, s'y rendirent, et l'on discuta les droits respectifs en présence des légats. Il y fut d'abord question des moyens de réconcilier Raymond avec l'Église; on lui offrit la paisible possession de ses domaines et des redevances qu'il avait sur les terres des châtelains hérétiques, s'il voulait les chasser de ses états; il devait avoir, en outre, le cinquième ou le quart de toutes les confiscations. Raymond refusa toutes ces offres qui l'auraient enrichi aux dépens de ses vassaux.

Le comte de Foix fut réconcilié avec l'Église. On lui fit prêter serment qu'il ne combattrait plus Montfort, et, à cette condition, celui-ci lui rendit toutes ses terres. Le roi d'Aragon, comme seigneur suzerain du comté de Foix, arbora son gonfanon dans une partie des châteaux; mais la fidélité du noble comte dura bien peu de temps; à quelques mois de là il était déjà à la

---

[1] Epist. d'Innocent, liv. xiii, ep. 188. Pierre de Vaulx-Cernay, ch. 45. Act. concil. Vaur. t. 2, p. 766. édit. Baluze.

tête de ses fidèles vassaux pour combattre les francs. On redoubla d'instances auprès du roi d'Aragon afin qu'il consentît à recevoir l'hommage de Simon de Montfort pour Carcassonne. « Je ne le puis, répondit-il, car il n'en est pas le droit possesseur. » Les légats revinrent avec tant de persévérance, lui firent de si larges promesses, qu'enfin il consentit à le reconnaître comme son bon vassal [1]. C'était un commencement d'ordre régulier dans la conquête. Une alliance de famille fut aussi vivement sollicitée par le comte de Montfort afin de s'attacher tout à fait au sol; il offrit de donner sa fille en mariage au jeune fils du roi d'Aragon. La proposition fut agréée [2]. C'est ainsi que le comte franc cherchait à vaincre les répugnances des Provençaux.

Il avait pour auxiliaire ardent et dévoué le clergé romain que l'hérésie des Albigeois menaçait dans ses domaines et dans son existence; il cherchait à rattacher au comte Simon la population catholique. Le plus agissant de toute cette bande d'évêques et de clercs était le troubadour Folquet, dont nous avons déjà parlé, et alors

[1] Act. concil. Vaur. t. 2. p. 766.
[2] Pierre de Vaulx-Cernay, chap. 43.

évêque de Toulouse. Il était le violent ennemi du comte Raymond, et avait osé former au sein de sa capitale même une confrérie catholique dont le but était l'extermination des hérétiques. Elle s'intitulait *Confrérie blanche*, avait ses prévôts, ses maîtres, choisis parmi le petit nombre de chevaliers et bourgeois qui trahissaient la cause de la Provence; les notables habitans furent obligés de se retirer dans la ville haute et les bourgs pour éviter la fureur de ces nouveaux confrères et pénitens. Ils formèrent à leur tour une confédération sous le titre de *Confrérie noire*, et dès lors la division fut dans la ville : on se battait là pour le comte; ici pour l'évêque. Au siège de Lavaur on vit arriver trois mille Toulousains de la confrérie blanche[1] qui se placèrent sous la bannière du comte de Montfort. Ils chantaient tous une sirvente, oeuvre de leur évêque troubadour, et dans laquelle il disait : « A l'égard du comte de Toulouse, nous vous conseillons avec l'apôtre d'employer toujours la ruse. Vous commencerez par faire la guerre aux autres hérétiques, de peur que s'ils étaient

[1] Guill. de Puy-Laurent, chap. 15 et 17.

tous réunis, il ne fût pas si facile de les vaincre; ensuite vous attaquerez le Comte lorsqu'il se trouvera seul et hors d'état de recevoir aucun secours [1]. »

Au siège de Lavaur survinrent encore des gens de France : les évêques de Bayeux, de Lisieux, suivis d'une grande foison de chevaliers, qui marchaient au secours des catholiques. A ce moment, Raymond, noblement conseillé par le comte de Comminges, cherchait à se rendre digne de sa race, et tirait l'épée contre Montfort : six mille lances allemandes tout récemment arrivées pour la croisade furent dispersées dans une valeureuse attaque du comte de Foix qui ne s'était soumis un moment que pour reprendre utilement les armes; Raymond chassa lui-même de Toulouse le turbulent évêque Folquet. Le prélat eut beau chanter que ce n'était pas le comte qui l'avait élu, qu'il aimait mieux mourir des mains *du tyran accompagné de ses satellites* [2], que d'abandonner la ville. Toutes ces imprécations habituelles aux clercs n'arrêtèrent point le comte; Folquet fut obligé de

[1] Millot hist. des Troubad. t. 1, p. 192.
[2] Millot hist. des Troubad. t. 1, pag 196.

quitter Toulouse. On sent que de telles mesures pouvaient réveiller l'esprit national.

Ce qui avait contribué à rendre quelque énergie au comte Raymond, c'était l'excommunication nouvelle qui venait d'être prononcée sans raison contre lui par le légat. Ce prélat turbulent avait voulu imposer au comte des articles de pénitence tout-à-fait honteux afin de le réconcilier avec l'Église; on ne devait plus lui servir dans ses châteaux et à sa table, autrefois si abondante et si joyeuse, que de deux espèces de viandes; les habitans de ses domaines ne devaient porter que des chappes noires et grossières; aucun chevalier ne devait désormais habiter les cités, mais seulement la campagne, et toutes les fortifications des castels devaient être rasées. Enfin Raymond devait se revêtir de la robe de templier et partir pour la Palestine. Lorsque le comte montra au roi d'Aragon ces conditions si humiliantes pour un noble et jovial baron, celui-ci se prit à rire et lui dit : « En vérité, on vous le fait payer un peu trop cher [1]. » Raymond comprit le reproche et tira dès lors l'épée contre les Francs.

[1] Chroniq. provençale du comte de Toulouse, col. 30.

Cependant Lavaur succombait sous le comte de Montfort; quatre cents *parfaits* hérétiques furent livrés au bûcher par les croisés *avec une joie extrême*; on leur offrit la vie s'ils voulaient renoncer à leurs opinions religieuses. Tous préférèrent la mort; le butin servit à payer un marchand de Cahors, qui avait prêté quelque somme d'argent au comte Simon, dans le besoin [1]. Après cette expédition, les Français qui venaient d'arriver au camp sous Enguerand de Coucy, voyant qu'il n'y avait pas grand'chose à gagner sous les bannières du comte, témoignèrent le désir de s'en retourner, et en effet ils partirent quoiqu'on cherchât à les retenir par promesses et monitions.

La guerre se trouvait déclarée par le fait entre le comte de Toulouse et Simon de Montfort; car leurs opinions et leur intérêt étaient très-différens; Raymond ne pouvait rester long-temps croisé contre ses propres vassaux et Simon ne devait point tolérer un seigneur de la race du sol, qui réunissait autour de lui quand il les appelait tous les vassaux de la Langue-doc. Il fallait nécessairement que la seigneurie nouvelle ef-

---

[1] Pierre de Vaulx-Cernay, chap. 45.

façât la domination ancienne, ou que celle-ci expulsât l'autre des terres qu'elle venait de s'approprier par la force.

La prise de Montferrand fut une sorte de déclaration de guerre entre le vieux comte et Simon. Les Français passèrent le Tarn à Rabastens et s'avancèrent vers Toulouse. Les capitouls et magistrats pour détourner l'orage qui les menaçait députèrent quelques-uns d'entr'eux afin de connaître la cause de cette brusque invasion. Simon leur répondit : « Ce n'est pas vous à qui nous en voulons ; mais pourquoi reconnaissez-vous pour votre seigneur le comte Raymond relaps et excommunié ? renoncez au serment de fidélité que vous lui avez prêté. » « Oh ! pour cela, c'est impossible, répondirent les habitants ; le comte a toujours été notre seigneur légitime, pourquoi manquerions-nous à la foi jurée ? » En entendant ces paroles, l'évêque Folquet, qui était dans le camp des croisés, se livra à d'ardentes invectives contre les bourgeois. « Maudits de Dieu, leur dit-il, race d'hérétiques, ainsi donc vous préférez le comte à votre évêque qui vous délie aux yeux du Seigneur. Eh bien ! je manderai aux chanoines de ma cathédrale de quitter la ville avec tous les vases consacrés[1]. Vous serez privés ainsi de tout office saint, et nous verrons ce qu'il en résultera. » Les bourgeois se prirent à rire sous leur grande cape, et se retirèrent disant : « Notre évêque s'en trouverait mieux de composer des chansons pour madame Laure de Saint-Jullien. »

Le comte Raymond fit un appel à ses vassaux. Les sires de Foix et de Comminges accoururent les premiers sous son gonfanon. Tous les bourgeois de Toulouse qui n'étaient pas de la confrérie blanche prirent les armes. On se réunit pour disputer quelques châteaux aux Français. Mais les Provençaux, n'étant point en nombre suffisant, firent en toute hâte leur retraite sur Toulouse ; on les suivit, et les bannières de Montfort se présentèrent bientôt devant les hautes murailles de la cité.

Cette première tentative des Français contre la capitale du pays ne réussit point. Ray-

---

[1] Pierre de Vaulx-Cernay, chap. 45. Consultez aussi la lettre qu'écrivirent les capitouls et magistrats de Toulouse au roi d'Aragon. Trésor des chartes du roi. — Albigeois, n. 12. Preuves de l'hist. du Languedoc, t. 3, p. 232.

mond avait avec lui une brave chevalerie et un corps de bourgeois qui ne craignaient pas de se hasarder contre les lances de France. Plusieurs fois le camp de Simon de Montfort fut surpris par les Provençaux; il faisait si chaud que des maladies se mettaient dans l'armée des Français habitués à des climats tempérés. « Au milieu du jour où les nôtres n'étaient bons à rien, dit un chroniqueur, ils faisaient un somme, et souvent les maudits Provençaux les surprenaient à cette méridienne[1]. »

Le comte de Bar venait d'arriver dans l'armée des pèlerins, mais il ne fit pas merveille; on disait qu'il voulait s'approprier le comté de Toulouse dont le revenu lui plaisait fort. Ceci entraîna des disputes et l'on n'accomplit rien d'utile dans ce siège; les Francs se retirèrent même assez vite, poursuivis par les bourgeois qui prirent le peu de vivres qui restaient encore aux assiégeans. Le brave Hugues d'Alfar, sénéchal d'Agenois, le comte de Foix, à la tête des gens du Béarn et de la Gascogne, les pourchassèrent pendant deux lieues, tant la terreur s'était mise parmi eux!

[1] Pierre de Vaulx-Cernay, chap. 47.

Les Français craignaient surtout, dans l'armée du comte de Toulouse, les routiers et cottereaux que les conciles appelaient larrons, parce qu'ils n'avaient pas de foi et qu'ils s'étaient presque partout réunis aux hérétiques. Ils se tenaient sur les grandes routes, et les pauvres pèlerins qui s'en revenaient de St.-Jacques de Compostelle, les abbés qui allaient d'un prieuré à l'autre, les évêques voyageurs étaient sûrs d'être dépouillés par ces troupes vagabondes dévouées aux Albigeois, unies à eux par les liens des sociétés secrètes et des doctrines religieuses. Le comte aimait passionnément ces courageux enfans de l'indépendance, ses plus utiles auxiliaires. Or voici ce qu'il advint. En se retirant de Toulouse, Montfort s'était emparé d'un petit château du nom d'Hauterive où il laissa des hommes d'armes. A peine l'avait-il quitté, que voilà qu'adviennent les routiers qui s'emparent du castel et en chassent les chevaliers de Montfort; quant à ce comte, il détruisait les vignes, déracinait les arbres aux environs de Pamiers et dans tout le comté de Foix [1].

[1] Pierre de Vaulx-Cernay. *Ibid.*

Durant cette expédition, Simon reçut l'hommage de l'évêque de Cahors, seigneur de cette ville[1]. Le clergé se pressait autour des envahisseurs; il en fut toujours ainsi. Lorsque les Francs, sous les Mérovingiens, envahirent les Gaules, qui accourut le premier au-devant du vainqueur, qui salua la puissance de Clovis? Il y avait encore d'autres motifs qui attachaient les clercs à Montfort; il était l'organe de la puissance catholique, et les évêques se hâtaient de la proclamer et de la reconnaître, car elle leur profitait grandement. Il n'en était pas de même des fils du pays; ils se levaient sur tous les points du territoire, contre Simon de Montfort, entourés alors, d'Allemands, d'Anglais, et des troupes récemment arrivées des extrémités du nord de la France. Un jour, six chevaliers anglais dont l'un était fils de l'archevêque de Cantorbéry, se trouvèrent entourés tout à coup d'une multitude armée. Ils allaient mettre la lance en arrêt, lorsque par un instinct adroit, les hommes du comte de Toulouse plongèrent leurs petits couteaux dans les flancs des chevaux

[1] Régist. Curiæ Franc. Preuves de l'histoire du Languedoc, t. 3, p. 231.

qui tombèrent¹; nos six chevaliers ainsi démontés, voyant qu'il n'y avait pas moyen d'échapper, dirent au chef de la troupe : « Nous nous rendrons, à condition que l'on nous promettra cinq choses : Tu ne nous tueras ni mutileras ; tu nous tiendras en honnête garde ; tu ne nous sépareras pas ; tu nous admettras à rançon ; enfin, tu ne nous laisseras au pouvoir d'autrui : si tu engages pour ceci ta foi nous déposons l'épée ; sinon, non ; et alors nous vendrons chèrement notre vie. » Les hommes de la Langue-doc promirent ce qu'on leur demandait; néanmoins, les prisonniers anglais furent livrés au comte de Foix qui les fit charger de grosses chaînes, et jeter dans un cachot si étroit, qu'ils ne pouvaient se tenir debout, ni s'étendre par terre. Pour les faire manger, il y avait, dans la geôle, un pertuis très-petit, par où on leur offrait leur nourriture. Ce fut là que le comte de Foix les retint jusqu'à ce qu'ils eussent bien rançonné².

Ce mouvement national des Provençaux s'o-

---

1 Pierre de Vaulx-Cernay. 48 et suiv.
2 *Ibid.*

pérait sur tous les points contre les Français. La plupart des châteaux et des cités qui avaient reconnu la domination de Montfort, secouaient le joug étranger, et arboraient les couleurs de Foix et de Toulouse. Un grand nombre d'autres castels des deux comtés furent repris par les hommes d'armes de la Langue-doc devenus chaque jour plus nombreux. Raymond recevait des secours de tous côtés. Deux mille Basques accouraient sous les gonfanons de Savari de Mauléon; le comte de Comminges, Gaston vicomte de Béarn, avaient renouvelé leur serment de féauté [1].

Les Français, au contraire, voyaient leurs rangs s'affaiblir; les troupes de Montfort étaient dispersées, de sorte que le chef de la croisade fut obligé de se retirer en toute hâte dans Castelnaudary; les habitans étaient d'intelligence avec le comte de Toulouse et les Provençaux; mais Montfort les maintint dans l'obéissance. Trois jours après, les Français virent, des hauteurs de la ville, s'avancer dans

---

[1] Chronic. Præclar Francor. Facinor. p. 115. «Et com lo dist conte Ramond avia la plus grande armada que jamais home aguet vista.» Chronic. du comte de Toulouse, p. 42.

la campagne, les bannières de Bearn, de Foix et de Comminges, qui les entourèrent par trois côtés. Le comte avait peu de chevaliers, mais il attendait quelques lances de France, depuis long-temps annoncées. Ce secours était bien nécessaire, car, imitant les châtelains du Toulousain et de Foix, tous les possesseurs de fiefs, des environs de Castelnaudary, étaient revenus à la suzeraineté des Provençaux [1].

Montfort ne pouvait compter que sur ses propres hommes. Il avait voulu lever quelques chevaliers dans ses nouveaux domaines de la Langue-doc; mais à peine étaient-ils réunis, qu'ils se débandèrent, et vinrent grossir l'armée du comte de Toulouse. Il y avait un châtelain nommé Guillaume Cat (ou le Chat), de la race méridionale, et que le vicomte franc de Béziers et de Carcassonne avait comblé de biens et de fiefs. Il le manda pour qu'il lui prêtât appui; mais les répugnances nationales étaient telles, que Guillaume au lieu d'amener les chevaliers qu'il avait pris

---

[1] Chron. Præclar. franc. facinor, p. 115. Chron. provenc. col. 40.

à son service, les conduisit contre les pèlerins qui arrivaient pour soutenir les croisés. Le comte devint furieux à cette nouvelle, et dit : « Par notre sainte mère l'Église, je ne veux plus avoir affaire avec les hommes de cette maudite langue de Provence [1]. » En effet, depuis il ne confia la garde de ses châteaux qu'à des Francs.

De nouveaux chevaliers s'avançaient vers Castelnaudary pour délivrer le comte de Montfort assiégé ; ils étaient sous les ordres de Guy de Livry et de Bouchard de Marli ; le comte de Foix courut les surprendre afin d'empêcher leur jonction avec les assiégés dans la ville ; il se porta sur leur route, et au moment où ils s'approchaient, un des paladins de Provence fondit sur eux la lance en arrêt, en s'écriant : « *Foix, Foix, Toulouse !* [2] » C'était le cri d'arme du comte [3]. Les croisés ne purent ré-

[1] Gme du Puy-Laurent, c. 19.

[2] Rencontrets ung des dits crosats loquel era un gentilhomme, homme valens o qual donat tal cop de lança que doultre en oultre lo passet et commença à cridar Foix, Foix, Tolosa.

[3] Le comte de Foix est un des caractères le plus chevaleresque de cette guerre malheureuse ; le chroniqueur provençal dit de lui :

sister à ce premier choc, et se dispersèrent. Montfort voyait des tours de Castelnaudary le combat tourner contre sa cause; plein d'impatience, il sort avec ses chevaliers, des quatre portes principales, et se précipite dans la campagne; mais il ne fut pas besoin de ce secours; les hommes du comte de Foix, s'étant livrés au pillage au lieu de profiter de leur succès, étaient mis en désordre par les Français de Bouchard de Marli. Montfort ne fit donc qu'assister au triomphe des siens. Après ce triste échec, le comte de Toulouse leva le siège de Castelnaudary; mais telle était la popularité de sa cause, que sans contrainte, sans effort, toutes les places de l'Albigeois qui avaient reconnu la souveraineté de Montfort, telles que Gaillac, Rabastens, Laguepie, Lagarde, Puicelsi, Cahuzac et St.-Antonin, secouèrent le joug étranger et arborèrent aussi les couleurs de Toulouse [1].

Les corps des croisés de la race du nord se

« Jamais Rolant n'y Olivié par ung jour non feguens mais faits d'armes qui aquesta comte de Foix; car de força de frapar son spasa se rompet entre sas mans, col. 43. »

[1] Et adonc se sont vengut rendre a el Galhac, Rabasten, la

succédaient sans interruption dans la Languedoc. Une nouvelle prédication de la croisade avait amené quelques centaines de nobles Français, et encore une grande troupe de chevaliers allemands. Ils jetaient l'effroi dans toutes les terres qu'ils traversaient. Les choses changèrent encore une fois de face ; les Provençaux furent vaincus et humiliés ; les peuples de la campagne quittaient leurs habitations pour se réfugier à Toulouse et à Montauban. Les châtellenies, les villes du comté, se rendaient successivement au comte de Montfort et à ses Français. On fuyait cette armée qui promenait la dévastation et la mort dans ce beau pays. Le bourg de Saint-Antonin seul fit quelque résistance. Le châtelain sommé de se rendre dit en murmurant sous son casque : « Est-ce que Montfort peut croire que je crains *ses bourdonniers ?*[1] » Les Provençaux toujours moqueurs désignaient ainsi les Français, parce qu'ils portaient le bourdon et la panetière comme les pèlerins de la Palestine. St.-Antonin fut pris

Guypia, sanct Antony, la Guarda et totas les altras plaças dalenjors, col. 45.

[1] Pierre de Vaulx-Cernay, c. 45.

d'assaut. La fortune distribuait encore ainsi ses capricieuses destinées! Les Provençaux avaient chaque jour à combattre de nouvelles troupes de pèlerins qui venaient de la France, de l'Angleterre et de l'Allemagne; la chevalerie du midi était comme épuisée; le brillant comte de Foix se multipliait avec quelques hommes d'armes, provoquait au combat singulier tous les comtes francs, et Montfort lui-même; mais comment résister à ces bandes, se refoulant sans cesse dans la Langue-doc et se plaçant sous les gonfanons d'un chef habile et vaillant? tous les châteaux qui étaient revenus à l'hommage du comte de Toulouse passèrent successivement aux Francs.

Simon soumit ensuite l'Agénois, Marmande, Moissac, le comté de Foix et de Comminges, de sorte que celui qui naguère n'était que le pauvre sire de Montfort l'Amaury, devint le maître des plus beaux fiefs de la Provence. Son premier soin fut d'y établir des coutumes appropriées à la situation nouvelle des pays conquis [1].

---

[1] Pierre de Vaulx-Cernay, chap. 65.

Il convoqua donc une grande assemblée ou parlement à Pamiers à la fin de novembre 1212. On y remarqua beaucoup de chevaliers et de nobles francs, le clergé de la Langue-doc, quelques bourgeois provençaux ; ce parlement choisit, pour rédiger les coutumes, douze personnes habiles, savoir : les évêques de Toulouse et de Carcassonne, un templier, un hospitalier, quatre chevaliers de la race franque, deux nobles provençaux et deux bourgeois [1]. Voici donc quelles furent leurs décisions.

« Tous les habitans du pays à quelque race qu'ils pussent appartenir, concourraient à l'extirpation de l'hérésie ; ils rendraient hommage à Simon, leur nouveau seigneur, ainsi et de la même manière qu'ils le faisaient durant la souveraineté du comte de Toulouse. Les clercs seraient exemptés de la taille, à moins qu'ils ne fussent mariés, ou qu'ils n'exerçassent un commerce ; chaque maison habitée, dans le pays conquis, devrait un cens de trois deniers melgoriens envers l'église de Rome. Les chevaliers français possesseurs de terres dans

---

[1] Catel, Histoire des comtes de Toulouse, p. 268 et suiv.

la Langue-doc acquitteraient leur service par des hommes de France et jamais par les hommes du pays, (disposition très-remarquable en ce qu'elle signale la méfiance des nouveaux possesseurs.) Les seigneurs catholiques, maintenus dans la propriété de leurs terres, devraient les mêmes services à Simon de Montfort qu'ils étaient dans l'usage de rendre au comte de Toulouse. Les successions entre les nobles et les bourgeois seraient réglées dans toute la Provence selon les coutumes des environs de Paris. Toutes les femmes dont les maris avaient fui la domination française seraient obligées de quitter les terres de Provence dans un court espace de temps; enfin il était ordonné aux filles nobles, possédant castel ou cité, d'épouser des hommes de la race franque pendant les dix premières années de l'invasion [1]. »

Ces statuts faits avec une grande habileté pour assurer la supériorité des conquérans, furent suivis de conventions particulières entre les chevaliers. Il fut arrêté qu'on ne pourrait ordonner le duel dans les cours de justice des seigneuries

[1] Martene, anecdot., t. 1, p. 831. Dm. Vaissète. Hist. du Languedoc, t. 3, p. 233.

que pour cas de trahison, vol et rapine. Il fut dit encore que Simon de Montfort serait tenu de garder envers les chevaliers de France les mêmes devoirs que les seigneurs supérieurs observaient dans les environs de Paris envers leurs vassaux. De nombreuses terres confisquées furent, à la suite de ce parlement, inféodées par le comte Simon en faveur de ses vaillans compagnons. De là, sans doute, ces noms de race franque qui se retrouvaient dans les derniers temps en la province de la Languedoc, tels que ceux des Levis et des Voisins [1].

Ces changemens définitifs, dans un des grands fiefs de la couronne, ne pouvaient s'opérer sans appeler l'attention de Philippe-Auguste. Ce n'était plus seulement la vicomté de Carcassonne et de Béziers, qui passait en d'autres mains, mais la plus riche, comme la plus étendue des vassalités de la couronne qui changeait de maître, sans que le roi des Francs, seigneur suzerain, eût été partie en rien dans cette mutation, sans qu'une intervention quelconque l'eût sanctionnée. Le comte Raymond était cousin du roi

---

[1] Voy. Cæsen franc-aleud., l. 2, c. 4 et suiv. Dm. Vaissète. Hist. du Languedoc, t. 3, p. 234.

de France qui lui avait promis appui ; et, bien que sa conduite incertaine, lâche ou folle, ne méritât dans cette circonstance aucun intérêt, le suzerain ne pouvait voir dépouiller un parent de sa race, un grand vassal de sa couronne, sans le jugement de sa cour dans la forme féodale.

On pouvait bien dire que la domination franque dans les provinces méridionales rattachait de plus en plus ce fief éloigné à la couronne des Capets, fils eux-mêmes de cette race, qu'elle effaçait ainsi les petites nuances qui pouvaient rendre l'exercice de la suzeraineté difficile sur des terres éloignées ; mais tout cela s'était opéré sans que le roi eût été consulté, et ce fut sur ce point que ses plaintes portèrent.

Philippe-Auguste écrivit, en effet, au pape dans les termes d'un juste étonnement sur la conduite de Montfort, en ce qui touchait le comte de Toulouse : « Je ne pense pas, disait-il, qu'on veuille me dépouiller du droit de ma suzeraineté, et certes la Langue-doc n'a pu changer de seigneur sans ma participation. »

Le pape répondit : « Le comte de Toulouse s'étant présenté autrefois devant nous, a tâché de s'excuser sur le crime d'hérésie, c'est pourquoi, à sa demande, nous avons enjoint à nos légats d'assembler un concile après une dénonciation préalable, et de le recevoir à se justifier, à moins qu'il ne s'élevât contre lui un accusateur légitime, dans un temps fixé, avec défense de lui faire de nouvelles querelles après cette justification, mais avec ordre de le punir comme hérétique s'il ne pouvait s'en laver. Nous savons qu'il n'a rien fait de ce que nous avons prescrit, et qu'il est généralement réputé hérétique dans le pays. Ainsi il a perdu ses domaines, et nous avons ordonné à nos légats de les faire garder soigneusement au profit de ceux à qui ils appartiennent. Nous leur écrivons donc, là-dessus, des lettres par lesquelles nous avons suffisamment pourvu et à votre avantage et à votre honneur [1]. »

Cette prétention du pape changeait entièrement la jurisprudence féodale; la confiscation pour cas d'hérésie, c'est-à-dire, l'application des idées religieuses à une possession de fief et de terre, détruisait toutes les garanties introduites

---

[1] Innocent III. liv. xiv, ép. 163.

par les coutumes, le jugement des pairs, la condamnation par les barons, car un concile d'évêques, la volonté même du pape, allait suffire pour dépouiller un puissant vassal de ses domaines, et bouleverser ainsi l'ordre des fiefs.

Le roi Philippe-Auguste ne donna pour le moment aucune suite à cette affaire; de trop graves intérêts l'occupaient.

CHAPITRE XXII.

Rapports de Philippe-Auguste avec l'Angleterre.—Double élection d'un archevêque de Cantorbéry. — Le pape choisit de sa propre autorité. — Le roi Jean ne veut pas reconnaître ce choix. — Fureur du roi contre les religieux de Cantorbéry. — Il chasse évêques, clercs, et prend les biens des églises.—Interdit.—Les Anglais affranchis du serment de fidélité. — L'Angleterre est donnée au roi de France. — Philippe-Auguste se prépare à une expédition. — Jean invoque l'appui des Sarrasins.—Il veut leur faire hommage.—Refus.—Il recourt au pape.—L'Angleterre fief de l'Église romaine.—Foi et hommage du roi Jean dans les mains du légat. — Philippe-Auguste est sommé de se désister de son expédition contre l'Angleterre. — Mécontentement du roi. — Rupture avec le comte de Flandre.

1205 — 1214.

Depuis la trêve conclue entre Philippe-Auguste et le roi Jean en 1205, les rapports politiques de la France et de l'Angleterre avaient été presque sans aucun intérêt. Quelques hostilités commises dans le Poitou par cette chevalerie insubordonnée qui remplissait les castels et les manoirs, des pirateries sur les terres de Normandie avaient seules signalé les inimitiés héréditaires des Plantagenets et du roi de France. La croisade contre les Albigeois occupait presque toute la chevalerie, et il eût été difficile de réunir sous les gonfanons royaux, les possesseurs de fiefs tenus aux services militaires envers la couronne.

Ce fut dans ces circonstances que les troubles d'Angleterre, les différens de Jean avec les moines, la cour de Rome et les barons, donnèrent un moment à la chevalerie de France, l'espérance de posséder les terres d'outre-mer, autrefois conquises par les Normands ; on va voir dès cette époque se préparer les causes de l'invasion d'Angleterre, par Louis, fils de Philippe, et cette conquête qui plaça quelque temps la couronne des Plantagenets sur cette jeune tête royale.

L'archevêque de Cantorbéry exerçait une immense influence sur les destinées religieuses de l'Angleterre [1]. Primat du royaume, il pouvait lancer des interdits, disposer des revenus des monastères les plus riches en terres et familles de serfs, non-seulement de l'Angle-

[1] Le docteur Lingard, n'a donné sur tout ceci que de faibles et obscures explications, et toujours avec ses idées papistes.

terre, mais encore de quelques-uns de ses fiefs du continent. Il était donc de la plus haute importance que ce grand personnage ecclésiastique fût l'homme du roi, et placé sous son influence [1]. Les anciennes querelles des Plantagenets avec les archevêques et les moines de Cantorbéry fondées sur des rivalités de races et de pouvoir, avaient montré combien il était utile que le choix pour une telle dignité se fît par l'autorité royale.

Il était de règle commune, que l'élection des évêques appartenait au chapitre; mais comme à chaque évêché étaient unies des baronnies, des terres considérables, on admettait aussi comme principe, que la convocation du chapitre ne pourrait avoir lieu sans une licence du roi, ce qui donnait occasion au suzerain de faire sa *recommandation* ecclésiastique, c'est-à-dire de présenter un candidat et de le recommander au choix des électeurs; ce choix, quel qu'il fût, était ensuite présenté à l'approbation royale; un droit de veto en résultait encore en faveur du roi.

[1] Voy. sur tous les différens auxquels donne lieu l'élection des archevêques de Cantorbéry. Savoir : sur celle de Theobald (Gervas, p. 1348) de saint Thomas. (Id. 1582) de Richard. (Idem 1324 — 1385, etc.)

Dans toutes les églises cathédrales qui appartenaient en même temps à un ordre régulier, les moines prétendaient exercer les mêmes droits que les chapitres ; c'est-à-dire, procéder à l'élection épiscopale, ce qui pouvait n'avoir que peu d'importance, lorsqu'il s'agissait d'un évêché sans influence sur les affaires publiques, mais ce qui prenait un très-grand intérêt à mesure qu'il y allait d'une haute dignité, sans cesse en rapport avec la couronne.

Les chapitres en effet, comme l'épiscopat, étaient soumis à l'autorité royale ; ils recevaient des terres sous l'hommage et des baronnies, en fiefs ; le plus souvent les chanoines habitaient la cour ; ils se rattachaient au roi ; les moines au contraire, dépendaient entièrement de leur supérieur, lui-même obéissant pour toute chose à la cour de Rome, sans aucun lien avec l'épiscopat territorial. Aussi, dans toutes les discussions sur les droits et privilèges, les papes donnaient-ils la primatie au clergé monacal sans nationalité, obéissant par son chef à toutes les volontés, à tous les caprices des pontifes.

Toutes les fois qu'il avait fallu élire un archevêque de Cantorbéry, la question s'était élevée entre le chapitre et les moines. Les suzerains avaient toujours fait cause commune avec les prélats, mais les moines n'en avaient pas moins soutenu énergiquement leurs prétentions. Les rois avaient employé ruses, flatteries et violences; ceux-ci avaient persisté. Les licences royales, pour échapper à cette prétention, avaient fixé le lieu d'élection épiscopale à des distances si éloignées, que les monastères et les prieurés étaient réduits à désigner quelques-uns de leurs frères, au lieu d'y prendre part en masse; et encore le choix qu'ils faisaient était constamment repoussé par l'exercice du droit de *veto* attribué à l'autorité royale.

L'archevêque de Cantorbéry, Hubert, venait d'expirer [1]; à peine le cercueil était-il déposé dans le magnifique caveau de la cathédrale [2], que les moines, les plus jeunes surtout [3], s'assemblèrent clandestinement dans la nuit, et pla-

[1] 13 juillet 1205.

[2] Antequam corpus ejus sepulturæ traderetur. Paris, ad annum 1205.

[3] Adolescentes quidam. Mathieu.—Paris. ibid. et West. p. 267. 268.

cèrent Réginald, leur sous-prieur, sur le trône épiscopal. Ils n'avaient point demandé pour se réunir de licence royale; ils avaient agi sans aucune participation du chapitre, la nuit, à la dérobée. Leur pensée immédiate fut donc de solliciter l'appui de la puissance pontificale, plus attachés aux privilèges des moines, qu'à ceux des prélats, et par conséquent toujours portés à les favoriser. Réginald nouvellement élu, partit pour Rome; rien n'avait été divulgué en dehors du monastère, sur cette élection; de manière que le nouvel élu put facilement sortir des terres de la domination de Jean.

Les gardes de cinq ports ne lui dirent rien, seulement ils remarquèrent qu'il emportait bon nombre de sterlings, mais ils crurent que c'étaient les redevances habituelles de Cantorbéry envers la cour de Rome.

Tandis que notre prieur s'acheminait vers l'Italie, les prélats se réunissaient pour élire un archevêque; ils avaient reçu la licence et la recommandation royale; Jean de Gray, évêque de Norwich, fut désigné et choisi. On envoya une députation auprès du pape pour solliciter le pallium et la confirmation du choix. Jean de Gray était agréable aux barons et au roi [1]. Il était le confident intime du monarque, un des grands justiciers d'Angleterre. Réginald, au contraire, élu par les moines, déplaisait aux nobles de race normande et angevine.

La question de préférence s'agita devant le pape : à quel choix devait-on s'arrêter? devait-on préférer celui fait par les moines, ou celui qui venait d'être accompli par le chapitre? Les premiers invoquaient leurs priviléges sous la race saxonne, déclaraient qu'ils ne voulaient point reconnaître les abus introduits par les Normands, qu'ils avaient toujours eu le droit d'élire, et qu'il fallait les y maintenir. Le chapitre invoquait la coutume continuellement en usage depuis deux siècles. Le pape se prononça en faveur des moines, milice dévouée et obéissante; mais comme l'élection de Réginald avait été clandestine et en opposition avec les formes canoniques, il fit de sa propre autorité un choix particu-

[1] Ipsumque solum ex omnibus angliæ prælatis secretorum suorum esse conscium, Math. Paris, ad ann. 1206.

lier. Etienne de Langton, cardinal, homme éclairé, mais commensal du saint-siège, fut promu à l'archevêché de Cantorbéry. Le chapitre et les moines approuvèrent cette nomination pontificale par une élection simulée.

Le pape Innocent écrivit au roi Jean pour l'inviter à reconnaître le nouveau prélat. Ses lettres étaient dans des termes modérés; il ordonna en même temps à toutes les églises d'Angleterre de saluer le cardinal Langton comme archevêque de Cantorbéry et primat du royaume [1].

Jean, en apprenant cette élection, fut vivement irrité, non-seulement contre le pape, mais encore contre le chapitre de Cantorbéry. « Quoi! dit-il aux prélats, vous avez reçu de l'argent du fisc pour aller à Rome [2] en faisant la promesse expresse que vous éliriez l'évêque de Norwich, et vous choisissez ce Langton, mon ennemi personnel? allons, vous me la payerez. »

En disant ces paroles, il ordonne à Foulque de Cantelou et Henri de Corthelle, deux de

[1] Epist. innocent. III. apud. Math. Paris, ad ann. 1206.
[2] Et pecuniam de fisco accipientis ad itineris expensas, Mathieu Par. 1207.

ses fidèles de race angevine, de prendre quelques-uns de ses hommes d'armes des plus farouches, avec commandement exprès de chasser d'Angleterre tous les moines de Cantorbéry, comme coupables du crime de lèse-majesté, et même de les punir de la peine capitale, s'ils résistaient [1].

« Allons donc contre ces moines, dirent les hommes d'armes, » et exécutant avec une joie pleine d'ardeur les commandemens de leur seigneur, ils se précipitèrent dans le monastère, leur glaive nu [2] et les couteaux de miséricorde à la main; et d'une voix forte ils dirent : « Allons, misérables, traîtres à la majesté royale, sortez du royaume d'Angleterre, autrement nous mettrons le feu au monastère, et nous brûlerons les bâtimens, la cuisine, vous avec vos églises. »

A la suite de cette expédition assez populaire parmi les barons de race poitevine, le roi Jean écrivit au pape qu'il avait mal à propos

---

[1] Ut monachos Cantuarienses sicut criminæ lese-majestatis reos a regno angliæ expellerent vel sententiâ capital. condemnarent. Ibid.

[2] Nudatis ensibus monasterium ingressi. Ibid.

repoussé l'élection de l'évêque de Norwich, pour lui préférer un homme à peine connu en Angleterre, et constamment en rapport avec ses ennemis avoués, surtout avec le roi de France[1]; il ne pouvait concevoir qu'il eût fait un tel choix pour un pays qui lui rapportait plus que tout autre en décimes et en bons sterlings[2]; que s'il le fallait, il soutiendrait, jusqu'à la mort, l'élection de l'évêque de Norwich à l'archevêché de Cantorbéry. « Seigneur Pape, disait-il, en terminant, j'affirme que jamais Langton ne mettra le pied en Angleterre comme légat. »

Innocent répondit en termes doucereux à la lettre de Jean. Il chargeait les évêques de Londres, d'Ély et de Worchester, de faire sentir au roi les peines auxquelles il s'exposait en persistant dans son refus de reconnaître le nouvel archevêque de Cantorbéry. Ces trois prélats se rendirent en effet à la cour du roi, et se jetant à ses genoux, ils le supplièrent de ne

---

[1] Et in regno Francorum inter hostes suos publicos..... *Ibid.*

[2] Quód uberiores fructus perveniant de regno suo angliæ quam de omnibus regionibus citra Alpis constitutis. *Ibid.*

pas plonger l'Angleterre dans la douleur d'un interdit.

« Laissez-moi donc en paix, répondit Jean; je me moque de l'interdit, je jure bien par les dents de Dieu [1], que si quelqu'un est assez téméraire pour le garder dans mes terres, j'enverrai évêques, prélats, se nourrir, s'ils le veulent, chez le pape; et, quant à moi, je confisquerai leurs fiefs, et je réponds que mes hommes d'armes m'approuveront. « Ah! ah! dit-il alors à ses fidèles, si vous trouvez quelques Romains dans mes domaines, faites-leur couper le nez et arracher les yeux [2], afin qu'on sache par tout le monde distinguer un clerc de Rome [3]. » Les hommes d'armes éclatèrent d'un gros rire sous la visière de leurs casques.

Les prélats n'ayant donc pu faire entendre au roi qu'il fallait se soumettre aux ordres du pape, se retirèrent, et, conformément à leurs instructions, ils prononcèrent sentence d'in-

---

[1] Per dentes Dei. *Ibid.*
[2] Erutis oculis naribusque præcisis. *Ibid.*
[3] Ut his intersignis à cæteris possent nationibus discerni. *Ibid.*

…erdit contre le royaume d'Angleterre. Le jour de la Passion de Jésus, qui tombait dans les calendes d'avril, les terres de Jean, en vertu de la sentence du pape, furent mises en interdit sans en excepter aucun privilége. Au même moment, cessèrent dans toutes les églises, dans les monastères, les cérémonies catholiques; les sacremens furent suspendus, excepté le baptême pour les enfans, et l'extrême-onction pour les mourans; les corps étaient portés de la ville et des champs, et jetés comme des chiens dans des fosses creusées en terre, sans aucune des prières d'usage aux funérailles chrétiennes. Les évêques d'Ély, de Londres, de Worchester et de Bath, quittèrent immédiatement l'Angleterre, comprenant à quels excès la colère du roi pouvait se porter [1].

Bien leur en prit, car à peine l'interdit était-il lancé, que Jean manda les vicomtes et ses autres officiers de tous les points de son royaume, leur ordonnant d'en expulser par des menaces terribles prélats et clercs. En même temps, il envoya d'autres de ses fidèles, dans

[1] Math. Paris, ad ann. 1206. West. p. 268.

les abbayes, prieurés, épiscopats, pour se saisir de leurs manses et en percevoir les revenus [1]. Ainsi, tous les greniers, les celliers et les terres des moines, furent réunis au fisc. Les officiers du roi exercèrent mille violences et personne ne rendit justice.

Jean était bien sans scrupule, mais il n'était pas sans crainte. Il avait peur que le pape ne l'excommuniât en nom personnel, et ne déliât ses sujets du serment de fidélité. Cela l'inquiétait beaucoup. Il prit la résolution d'exiger des otages de tous les nobles de race normande et saxonne. Des hommes d'armes eurent ordre de se rendre chez tous les possesseurs de terre, et de leur demander un enfant à élever à la cour du prince. Quelques-uns obéirent, d'autres refusèrent, et s'enfuirent en Écosse [2].

Des monastères avaient violé la loi de l'interdit; une bulle sévère du pape l'imposa sous peine d'excommunication, même contre les abbés. A ce moment, venait d'être introduite en Angleterre, malgré la surveillance des gardiens des cinq ports, la sentence d'ex-

[1] Universos redditus ecclesiasticos confiscari præcepit. *Ibid.*
[2] Math. Paris ad ann. 1209.

communication personnelle contre le roi Jean. Un petit nombre de clercs la lisait en silence et dans les lieux les plus secrets des églises. Personne n'osa la prononcer dans la chaire; tous étaient comme des chiens muets qui n'osent aboyer[1]; voici même ce qui arriva. L'archidiacre de Norwich parla tout haut à ses frères de la sentence du pape et de la nécessité de l'exécuter contre Jean d'Angleterre. Le roi apprit cette conversation ; or, il envoya Guillaume Talbot et quelques-uns de ses fidèles angevins auprès de l'archidiacre; ils se saisirent de lui, le mirent d'abord en prison, puis d'après un ordre exprès, ils l'enfermèrent dans un vêtement ou chape de plomb; il y mourut de faim et sous le poids qui accablait son corps [2].

S'il y avait des clercs assez hardis pour résister au roi, il y en avait d'autres très-com-

---

[1] Canes muti non audentes latrare. Ibid.
[2] Misit Willelmum Talebot militem cum armatâ manu qui ipsum archidiaconum comprehensum et vinculis asperrimis constrictum, sub carcerali custodiâ recluserunt; ubi post dies paucos, rege præfato jubente, capâ inductus plumbeâ, tàm victualium penuriâ, quàm ipsius capæ ponderositate compressus migravit ad Dominum. Ibid.

plaisans pour exalter l'autorité royale, et la placer au-dessus de toutes les autres. Car en ce temps, maître Alexandre, théologien, monta dans la chaire de la cathédrale de Londres et dit : «Ce qui advient à ce royaume, provient des sujets et non du roi ; les rois sont la verge des fureurs de Dieu [1] ; ils sont institués afin de frapper les sujets qui doivent ployer comme les ceps de vigne ; ils ont mission de fouler les grands sous les pieds et de mettre les fers aux mains à tous les nobles. L'autorité de l'Église est toute spirituelle. Le pape n'a rien à faire avec la puissance toute laïque des rois et des autres potentats [2]. » La prédication de telles doctrines plut singulièrement à Jean qui combla le prédicateur de bénéfices confisqués.

Le roi méprisait chaque jour davantage l'interdit, et une victoire qu'il venait de remporter dans le pays de Galles enflait son orgueil, fortifiait son espérance de dompter les clercs rebelles. Plusieurs fois on avait voulu le ramener aux lois de l'église romaine, les légats

[1] Virgam furoris Dei.
[2] Ad papam non pertinere de regum sive de quorum libet potentum laïcâ possessione. Ibid.

y avaient perdu leurs paroles ; dès qu'il s'agissait de restituer de l'argent, Jean ne voulait plus rien entendre ; il repoussait toutes les propositions.

Ce fut alors que le pape lança toutes ses foudres. « Il déchargea les sujets de tout serment de féauté, défendit sous peine d'excommunication aux barons, chevaliers, clercs ou gens du menu-peuple, de se rapprocher du roi, de manger à sa table, de s'asseoir à ses côtés[1]. » Une multitude de nobles de race normande se retirèrent de la cour à la suite de l'interdit ; quelques-uns restèrent cependant avec les Poitevins. On remarquait alors parmi les plus fidèles conseillers les comtes de Sarisbury, d'Oxford et le grand-justicier d'Angleterre, le chancelier, le grand-forestier, le protonotaire, le garde des cinq ports et presque généralement tous les chevaliers de race poitevine, et quelques barons normands qui n'étaient aucunement effrayés des foudres de Rome.

Jean était cependant inquiet de son avenir.

---

[1] Epist. Innocent 3, apud Math. Paris. *ibid.*

« Je voudrais bien savoir mon sort, disait-il sans cesse. » Le comte de Sarisbury lui indiqua un vieil ermite grand devineur du temps futur. De bon matin le roi anglais se rendit près de lui. « Oh-là ! mon frère, lui dit-il, que doit produire mon étoile ? » Sire Roi, tu n'auras plus ta libre couronne sur la tête aux fêtes de l'Ascension prochaine; si cela n'est pas je me livre à toi; tu feras de mon corps ce que tu voudras. « Soit fait ainsi que tu le dis, répliqua Jean; » et il ordonna à son grand justicier d'enfermer l'ermite dans une tour jusqu'au moment fixé pour terme à sa prédiction [1].

Il avait quelque raison, le pauvre ermite, car il se tramait alors dans le royaume un grand projet qui devait renverser le roi Jean et le priver de cette souveraineté absolue qu'il exerçait si arbitrairement. Le roi avait soumis les possesseurs de fiefs saxons ou normands à ses caprices; il leur avait pris leurs terres, leurs femmes ou leurs filles, de telle manière qu'il avait presqu'autant d'ennemis que de barons, si ce n'est cependant parmi

---

[1] Math. Paris ad ann. 1212.

la race angevine, et ses hommes d'armes étrangers, qui exécutaient ses ordres et profitaient de ses largesses; or, lorsqu'ils surent par la bulle du pape qu'ils étaient déliés du serment de fidélité, ils en furent bien aises et se hâtèrent d'envoyer à Philippe-Auguste, roi de France, une charte revêtue du scel d'un grand nombre d'entre eux, dans laquelle ils lui annonçaient qu'il pouvait venir en toute sûreté en Angleterre, qu'il serait reçu par tous les possesseurs de terres et couronné très-prochainement.

En même temps le pape adressait une bulle spéciale au roi de France. Les évêques de Cantorbéry, de Londres et d'Ély lui ayant exposé les persécutions auxquelles l'Église d'Angleterre avait été livrée, le pontife furieux déposa, en présence de ses cardinaux, le roi Jean, et afin qu'un *prince plus noble et plus grand* fût appelé sur ce trône, il écrivit à Philippe-Auguste qu'il le lui concédait en suzeraineté; que tous les efforts qu'il pourrait faire pour s'assurer cette conquête, seraient comptés en rémission de ses péchés; qu'enfin, il pourrait transmettre à ses descendans les terres que la volonté pontificale venait de lui assurer¹.

D'autres lettres furent aussi adressées aux grands et nobles hommes du royaume de France et des États de la chrétienté, pour seconder le roi Philippe dans l'expédition qu'il allait entreprendre. Comme ce prince allait venger la cause de l'Église, le pontife conservait à tous ceux qui prendraient les armes avec lui, tous les priviléges des croisés, alors singulièrement prodigués, car nous les voyons concédés pour toutes les expéditions où se mêlent quelques intérêts catholiques. Quiconque combattrait sous les étendards du roi, devait avoir les mêmes droits spirituels et temporels que les pèlerins qui visitaient le tombeau de Jésus-Christ².

Ces bulles furent promulguées en France, dans les premiers jours de l'année 1213; elles

---

1 C'est Mathieu Paris, qui rapporte ce fait. L'abbé de Camps le met en doute ; il se fonde sur ce que le pape ne pouvait pas *disposer* d'un royaume ; c'est le grand défaut des érudits du dernier siècle de discuter les questions politiques ou religieuses du XIIIe siècle, avec les idées de la jurisprudence ou du droit canon du règne de Louis XIV. Tout était *fait* alors, rien n'était *droit*, comme l'a judicieusement remarqué M. Guizot.

2 Epist. d'Innocent, 151. Math. Paris. *ibid.*

remplissaient les désirs du roi Philippe, car il se rappelait la conquête de l'Angleterre par Guillaume, et les prospérités de la race normande dans ce pays si riche en bons sterlings. Ce n'était plus quelques provinces à réunir au domaine, mais un royaume tout entier à ajouter à sa belle couronne de France. Quelle différence entre les commencemens de son règne, et cette époque brillante! entre ses premières batailles contre la ligue des barons ses vassaux immédiats dans le Vermandois et la Normandie, aux portes de Paris même, et cette grande expédition qui devait planter le gonfanon royal sur les hautes tours de Londres!

A la réception des bulles du pape, le roi réunit un parlement à Soissons. La croisade contre les Albigeois avait entraîné quelques barons dans les provinces du midi, mais un nombre suffisant restait encore pour délibérer sur l'objet important de l'expédition d'Angleterre[1].

« Jean, comme vous le savez, dit Philippe, a été frappé par la verge catholique; j'ai résolu dans mon esprit d'envahir l'Angleterre,

[1] Rigord. Vie de Philippe-Auguste, ad ann. 1212.

afin qu'il reçoive un juste châtiment.[1] Il faut rétablir les sacremens dans ce royaume qui en est privé depuis sept ans. Les Français ont pour mission de frapper les ennemis de l'Église. Jusqu'à présent ce soin n'a point été négligé, et vous n'avez jamais refusé votre secours pour de telles entreprises; puis-je compter sur vous ? »

Alors, tous les nobles hommes présens au parlement, Louis fils du roi, Eudes duc de Bourgogne, le comte de Nevers, Guichardet de Beaujeu, Henri comte de Brabant, Pierre de Courtenay comte de Namur, Henri comte de Bar, Guy de Dampierre sire de Bourbon, le comte de Vendôme, Blanche comtesse de Troyes, Robert comte de Dreux, surnommé *gate-bled*; tous ces vaillans guerriers de France, répondirent par des acclamations : « Nous irons en Angleterre sous votre gonfanon royal. »

Lorsque cette expédition eut été définitivement résolue, une ordonnance spéciale convoqua pour les batailles tous les comtes,

[1] Mens mea proponit Anglorum invadere regnum
Ut dignè feriat penæ vindicta Johannem
Aut ignominiâ regnum comitante relinquat.
(Gme-le-Breton, chant ix).

barons, afin de se réunir avec armes et chevaux en la ville de Rouen, dans les octaves de Pâques, sous peine de la confiscation de fief, désignée par le nom de *Culvertagii*[1]. Une multitude de chevaliers et nobles hommes obéirent; on y voyait plus de douze cents lances sous des bannières à mille couleurs. Le rendez-vous définitif fut à Boulogne.

Pour appuyer l'invasion des Français en Angleterre sur des prétextes plus légitimes et plus nationaux que les seules volontés de la cour de Rome, Philippe réveilla les anciennes prétentions de Louis, son fils, qui faisait valoir, ainsi que nous le verrons plus tard, les droits de Blanche de Castille sa femme, petite-fille de Henri II; il paraît même que ce fut entièrement en sa faveur que se fit l'expédition; voici ce qu'on trouve dans une charte contemporaine : « Moi Louis, fils aîné de Philippe, roi de France, promets, si je puis me faire élire roi d'Angleterre, que je ne recevrai l'hommage des vassaux qu'après leur

---

[1] Mathieu Paris, ad ann. 1213. C'est le mot saxon corrompu Torn-Tail. Le coupable était soumis à la confiscation de son fief et à une servitude perpétuelle.

avoir imposé le serment qu'ils ne causeront jamais aucun préjudice ni à mon père ni à son royaume. Je m'engage à ne rien lui demander sur sa propre succession, jusqu'à sa mort, seulement ce qui me revient de ma défunte mère; je ratifierai les dons que le roi pourra faire des terres conquises, au comte de Flandre pour l'engager à son service; je ferai aussi sa volonté sur la restitution des fiefs du royaume d'Angleterre à ceux qui nous donneront secours. Si Jean est pris, ou ses biens et terres seulement, mon père en disposera ainsi qu'il le voudra; il pourra aussi répartir tous les fiefs qui ne sont pas du domaine de la couronne. [1] »

La flotte française se composait de dix-sept cents barques, ou pour me servir de la poésie classique de Guillaume-le-Breton, « elle trouvait à peine assez de place pour voguer; l'Océan semble trop étroit pour tant de navires; les vents du midi manquent de souffle pour faire glisser à la fois tant de voiles dispersées sur les ondes! Si vous voulez les embrasser toutes sous

---

[1] Cartul. de l'abbé de Camps. t. 2, Traité de paix et d'alliance, 5e Art. du Cartulaire.

un même nombre, vous auriez à ajouter 514 bâtimens aux navires de l'Argolide que le vent de l'est retint long-temps dans l'Aulide, lorsque Neptune arrêtait la marche des Pélages pour prévenir la chute de la ville de Troie qu'il avait lui-même élevée[1]. »

De son côté le roi Jean ne négligeait aucun moyen de défense. Il écrivait à ses justiciers.

« Jean, roi des Anglais : au reçu des présentes, vous vous entendrez avec les gardes des cinq ports, afin de faire armer tous les navires qui s'y trouvent et qui pourront porter six chevaux et plus : vous sommerez les maîtres de ces barques de les faire réunir à Portsmouth montées par de bons marins, le dimanche après Pâques[2]. »

Il écrivit aussi à tous ses vicomtes : « Jean, roi des Anglais; sommez ou faites sommer de bonne manière tous les hommes libres qui nous doivent hommage lige, ou sont tenus envers nous par les liens de la féodalité, de se tenir prêts avec leurs armes, chevaux de bataille, et de se rassembler à Douvres dans les

---

[1] Guill. le Breton. Chant IX.
[2] Rymer, fœder. t. 1. ad ann. 1212.

solennités de Pâques ; faites aussi disposer toutes les subsistances nécessaires à l'armée; vous nous manderez quels seront les récalcitrans, afin que nous ayons à les punir. Donné au nouveau temple le troisième jour de mars [1]. »

A la suite de ces convocations féodales, une multitude de chevaliers, d'hommes d'armes se réunirent à Douvres ; car la peine honteuse de félonie ou du *culvertage* était aussi prononcée comme en France contre les retardataires. Des sommes immenses furent levées sur les monastères; on imposa 40,000 liv. aux Cisterciens, 100,000 liv. aux autres moines. Les murmures furent grands.

Jean choisit parmi cette foule de vassaux soixante mille hommes bien armés, bien montés, avec lesquels il devait attendre la flotte de France. Mais il ne pouvait compter sur leur fidélité incertaine; ils n'avaient obéi que pour éviter la confiscation, et il était à craindre que, lorsque le gonfanon de France approcherait, tous ou presque tous n'abandonnassent leur roi pour passer dans les rangs des envahisseurs. Alors, par les conseils singuliers de l'évêque de

[1] Rymer, fœdera, t. 1. ad ann. 1212.

Norwich son plus intime ami, ce clerc docile qu'il voulait élever au siège suprême de Cantorbéry, Jean se décida à un hommage féodal capable d'étonner ce siècle pieux.

Il y avait alors une puissance grande et forte, celle des Musulmans. Les Sarrasins d'Afrique, maîtres d'une partie de l'Espagne, menaçaient tout le midi de l'Europe, et malgré les croisades chevaleresques contre la domination des Maures, les frontières de la France n'étaient pas même à l'abri de leurs incursions. Mahomet al Nesser (ou le défenseur), qui avait pris le titre accoutumé d'émir Al-Moumenin, portait la gloire de son nom même dans les états chrétiens. Il était tout à la fois souverain des côtes d'Afrique et des belles cités moresques d'Espagne. On parlait de sa loyauté et de ses prodigieux exploits dans tous les castels. Jean ne sachant plus à quel saint se vouer, résolut d'invoquer un tel auxiliaire. Il confia une mission secrète à Thomas Hardington, Rolffitz-Nicolas chevalier, et à un clerc de Londres nommé Robert, pour qu'ils eussent à se rendre auprès du prince sarrasin, et dire que s'il voulait secourir le roi anglais et le prendre sous sa protection, il lui offrait d'abord tribut et s'engageait à le reconnaître pour son supérieur; enfin il s'obligeait à se faire mahométan lui et l'évêque de Norwich, afin de se débarrasser du pape et des maudits cardinaux et légats.

Les envoyés secrets partirent de Londres et se rendirent à Cordoue [1]. Ils furent introduits dans le palais du prince maure. A la première porte, ils virent des soldats le glaive nu; ils la traversèrent en saluant. Dans la seconde enceinte, ils trouvèrent des gardes d'un aspect plus noble. Enfin, dans la troisième,

[1] Nous empruntons ce récit extraordinaire à Mathieu Paris, le chroniqueur le plus exact de la vieille histoire nationale d'Angleterre; il déclare le tenir d'un des trois envoyés, à qui Jean avait donné une abbaye comme récompense de son zèle; toutefois j'ai dû vérifier dans les chroniques musulmanes si quelque chose pouvait faire doute de l'exactitude de ce récit; mon savant ami, M. Reinaud m'a communiqué une histoire arabe manuscrite de Maroc, existant à la bibliothèque du roi; on trouve en effet dans cette chronique, qu'à l'époque dont parle Mathieu Paris, le prince qui régnait sur Maroc et le midi de l'Espagne s'appelait Mohammed Al-Nasser-Lidin-Allah (le défenseur de la religion divine), et que dans les années 607, 608, et 609 de l'hégire (1210, 1211 et 1212 de J. C.) il se trouvait en Espagne où il put recevoir l'ambassade anglaise. C'est le même Al-Nasser sur lequel les chrétiens gagnèrent la fameuse bataille de Navas de Tolosa, où selon la chronique de St.-Denis: «Mohamet senfui maz et confus à petite compagnie.» Cardone met cette bataille l'an 607 de l'hégire, 1210 de J. C.

ils aperçurent une espèce de lit, gardé par des guerriers à l'aspect féroce. Sur un signe du roi sarrasin, leurs rangs s'ouvrirent, et les envoyés, accueillis avec bienveillance, exposèrent l'objet de leur mission, et donnèrent les chartes écrites de la main du roi Jean, qui furent traduites par des interprètes. Le visage du prince maure était grave, ses traits nobles et doux; après un peu de réflexion, il rendit l'écrit royal aux Anglais, et leur dit : « Il y a quelques instans que je lisais un livre d'un sage grec qui fut chrétien, nommé Paul, dont les paroles et les actes me plaisent infiniment; mais ce que je ne peux souffrir en lui, c'est que, né dans la loi juive, il ait ainsi abandonné la foi de ses pères, pour en adopter une nouvelle [1], et je pense cela de votre roi d'Angleterre, qui renonçant à la religion dans laquelle il est né, se plie et se ramollit comme la cire. Je sais que le Dieu tout puissant n'ignore rien, et si j'étais né sans religion, j'adopterais peut-être celle du Christ. »

« Mais dites-moi, qu'est-ce que ce roi d'An-

---

[1] Unum tamen de ipso mihi displicet, quod in lege sub quâ natus erat non stetit. Math. Paris, ad ann. 1213.

gleterre, et quelle est la force et la richesse de son royaume ? » Alors le petit clerc, le plus rusé des envoyés, prenant la parole, répondit : « Notre roi est né d'illustres aïeux ; la terre qu'il gouverne est féconde en gras pâturages, en forêts, et en mines ; notre nation est puissante et belle. Elle possède les sciences et trois langues ; le gallois, le latin et le français. Instruits dans tous les arts, les Anglais connaissent la mécanique, et spécialement la navigation. Ils ont mérité le titre de rois des insulaires. »

« Ah ! ah ! dit l'infidèle en souriant ; mais je n'aurais jamais pensé que le prince d'un si beau royaume, qui possède tant de sujets dévoués, voulût descendre jusqu'à changer sa liberté contre un tribut, et qu'il consentît ainsi à devenir malheureux et soumis, d'indépendant et heureux qu'il est aujourd'hui. Il faut qu'il soit malade, quel âge a-t-il ? »

— « Mais cinquante ans ; fort de toute sa personne, il a toutes les conditions pour la fatigue.

— « Ah ! je le vois, l'activité de la jeunesse l'abandonne et ses membres se refroidissent. L'homme de cinquante ans commence à mourir, celui de soixante est tout-à-fait mort. »

Après un court silence, le roi sarrasin reprit la parole : « Votre roi n'est plus rien, mais un roitelet s'affaiblissant et vieillissant, je ne m'inquiète pas de lui, et il est indigne de s'unir à moi. »

Jetant ensuite des regards courroucés sur les envoyés, il leur dit : « Ne revenez plus en ma présence; que vos yeux ne voient jamais ma face. L'infamie de votre maître exhale déjà une odeur fétide[1]. »

Les envoyés se retirèrent en silence, le rouge au visage; mais le Sarrasin ayant remarqué le petit clerc qui, tout noir et contrefait, avait un bras plus long que l'autre et les doigts irréguliers, la face judaïque, la tonsure et l'habit clerical, pensa qu'un si vilain homme n'avait pu être choisi que pour sa finesse et son intelligence, il l'envoya donc chercher de nouveau et l'interrogeant secrètement lui demanda : « Ton roi a-t-il de bonnes mœurs? a-t-il la force génératrice? a-t-il eu des enfans[2]? Si tu mens je n'aurai plus de confiance aux gens

---

[1] Infamia domini vestri fœtorem exalat teterrimam.
[2] Potens esse in vi generativâ? Math. Paris, ad ann. 1213.

de ton espèce. » Alors Robert, sous le serment de la foi chrétienne, déclara que Jean d'Angleterre était plutôt un tyran qu'un roi, qu'on le considérait comme un oppresseur des siens, un protecteur des étrangers, un lion pour ses sujets, un agneau pour les Poitevins et tous ceux qui ne sortaient pas de la race anglaise; que par sa lâcheté il avait perdu la Normandie, et d'autres terres de son royaume; que Jean avait très-peu procréé et que ses enfans étaient faibles; enfin qu'il avait séduit une foule de femmes nubiles appartenant à de nobles familles.

« Et pourquoi, dit alors le roi sarrasin, les Anglais permettent-ils que ce misérable règne sur eux? ils sont donc efféminés et serviles[1]?

« Non, répondit le petit clerc, mais ils sont très-patiens jusqu'à ce qu'ils soient poussés à bout. Alors, semblables au lion ou à l'éléphant qui se sent blessé, ils secouent le joug de leur oppression.

« Je blâme cette faiblesse, répondit le Sarrasin; il faut en finir avec le lâche. »

[1] Quare permittant miseri Anglici talem super se regnare et dominari? Verè efeminati sunt et serviles. Ibid.

Cette conversation se prolongea long-temps encore, puis le roi sarrasin congédia tous les envoyés, mais il ne fit de présent qu'à Robert. Tous trois revinrent en Angleterre rendre compte de leur mission. Jean fut très-mécontent de son résultat ; il comptait beaucoup ainsi que l'évêque de Norvich, pour avoir des secours du Maure, sur l'offre qu'ils avaient faite tous deux de se soumettre à la loi musulmane.

Ce qu'avait dit le clerc rusé sur l'esprit du baronnage d'Angleterre était vrai ; une révolte générale se préparait sur tous les points du royaume, et les soixante mille hommes d'armes réunis à Portsmouth n'étaient pas à l'abri de la contagion séditieuse. N'ayant pas réussi auprès de Mahomet-al-Nesser, Jean, de désespoir, se tourna vers le pape qu'il avait si profondément offensé.

Le légat Pandolphe n'était point l'ennemi personnel du prince anglais, qui souvent lui avait prodigué les livres sterlings ; il avouait même pour Jean une véritable affection que les dernières violences envers le clergé n'avaient point entièrement effacée. Quelques jours après le retour des envoyés, au moment même où le roi était très-disposé à toute espèce de soumission afin de se délivrer de la peur que lui faisaient ses barons, et les Français de Philippe-Auguste, deux templiers se présentèrent à lui : « Seigneur, lui dirent-ils, voilà que nous sommes envoyés par le diacre Pandolphe qui désire avoir une conférence pour le bien du royaume d'Angleterre. Il veut te proposer certaines conditions de paix qui pourront te réconcilier avec l'Église romaine et te rendre la protection de Dieu. — Je consens, dit Jean, à tout ce que vous imposerez, que Pandolphe vienne; » et en effet il ne tarda point; le légat et le roi se virent à Douvres.

« Tu sais, dit le cardinal, que le roi de France a dans la Seine une flotte considérable et qu'il se propose de débarquer en Angleterre pour exécuter la sentence du pape qui te déclare déchu de la couronne[1]. Tu sais encore qu'il a auprès de lui tous les évêques et tous les clercs

---

[1] Ecce rex Francorum potentissimus in ostio Sequanæ fluminis cum innumera navium multitudine et maximo militum equitum ad hoc spectat... a regno te violenter depellat. Math. Paris, ad ann. 1213.

que tu as violemment expulsés d'Angleterre ; le roi de France se vante d'ailleurs de tenir les chartes de la plupart de tes grands vassaux qui lui jurent féauté [1] pour un temps, ce qui lui donne toute confiance dans son expédition. Consulte-toi donc, examine si dans cette extrémité il n'est pas dans tes intérêts de venir à pénitence et d'apaiser Dieu que tu as offensé. Vois s'il ne conviendrait pas de te mettre sous la protection du pape. »

En entendant ces paroles Jean fut troublé; il sentit bien le péril menaçant. Cette flotte du roi de France prête à toucher le rivage d'Angleterre, la trahison des grands possesseurs de fiefs, qui n'attendaient peut-être que ce débarquement pour passer sous les gonfanons français, le mécontentement général provoqué par la privation des cérémonies religieuses, tout cela excitait en lui de vives craintes; il prêta une extrême attention aux offres du légat Pandolphe, et à la fin jura sur l'évangile la formule suivante de traité :
« Jean, roi d'Angleterre, à tous ceux qui

---

[1] Jactat se, proter ea, idem Rex chartas habere omnium feré angliæ magnatum de fidelitate et subjectione. Ibid.

verront ces lettres. Faisons savoir qu'en présence des barons dont les noms suivent, Guillaume, comte de Sarisbury, Renaud, comte de Boulogne, Guillaume de Warvick, nous avons sur notre âme et conscience promis d'observer les conditions ci-après :

« Nous jurons d'obéir aux ordres du pape ou de son légat en tous les points pour lesquels nous sommes excommuniés. En conséquence nous rendons notre affection et tous leurs priviléges aux vénérables hommes : Étienne, archevêque de Cantorbéry, Guillaume, évêque de Londres, Eustache, évêque d'Ely, Egidius, évêque de Heresford, aux prieur et moines de Cantorbéry, et à tous les clercs ou laïques que nous avons lésés dans leurs personnes ou dans leurs biens ; nous les recevons en nos bonnes grâces, de telle sorte que dans l'avenir nous ne puissions plus leur porter préjudice.

« Que si par hasard il était fait quelque violence par nous et nos barons aux églises, ce que Dieu nous préserve, nous abandonnerions immédiatement le droit régalien de garde et protection qui appartient à notre couronne; il passerait au pape.

INFÉODATION DE L'ANGLETERRE AU PAPE.

« Nous nous obligeons à restituer aux églises tous les priviléges dont elles étaient investies avant l'interdit, et de plus nous payerons comme indemnité huit mille livres sterlings qui seront réparties de la manière suivante : deux mille cinq cents livres pour l'archevêque de Cantorbéry et mille livres pour les bons moines, sept cent cinquante pour l'évêque de Londres; une même somme pour tous les prélats renvoyés [1]. »

Cette première charte fut suivie d'une seconde dont le caractère était plus singulier; elle changeait les rapports religieux entre le roi et le pontife en de véritables liens féodaux; Jean, en un mot, donnait son royaume au pape qui le lui rendait comme fief à charge de service et d'hommages comme entre suzerain et vassal.

« Vous saurez, disait Jean à ses fidèles, vous saurez que nous avons profondément offensé notre sainte mère l'église, et qu'il nous sera bien difficile d'attirer sur nous la miséricorde de Dieu; nous avons donc le désir de nous humilier. C'est pourquoi, sans y être contraint,

---

[1] Rymer fœdera, t. 1, ad Ann. 1213.

de notre propre et spontanée volonté, de l'aveu de nos barons et hauts-justiciers, nous donnons et conférons à Dieu, aux Saints Apôtres, Pierre et Paul, à notre mère l'Église et au pape Innocent III, le royaume d'Angleterre et d'Irlande avec tous leurs droits et dépendances, afin de gagner l'indulgence de nos péchés; ainsi donc nous ne tiendrons ces terres que comme fief et sous l'hommage-lige; et, pour constater cette soumission, nous nous engageons à payer, sur nos propres revenus, mille marcs sterlings au pape notre seigneur. Afin que tout ceci soit stable, la présente charte a été scellée de notre scel et de ceux de nos fidèles. [1]

Cet acte fut remis par le roi au légat, et immédiatement après, celui-ci se plaçant sur le trône comme suzerain, le roi Jean un genou en terre, mettant ses mains dans celles

---

[1] Voici le texte de cette partie de la charte : « Conferimus et liberè concedimus Deo et sanctis apostolis ejus Petro et Paulo, et sanctæ Romanæ ecclesiæ et Domino papa Innocent. ejusque catholicis successoribus, totum regnum Angliæ et totum regnum Hyberniæ cum omni jure et pertinenciis suis, pro remissione omnium peccatorum nostrorum. Exindè fecimus et juravimus homagium ligium in presentia Pandulphi, etc. Rimer fœdera. t. 1. 1213.

CHARTE D'HOMMAGE AU PAPE.

du prêtre romain, selon la coutume du vasselage, s'exprima en ces termes :

« Moi Jean, par la grâce de Dieu, roi des Anglais, d'aujourd'hui et à l'avenir je serai le fidèle du Seigneur, de son église, du souverain pontife Innocent III et de ses successeurs catholiques; je ne souffrirai qu'il leur soit fait le moindre mal; si j'apprends que quelque chose se trame contre mon suzerain, je le révélerai à lui ou aux siens; je suivrai les avis qu'il me communiquera ou par lui-même ou par ses légats. Enfin je défendrai tous les domaines de Saint-Pierre et spécialement ce royaume qui m'est confié. Que Dieu me soit en aide et son Saint-Évangile [1]. »

Cette scène singulière d'un hommage militaire fait à un cardinal pour le pape se passa en présence de tous les grands d'Angleterre. D'imminens changemens s'étaient donc opérés

[1] Le texte de cette formule de serment est ainsi conçu : « Ego Johannes Dei gratiâ Angliæ et Hyberniæ Dominus, ad hac hora et anteà fidelis ero Deo, et beato Petro et ecclesiæ romanæ et meo Domino Innocent. et ejus successoribus. Non ero in facto, in dicto vel consensu ut vitam perdant, vel membra, vel male captione, consilium quod mihi crediderint per se vel per nuncios suos seu litteras suas secretum tenebo, ad eorum damnum nulli pandam me sciente, etc. Rimer fœdera, t. 1. ibid.

dans l'esprit du régime des fiefs, depuis cette époque de la conquête où la tenure féodale était le symbole d'un service militaire, jusqu'à cette ère toute nouvelle où les rois se résignaient à faire hommage à l'église de la suzeraineté que leurs égaux leur avaient déléguée!

Le roi se vengea de toutes ces humiliations sur le pauvre ermite Pierre qui lui avait prédit sa décadence; il le fit attacher à la queue d'un cheval fougueux et traîner dans les champs. Le petit Pierre, comme on le nommait, paya bien cher ainsi son indiscrète prophétie; un fils qu'il avait à Londres fut pendu par l'ordre du roi.

Le légat Pandolphe, après avoir foulé sous ses pieds, comme pour ajouter au spectacle, l'argent que le roi lui donna, n'en fit pas moins secrètement des sacs de huit mille livres sterlings, puis il se hâta de passer sur le continent[1], et d'aller annoncer à Philippe-Auguste la réconciliation de Jean avec l'Église de Rome. L'expédition de Boulogne devenait dès ce moment sans objet; car Philippe, ministre de la vengeance d'Innocent, devait remet-

[1] Math. Paris, ad 1213.

tre l'épée dans le fourreau, dès qu'une satisfaction avait été donnée au pape. Pandolphe vint, à Boulogne, déclarer au roi de France et à ses barons, qu'il ne pouvait plus rien tenter contre un royaume devenu le patrimoine de l'Église : Philippe-Auguste tout bouillant de colère, s'écria : « J'arme des flottes, je réunis mes barons, voilà que j'ai dépensé plus de soixante mille livres d'argent pour cette expédition, et l'on m'interdit de la faire ! Je la poursuivrai contre le pape même. » Tous ses barons partagèrent son avis, excepté Ferrand ou Fernand, comte de Flandre, qui écouta les paroles du légat avec bienveillance. « Cette guerre que nous allons faire, dit-il au roi, est injuste ; c'est bien assez déjà que tu occupes mal à propos les fiefs de Jean en France. » A ces mots, Philippe ne put plus tenir sa colère : « Sors de ma cour, traître et perfide comte, s'écria-t-il ; par tous les saints, ou la Flandre appartiendra à la France, ou la France à la Flandre. » Le comte Ferrand se retira [1].

Ceci devint le sujet d'une nouvelle guerre.

[1] Per sanctos Franciæ : vel Francia erit Flandria vel Flandria Francia. Math., Paris, ad annum 1213.

CHAPITRE XXIII.

Succession de la Flandre. — Héritières du comté. — Villes libres. — Prétendans divers à la main de Jeanne. — Enguerrand de Coucy. — Barons d'Angleterre. — Le comte Ferrand. — Son mariage. — Difficultés pour le faire reconnaître. — Traité avec Philippe de France. — Alliance de la Flandre et de l'Angleterre. — Expédition du roi contre Ferrand. — Départ de la flotte. — Description des villes de Flandre. La flotte d'Angleterre part de Portsmouth. — Destruction d'une grande partie de celle de France. — Lille. — Cassel-Tournay. — Débarquement des Anglais. — Évacuation de la Flandre.

1202 — 1213.

On se souvient des merveilleux résultats de la croisade contre Constantinople. Un comte de Flandre se revêtit de la pourpre des Césars. Dans le droit coutumier cette élection ne le privait point de ses fiefs de France. C'est ainsi que l'empereur d'Allemagne possédait des terres dans la Provence et le Dauphiné, sans que son titre nouveau touchât en rien au patrimoine féodal. Le comté de Flandre était donc resté dans les mains de Baudouin, empereur de Constantinople. A sa mort il passa à ses deux filles légitimes, Jeanne et Marie. Ces jeunes damoiselles étaient ainsi les plus riches héritières du royaume de France [1].

La Flandre, en effet, comprenait ces puissantes cités que leur industrie et leur commerce élevaient au-dessus de toutes les villes les plus opulentes même du midi des Gaules. Cette riche province était devenue comme une nouvelle Italie, et Anvers semblait la Venise du nord. Quoique les citoyens eussent leur magistrat, leurs élections particulières, cependant ils avaient toujours été dévoués à leur comte, et les hommes d'armes, les archers des villes, marchaient sous leur bannière féodale, à côté des barons et des chevaliers possédant fiefs. Les héritières de Flandre, Jeanne surtout, l'aînée, était vivement recherchée par tous les puissans seigneurs de la féodalité.

---

[1] Ægid. de Roye, Annales belgic., ad ann. 1202 et suiv. Bucel, Annal. gal-fland., p. 254.

A la mort de Baudouin, la jeune comtesse était passée sous la garde féodale du roi de France, d'après la coutume que la tutelle des enfans en minorité appartenait au suzerain dans l'ordre hiérarchique de la tenure. Philippe voulait donner l'héritière d'un si puissant fief à quelqu'un de ces nobles les plus dévoués, de ces serviteurs de sa race qui pussent neutraliser l'importance féodale de la Flandre.

Enguerrand III, sire de Coucy, veuf de Mahaud de Saxe, se mit sur les rangs pour obtenir la comtesse Jeanne. Le roi lui prêta son appui, et un traité préliminaire fut secrètement conclu afin d'assurer les rapports respectifs de la France et du nouveau feudataire.

On arrêta que Philippe accorderait au sire de Coucy l'aînée des héritières de Flandre, pourvu, cependant, que le noble sire obtînt le consentement du comte de Namur et des autres barons, par des chartes appuyées de leur scel féodal; que si, avant la Saint-Martin suivante, ce consentement n'était pas acquis, le roi ne serait plus obligé de tenir sa parole; le sire de Coucy s'engageait en outre, si le mariage s'effectuait, à payer au roi cinquante mille livres parisis, savoir: trente mille, lorsque la damoiselle lui serait remise entre ses mains, et vingt mille un an après la consommation par corps et chair. De plus, il devait obtenir le serment d'allégeance de tous les barons, villes et communes de Flandre, en faveur du roi, leur suzerain; que, pour la plus jeune des comtesses, elle ne se marierait qu'avec le consentement et l'autorisation expresse de Philippe, et c'est sur sa dot que le sire de Coucy devait se rembourser des cinquante mille livres qu'il avançait; que si le consentement des villes et des barons n'était point acquis, les damoiselles resteraient libres d'épouser qui leur serait désigné par le roi[1]. »

Ce qu'on avait prévu arriva, les communes de Flandre ne voulurent point entendre parler du sire de Coucy; elles avaient leur opinion arrêtée, et les intérêts de leur commerce appelaient un prince ou un baron anglais, car c'était avec l'Angleterre que ces villes étaient principalement en rapport. Toutes

---

[1] Duchesne, hist. de Guines, aux preuv. p. 360.

les transactions commerciales de la Flandre avaient alors pour but et pour objet l'Angleterre ; c'était à Londres, dans les riches et commerçantes cités qui bordaient le littoral, dans les cours plénières de Henri II, de Richard, que se consommait la plus grande quantité de marchandises manufacturées aux ateliers de Lille et de Tournay. Le mariage de l'héritière du comté avec un haut baron anglais, pouvait donner une nouvelle force à ces liens naturels de l'intérêt, mais ce projet devait trouver de l'opposition en Philippe-Auguste qui ne pouvait permettre l'union d'un fief si puissant à la cause de l'Angleterre ; aussi n'en parlait-on que comme d'une intention d'avenir, et surtout comme un moyen d'éloigner Enguerrand de Coucy, trop commensal de la couronne de France [1].

Dans ces circonstances, la comtesse Mahaut ou Mathilde, douairière de Flandre et veuve du comte Baudouin, songea à un tiers projet qui pouvait concilier les deux partis. Mathilde était fille d'Alphonse Ier, roi de Portugal ; elle fit venir

[1] Meyer, annal. fland. Bucelle, annal. fland., p. 254 Duchesne, Preuves de l'hist. de Guines, p. 359.

auprès d'elle son neveu Ferdinand ou Fernand, fils de Sancho Ier, son frère, et bientôt elle proposa le jeune prince pour époux à l'héritière de Flandre.

Fernand [1] était trop étranger aux intérêts politiques actuellement en jeu pour exciter aucune répugnance prononcée; le roi de France ne pouvait le repousser comme plus porté vers les intérêts de l'Angleterre; les communes de Flandre ne pouvaient dire qu'il était trop dévoué à la cause de Philippe-Auguste. S'il n'y avait aucun motif particulier d'appeler ce choix, il n'y en avait pas non plus de le désapprouver.

Le roi de France n'éleva point de difficulté contre ce mariage; il fut solennellement célébré dans l'année 1211 [2]; mais il restait une formalité importante, celle de l'hommage et de l'investiture. Il était d'usage que le suzerain fît payer par quelque concession de terre, l'octroi fictif qu'il faisait du fief à chaque mutation, et, à cette occasion, le roi prétendit

[1] Par abréviation, Ferrand.
[2] Ex chron. Canonic-Laud. Duchesne, preuv. de l'hist. de la maison de Guines, p. 359.

la restitution à son domaine des villes d'Aire et de Saint-Omer cédées aux comtes de Flandre par le traité de Péronne.

On a vu que, dans les premières guerres des comtes de Flandre contre le roi, un traité solennel avait consacré cette cession de deux villes importantes de la frontière. Philippe avait été obligé de signer ces stipulations par suite des invasions menaçantes du roi d'Angleterre. Il désirait donc obtenir leur r....ession comme prix de l'investiture concédée au nouveau comte.

Il s'y prit, le roi Philippe, d'une manière toute violente; il invita Fernand et sa femme à Péronne; il fit fermer les portes dès qu'ils furent entrés, et les contraignit à signer, en faveur de la France, l'abandon des villes indiquées; la comtesse scella la charte, mais Fernand parvint à se sauver à travers champs. Il se présenta devant Lille, Courtray, Ypres, Bruges, il s'y fit reconnaître pour leur droitsire. De là il se rendit à Gand, mais les bourgeois hissèrent les ponts, attendu qu'il n'était pas accompagné de la dame de Flandre sa femme, l'unique seigneur qu'ils pussent recevoir; Fernand répondit avec quelque fierté à ce refus, mais bien lui en prit de s'enfuir en toute hâte ; les bourgeois mirent contre lui des archers en campagne, et si le comte n'avait pas rompu le pont de Courtray, il serait tombé dans leurs mains et ils lui auraient fait un mauvais parti [1].

Fernand arriva donc à Douai tout essoufflé et plein de frayeur ; ce que la violence n'avait pu obtenir, la situation du comte le commanda ; s'il n'avait ni l'appui des cités, ni celui de son suzerain, sur quoi pouvait-il compter pour occuper paisiblement la Flandre ? Fernand sentit donc sa position ; il céda à perpétuité les villes d'Aire et de Saint-Omer au prince Louis, fils de Philippe-Auguste, et celui-ci à son tour renonça à toutes ses prétentions sur le comté. En conséquence de ce traité, Fernand fut reconnu grand tenancier pour la Flandre, reçut l'investiture de la main du roi et lui fit hommage de ses terres [2]. Mais cette nécessité, il la subit avec douleur, et quoiqu'il suivît le gonfanon du roi de France, son affec-

---

[1] Bucel, annal. flandres, p. 252, 2ᵉ part.

[2] Galland, preuv. des droits du roi sur la Flandre, p. 145. — Trésor des chartes du Roi, article Flandr., 2ᵉ sect., act. 1 et 7, Invent. des chartes, vol. 15, p. 993.

tion et son intérêt le portaient vers l'Angleterre et l'Empire, avec lesquels des traités secrets le liaient depuis quelques années.

Philippe n'avait pas eu grande confiance dans les promesses de Fernand; il avait obtenu les chartes des principaux chatelains de Flandre, le sire de Gand, et de Nesle, par lesquelles ils s'engageaient à servir le roi, même contre le comte leur droit seigneur [1]; on sent bien que tout cela n'était pas capable d'entretenir de bons rapports d'intelligence entre le suzerain et son nouveau vassal.

La sortie violente de Philippe-Auguste contre Fernand, dans le camp de Boulogne, venait donc d'une conviction intime que ce comte était le secret allié de l'Angleterre; elle suffit dans ces âmes bouillantes et chevaleresques pour amener une complète rupture. Les Flamands quittèrent le gonfanon de France, et se retirèrent dans leurs villes fortifiées.

L'expédition d'Angleterre étant tout-à-fait interdite par les injonctions du pape, le roi Philippe résolut de porter toutes ses

---

[1] Trésor des chartes du Roi, Article-Flandres, 2 sac. act 2. Invent. des chartes du roi, v° 15, p. 994.

forces sur la Flandre, pour se venger de ces alliances cachées dont il soupçonnait l'existence. La flotte, composée de dix-sept cents barques, portant environ quinze mille lances, prit la mer, se dirigeant vers le Nord. C'était pour la première fois, depuis la conquête de l'Angleterre par Guillaume, qu'une si nombreuse flotte quittait les ports de France; la navigation était peu connue, les marins peu expérimentés; aussi les navires longeaient le rivage et ne s'écartaient pas des côtes. Sur chacun d'eux était un petit nombre d'hommes d'armes, leurs chevaux sanglés, comme ils le sont encore aujourd'hui, lorsqu'ils traversent les mers; quelques pirates de la Normandie et de la Bretagne qui s'étaient fait une habitude des périls de la navigation, allaient en tête; le roi de France en avait pris un grand nombre à sa solde.

La première station maritime fut à Calais; on vint ensuite débarquer les chevaliers à Gravelines, en longeant toujours le rivage. Le roi prit possession de cette cité et de ses riches dépendances, qu'il inféoda au prince Louis, son fils. » Les navires, sillonnant les flots de la mer, parcoururent successivement les lieux où elle ronge les rivages blanchâtres du pays des Blavotins, ceux où la Flandre se prolonge en plaines marécageuses, et ceux où l'Isengrin, puissant à la guerre, armé de son glaive et de sa lance, parcourt la terre, combattant sans cesse, et ceux encore où les habitans de Furnes, environnés d'un golfe, labourent seuls les champs, et où le Belge montre maintenant ses pénates en ruine, sa maison à demi-renversée, monumens de son antique puissance, ces lieux où le peuple Nervien grand par ses armes, livra de fréquentes batailles, le Nervien, que toutes les forces de Rome ne purent subjuguer entièrement, ni contraindre à payer un tribut fixe. En ces lieux habite le Belge, inventeur du charriot de guerre, appelé Corvins, selon que l'atteste Lucain, puissant par ses richesses et par ses armes, et par ses forces, jadis grand ennemi des Romains, et tellement illustre dans le monde entier, que la Gaule reçut autrefois le nom de Belgique. Partant de ces lieux, la flotte entra joyeusement dans le port qui a reçu le nom de *Dam* [1],

---

[1] Dan, Damme. (Voyez l'index géographique à la fin de cette histoire).

ARRIVÉE DE LA FLOTTE A DAM.

port tellement vaste et si bien abrité, qu'il pouvait contenir dans son enceinte tous nos navires. Là, est une belle cité baignée par des eaux qui coulent doucement, fière d'un sol fertile et du voisinage de la mer, et de l'agrément de sa situation[1]. »

« On trouva à Dam des richesses apportées par des navires de toutes les parties du monde, des masses d'argent non encore travaillées, et de ce métal qui brille de rouge, les tissus des Phéniciens, des Sères (Chinois) et de ceux que les Ciclades produisent[2]; des pelleteries variées qu'envoie la Hongrie, de véritables grains destinés à la teinture en écarlate, des radeaux chargés des vins que fournissent la Gascogne, ou La Rochelle, des fers ou des métaux, des draperies et d'autres marchandises que l'Angleterre ainsi que la Flandre avaient déposées en ces lieux pour les envoyer de là dans les diverses terres. L'avide pirate Savari, et les hommes qui formaient sa troupe brutale, secondés en tout point par le routier Eudoc et

---

[1] Guill. le Breton, chant IX.
[2] Stamina Phœnicum, Serum, Cicladumque labores.

Ibid

par ses compagnons, enlèvent toutes ces richesses aux habitans de ces lieux, sans égard pour la convention conclue avec eux. ne craignant point de violer la foi promise et de méconnaître leur serment ; ces péchés amenèrent sans doute le désastre de notre flotte. »

Ce ne furent point les péchés des Français, mais les traités d'alliances entre le comte de Flandre et le roi d'Angleterre, qui préparèrent la destruction des barques sur le rivage. Dès que Jean eut appris que les vassaux de Philippe avaient gagné la mer et qu'ils se dirigeaient vers le nord, il fit hâter les préparatifs pour le départ de ses hommes réunis à Portsmouth [1]. Les barons furent sommés de rester sous les armes, et comme la plupart des causes de dissentions intérieures étaient momentanément appaisées par l'hommage à la cour de Rome, les possesseurs de fiefs, les chevaliers et les marins des cinq ports ne firent aucune difficulté pour se mettre en mer ; le roi Jean fit venir auprès de lui le comte de Sarisbury, et lui confia

[1] Math. Paris, ann. 1213.

la conduite de sa flotte qui ne se composait que de cinq cents navires et de sept cents chevaliers[1], sans y comprendre les écuyers et varlets d'armes. Le comte cingla vers les rivages de la Flandre, afin de joindre les Français.

La navigation en Angleterre avait fait plus de progrès que sur le continent; des flottes nombreuses parcouraient non-seulement l'Océan, mais passaient le détroit, et coupaient en tous sens la Méditerranée; ainsi, durant la croisade, Philippe fut obligé de traverser l'Italie et de louer des barques à Gênes, tandis que des vaisseaux anglais partirent de Portsmouth et devaient prendre Richard à Marseille; plus de vingt mille ouvriers s'occupaient dans les cinq ports de la construction des navires, de leurs manœuvres, du transport des marchandises; en France on ne voyait que quelques pêcheurs plonger dans la Seine et les pirates qui habitaient et désolaient les rochers de la Neustrie et de la Bretagne.

Il ne fut point difficile aux Anglais de suivre les traces de l'armée navale de Philippe. Ce

---

[1] Cum navibus quingentis et militibus septingentis. Mathieu Paris, ad. ann. 1213.

prince était déjà débarqué, et sa flotte s'abritait dans le port de Dam ou sur les rivages qui l'avoisinent. Au moment où le gonfanon anglais fut aperçu, un grand nombre de matelots et de chevaliers étaient descendus à terre et se livraient au pillage et à la débauche dans la ville. Le comte de Sarisbury commanda la bataille, et ses habiles marins jetant des câbles avec adresse, se rendirent maîtres de trois cents navires français chargés de vin, de blé et d'armes; plus de cent autres, qui s'étaient échoués sur le rivage, furent brûlés après qu'on leur eut enlevé tout ce qu'ils transportaient[1]. Dans ce désastre, Philippe-Auguste et ses barons perdirent leurs brillans et joyeux équipages[2].

Le roi était alors entré dans les terres de Flandre, et ses troupes se dispersaient de tout côté dans la campagne « semblables aux sauterelles qui se chargent de dépouilles et se plaisent

[1] Il parait que la multitude des navires français avait arrêté un moment le courage des Anglais : Ubi tantam navium multitudinem stupefacti intuentes..... Math. Paris, 1213.

[2] Et in brevi, nautis subjugatis, funibus navium præscissis, trecentas ex eis, frumento, vino, farinâ, armis ac rebus aliis onustas versus Angliam Neptuno committunt.

CONQUÊTE DES VILLES DE FLANDRE.

à enlever le butin[1] ». Cassel fortifié et comme suspendu sur la crête d'une montagne, s'était rendu au gonfanon de France; Ypres avait suivi cet exemple. L'armée royale dirigea sa course jusqu'à Bruges, qui se soumit ainsi que les villages qui tout autour l'environnent.

« Le roi faisait le siège de Gand, peuplé de bourgeois orgueilleux de leurs priviléges; déjà les machines de guerre étaient préparées et allaient bientôt, de leurs coups redoublés, abattre les hautes tours et les murailles, lorsqu'un messager tout haletant s'approche et lui dit: « Sire roi, le comte de Sarisbury et le comte de Boulogne arrivent d'Angleterre sur de longs radeaux et de fortes galères[2]. Ils sont tout-à-coup débarqués près de nous, au point où les flots de la mer viennent se briser sur le rivage de Dam. Les habitans du pays se sont réunis à eux et à Ferrand, leur droit sire, et tous ensemble serrent de près nos navires imprudemment disposés sur une trop vaste plage,

---

[1] More locustarum, quæ, terræ plana tegentes.
Guill.-le-Breton, chant ix.

[2] ....Subitò ratibus longisque galeis.
Ibid.

et qu'il aurait été plus prudent d'abriter dans le port. »

« Ils ne m'échapperont pas, » dit Philippe en faisant sonner les trompettes; » mais voici venir un nouveau messager. « Qu'avez-vous de nouveau, maître Pierre? » celui-ci pouvait à peine trouver une parole, tant la course l'avait épuisé; puis il s'écrie : « Il n'est plus d'espoir! le comte de Sarisbury [1] s'est emparé de quatre cents navires, et aucune issue n'est ouverte pour que le reste de notre flotte puisse échapper si elle voulait s'avancer en pleine mer. »

« Qu'est devenu le vaisseau royal? »

« Hélas! il n'est point en sûreté, car au milieu des autres il manque de défenseur, et pourra être facilement enlevé. »

« Et mes tonneaux d'argent! »

« Guillaume-le-Petit n'a aucun moyen de les protéger. Les Poitevins qui combattent sous nos bannières mettent plus de soin à piller le port de Dam qu'à garder tes vaisseaux [2]. Le seul homme qui se comporte vaillamment

---

[1]   Jam quadringentas sibi sublegere carenas.   *Ibid.*

[2]   Quæ modo Damitis rapuerunt fœdere fracto
    Curâ majori tua quam et navalia servant   *Ibid.*

est le brave Robert de Poissy, qui, avec une poignée d'hommes d'armes, défend les portes de la ville. Sire roi, bientôt même ils seront forcés de tout abandonner, si tu ne te hâtes de venir. »

En achevant ces paroles, le messager remet au roi des chartes scellées de Robert de Poissy où tous les faits se trouvaient complètement confirmés par le témoignage des chevaliers.

« Que tous les saints de France damnent cette pauvre chevalerie, dit Philippe, car elle a couru au pillage quand il y avait quelque gloire à acquérir. Allons donc empêcher nos affaires de tomber en désordre. Je ne tiens pas tellement à triompher des Gantois, que j'expose, pour continuer ce siége, mes compagnons sur le rivage.

» Comment faire? Il n'est pas facile de traverser la Flandre en toute hâte avec mes chevaliers bardés de fer; qui veut donc conduire les archers et les hommes d'armes vêtus à la légère?

» Moi, sire roi, dit Pierre Mauclerc, duc de Bretagne, et j'accepte cette entreprise comme un beau présent [1]. »

[1] Guillaume le Breton, chant. IX.

Le comte prend cinq cents nobles hommes, et, marchant nuit et jour, arrive au secours des marins de la flotte et des chevaliers enfermés dans le port de Dam.

A la tête des barons anglais, et comme leur plus noble soutien, se trouvait alors le sire de Boulogne. Renaud de Dammartin, qui portait ce titre, avait été un des feudataires de la cour de France le plus attaché à Philippe-Auguste. On le voyait sans cesse à ses côtés dans les cours plénières, à la chasse, dans les tournois; pauvre de fortune, mais riche de vaillance, il avait épousé Ide de Flandre, comtesse de Boulogne, et avait ainsi acquis de nombreuses possessions féodales. Le comte était devenu un grand réjoui et dépenseur d'argent, de sorte que ses revenus ne suffisaient pas au luxe de sa cour. Ide sa femme était un peu vieille et fanée, et le sire comte prenait ses ébats avec quatre ou cinq jeunes damoiselles qu'il avait réunies selon les us des Sarrasins dans son beau castel de Boulogne. La comtesse avait porté ses plaintes au roi contre les infidélités de son mari, et Philippe avait hasardé quelque remontrance fort mal reçue¹.

Un soir, il advint que la fille de Renaud ayant atteint sa douzième année, le roi dit : « Beau cousin, je voudrais marier monsieur Philippe, mon fils, avec votre fille, et le comté de Boulogne viendra à leurs enfans. » Ah ! sire roi, répondit le comte, vous voulez encore manger ce comté et le transmettre en votre lignage. » Cette réponse déplut singulièrement au suzerain.

Voici quelle fut la cause de la rupture². Le

---

¹ On peut voir le portrait que fait du comte Renaud la chronique de St.-Denis : « Et volontiers grevait les églises, de quoi il advenait qu'il était presque tojours excommunié ; les orphelins et les veuves mettait à pauvreté, tojours estait en haine vers ses nobles voisins, et leur destruisait leur maison et leur forteresse et bien qu'il eût noble dame espousée par cui il tenait la comté de Boulogne, il ne se tenait oncque à elle ; ainsi menait après lui concubines apertement. Chroniq St.-Denis dans Dm. Brial, recueil des historiens de France, t. XVII, p. 399.

² Pour toute cette époque et surtout pour la bataille de Bouvine nous n'allons plus trouver que Guillaume le Breton, la chronique de St.-Denis et Mathieu Paris. On m'a reproché d'avoir trop souvent emprunté mes récits au poëte biographe du roi ; cette observation suppose qu'on ne connaît pas toute l'importance historique de ce poëme ; Guillaume le Breton est plein de détails très-précieux sur les événemens qu'il raconte ; il suivait le roi et fut présent à toutes les guerres entreprises. *Ego Willemus natione Armoricus*,

comte venait encore de succéder au sire de Dammartin son père, à ses domaines et à ses serfs, de sorte qu'il était devenu l'un des plus opulens barons de la cour, ce qui avait ajouté à ses hautaines prétentions ; il lui survint alors un différent avec l'évêque de Beauvais, le grand ferrailleur d'estoc et de taille. L'évêque avait fait élever un château fort, garni de hautes tourelles qui menaçaient les fiefs de la comtesse de Clermont[1] ; or, cette dame était

officio prebyster, qui pro maxima parte non solùm his sed et præcedentibus ejusdem regis operibus interfui et ea propriis oculis aspexi. (Guill.-le-Breton préface des hist. de France de Dm. Brial, t. xvii, pag. 3). On affirme que Guillaume le Breton n'a point de couleurs locales parce qu'il emploie souvent les formes et les mots de la poësie grecque et latine ; mais ces images empruntées à Virgile, ces comparaisons faites avec les souvenirs d'Homère se ressentent vivement des impressions d'un témoin oculaire, et ne sont que de légers placages à travers lesquels percent toujours les émotions contemporaines ; une foule de détails de mœurs chevaleresques ne se trouvent même que dans ce poëte ; je préfère souvent le faire parler lui-même que de défigurer ce témoignage tout vivant. Ses récits nous font connaître tantôt une tradition populaire, tantôt une opinion physique, tantôt une coutume, une loi, un fait important de la vie militaire ou privée des barons, et l'on voudrait négliger de tels documens !

[1] *Reginaldus comes Boloniæ diruit quamdam fortericiam novam quam Philippus Belvacensis episc. erexerat in agro Belvacensi pro eo quod videbatur posse damna facere comitissæ Clarimonti-*

une de celles qu'affectionnait le sire de Boulogne, et avec son caractère, il n'était pas difficile de deviner ce qu'il adviendrait. Sans dire aucun motif, le comte fit raser le château construit par l'évêque, qui n'était pas d'humeur à se laisser violenter sans se défendre. A son tour il fit détruire, par ses vassaux, un château que le comte possédait dans la forêt de Halmes. On en vint en jugement devant la cour des pairs, et le roi donna gain de cause à l'évêque. C'est alors que le comte de Boulogne fit fortifier toutes ses villes et bourgs comme s'il se fût préparé à la guerre. Le roi Philippe dit à ses hommes : « Eh quoi ! Renaud fait mettre en défense ses châteaux ; je vais lui en demander la clef. » Et il envahit aussitôt les terres du comte ! Il assiégea et prit Mortain, Dammartin, d'Aumale, Lillebone et Domfront. « Rendez-lui ses fiefs, lui dirent les barons. — Oh ! non sans doute, répondit Philippe, à moins que Renaud ne consente à comparaître devant ses pairs. » Comme le comte soupçonnait qu'on

---

quæ erat cognata ejusdem comitis. Hist. en prose de Guillaume le Breton Dm. Brial. hist. de France. t. xvii, p. 86.

voulait s'emparer de sa personne, et le jeter en cul de basse-fosse, il s'en alla en toute hâte auprès du roi d'Angleterre[1] et se trouvait alors avec la flotte du comte de Sarisbury débarquant dans la Flandre.

Les chevaliers détachés avec Pierre Mauclerc (*le mauvais clerc*), duc des Bretons, étaient arrivés à Dam, mais en petit nombre; ils n'avaient osé se mesurer avec les hommes d'Angleterre. On était resté en présence, sans vouloir ni d'un côté, ni d'un autre, engager la bataille.

Le second jour, l'épaisse poussière qui s'élevait sur la route, annonça que le roi Philippe arrivait en toute hâte, avec sa pesante chevalerie. Lorsque les Anglais eurent aperçu ces hauts cimiers, ces forêts épaisses de lances, ils s'enfuirent à toute jambe. A un signal donné, voilà que les chevaliers de France

---

[1] Renaud fut l'âme de la confédération qui succomba dans les champs de Bouvine. « Renaud (dit la chronique de St.-Denis) passa outre en Angleterre vers le roi Jehan qui grant signe d'amour lui fist et lui promit grant terre et dons au-delà de la mer afin qu'ils pussent avoir le roi de France desconfit, et li estait d'avis que li Français ne pourrait durer. Dm. Brial. t. XVII, p. 399. On trouve un acte d'hommage fait par le comte de Boulogne à Jean, roi d'Angleterre. Rymer, t. 1. p. 50, 2° édit.

se précipitent la lance baissée. Le duc de Bourgogne, le vaillant sire des Barres, le prince Louis, fils du roi, tendent la bride à leurs nobles coursiers, et fondent sur la chevalerie anglaise qui fuyait dans toutes les directions. Mais des trappes répandues çà et là dans la campagne, rendaient la marche difficile, et ils ne purent atteindre d'abord qu'un petit nombre d'hommes.

Cependant, la terreur régnait toujours parmi les Anglais, courant pêle et mêle sur le rivage. Ils ne parvinrent pas à se sauver; leurs vaisseaux avaient gagné le large, ce qui fut cause que de riches hommes, des servans d'armes, tombèrent dans les mains des Français [1]. Le seigneur Gautier de Formescelle et le comte de Boulogne lui-même furent pris tandis qu'ils cherchaient à se sauver sur une fragile chaloupe.

Mais, voilà qu'au moment où le comte baissait son épée, quelques-uns de ses parens et de ses amis qui se trouvaient dans le camp

---

[1] Dumque catervatim subeunt navalia, multi
    Morte cadunt, multi capiuntur...
                            Guillaume-le-Breton, chant ix.

de France, dirent entre eux : « Or ça qu'allons-nous faire ? le sire de Boulogne est notre allié, le roi lui en veut; peut-être va-t-il le jeter au fond de quelque vieille tour; mieux vaut encore le sauver [1]. » Vous avez raison, dirent les chevaliers qui étaient réunis ; il faut le déguiser, afin qu'il puisse sortir du camp sans être vu. » On le dépouilla donc de toutes les marques qui auraient pu le faire reconnaître; et, ainsi travesti, on le cacha parmi une troupe de chevaliers; (ce qui indique que quelques intelligences existaient déjà entre les barons du roi et ceux qui s'étaient alliés avec ses ennemis.) Quand le comte se fut ainsi éloigné, Philippe apprit ce qu'avaient fait ses vassaux; il trouva dans le camp, le cheval de bataille du comte, son bouclier, son casque resplendissant auquel étaient attachées des lames de baleines formant comme deux aigrettes, et

---

[1]   Formesellarum dominus Galterus, et ipse
  Bolonides capitur ; sed caris cognitus idem
  Cognatisque suis, ipsi qui jure timebant
  Ne Rex pro culpæ merito jam puniat ipsum
  Exutus notis insignibus, atque maniplis
  Immixtus, ne notus item capiatur ab ullo,
  Cum damno sinitur multorum liber abire.   *Ibid.*

il fut facile de reconnaître qu'il était échappé[1].

Le rivage ainsi débarrassé des Anglais, on songea à poursuivre l'expédition contre la Flandre. Le roi fit assembler les barons, et leur dit :

« Vous savez ce qui nous avait engagé à nous embarquer pour les rivages d'Angleterre; c'était le zèle pour l'église romaine, le désir d'exécuter les ordres du pape. Le légat Pandolphe a ramené le royaume de Jean à la foi catholique; nous ne pouvons rien entreprendre contre lui, mais la Flandre est ici ; nous n'avons plus d'argent, trouvons-en dans ces riches cités. »

«Soit fait ainsi, » dirent les barons à haute voix; et tous brandirent leurs lances.

« Vous savez que j'ai dans la main soixante otages de la ville de Bruges, et autant d'Ipres; eh bien! que ces deux cités payent d'abord ce qu'on nous a enlevé sur la flotte[2]; les bourgeois sont opulens, et nous ne les écorchons pas en

---

[1] Cujus equum, cujus clipeum, galeamque nitentem,
Balenæ que jubas ceu cornua bina gerentem
Cùm jam victores post pugnam in castra redissent
Vidit et agnovit Rex atque exercitus omnis.   *Ibid.*

[2] Damna carinarum mihi quas, Ferande, tulisti
Brugia restituet...   *Ibid.*

demandant si peu de chose. Quant à ma flotte, je l'abandonne ; il est impossible de la sauver ; les Anglais tiennent la mer, et nos matelots ne la connaissant pas assez, je veux voir mes barques dans l'Océan, aujourd'hui même, consumées par les flammes. Les bourgeois de Flandre m'en indemniseront encore. »

Tandis que des tourbillons de feu annonçaient la destruction des navires français dans le petit port de Dam, Philippe et ses chevaliers se remettaient en route pour dompter les bourgeois. Après deux journées de marche, les barons hissèrent encore une fois leurs gonfanons en face des hautes tours de Gand. Les citoyens, abandonnés de leur comte, se soumirent aux mêmes conditions qu'Ypres et Bruges : un chevalier du nom d'Arnould livra le château d'Oudenarde ; « Courtrai qui parle une langue barbare » fit aussi sa soumission au roi.

« A la suite de trois jours de siége seulement, Lille, abaissant sa tête, fut enfin forcée d'ouvrir ses portes. Après l'avoir bien fortifiée, le roi y plaça de nombreux chevaliers et des hommes d'armes qui furent commandés par

---

1 Guill. le Breton, ch. IV.

Hugues d'Ath, pour la défendre contre les ennemis du voisinage. Il était à craindre en effet, qu'après le départ du roi, Fernand ne revînt, tout à coup, et que les bourgeois ne reçussent avec empressement leur naturel seigneur; Philippe fit élever le plus promptement possible une nouvelle tour dans le bourg voisin nommé Darnel, afin que ses gens pussent y demeurer en sûreté et protéger sa conquête [1].

» Parti de Lille, le roi s'empara le quatrième jour de la ville de Douai [2], et, l'affranchissant des lois de Fernand, se l'appropria et la soumit à sa domination. Ainsi la Flandre se repentit en recevant un juste châtiment du glaive royal, et reconnut, à ses propres dépens, qu'il n'est pas permis d'ouvrir son sein à des traîtres, expiant ainsi les dons que le roi Jean avait faits au comte. »

Le système féodal ne permettait pas de longs services militaires. Après la prise de Lille, les barons se dirent entre eux : « Il nous faut retourner dans nos fiefs, voici qu'arrive le temps d'hiver : nous ne pouvons rester sous les armes; car, malgré les royales

---

[1] *Ibid.* — [2] Obtinet hinc abiens sub quartâ luce Duacum.

largesses, nous appauvrissons nos domaines. » Or, les hommes de France ayant obtenu licence de quitter le camp, s'en revinrent chacun chez eux, et il ne resta autour du roi que quelques sergens d'armes et routiers, troupes stipendiées pour garder les tours.

Pendant que les hommes de France et le roi lui-même retournaient dans leurs castels, les comtes de Flandre et de Boulogne recevaient des subsides de Jean d'Angleterre. Les confédérés s'étaient réunis sur les terres de Guillequin, comte de Hollande, qui leur fournit un secours de cinq mille soldats, chevaliers sans culture et forts de leur ignorance [1]. C'est à la tête de cette chevalerie que le comte de Flandre chercha à reconquérir ses états. La chose ne fut point difficile, les Flamands étaient dévoués à leur sire et détestaient l'occupation des Français.

Lille, la première, donna le signal de la révolte. Le comte Fernand était à peine arrivé devant ses murs qu'elle arbora ses couleurs municipales unies à celles de son droit seigneur. Les hommes d'armes de France qui gardaient la ville pour le

[1] Immemores modò se victos, cùm, classe relictâ,
Littus in Hollandum levibus fugêre phaselis,
Et Guilliquinum comitem sibi consociârunt. *Ibid.*

roi, se réfugièrent dans la haute citadelle, où, bientôt assiégés, ils furent forcés de se rendre.

« A cette nouvelle Philippe part de son château de Vincennes. Sa chevalerie est peu nombreuse, mais vaillante. C'est Lille qui doit supporter les premiers coups de sa vengeance. Les Français tombent à l'improviste sur cette partie de l'enceinte qui fait face au levant; ils brisent les barrières de fer, font rouler les portes sur leurs gonds, et avant même que les habitans aient monté sur les remparts ils pénètrent dans la ville, et répandent les flammes autour d'eux. Les maisons garnies de tours, et pleines de marchandises, sont abattues, et bientôt les étincelles volent au loin; tout ce qu'il y a de beau dans l'enceinte des remparts, se trouve en un instant anéanti par la violence de l'incendie.

» En même temps que les maisons périssent, avec ceux à qui l'infirmité de l'âge, ou les faiblesses du corps refusent les moyens d'échapper au danger; les bourgeois qui peuvent se sauver, fuyant à pied ou à l'aide d'un cheval vigoureux, évitent la double fureur des flammes et de l'ennemi, s'élancent le cœur rempli d'épouvante à travers les broussailles et en rase campagne, hors de tous les sentiers, se croyant toujours près des portes fatales, n'osant tourner la tête en arrière, soit pour ne pas tomber, soit pour ne pas perdre un seul mouvement de leurs pieds. Aucun lieu ne leur paraît un asile sûr; ils imaginent sans cesse qu'ils vont être tués ou faits prisonniers; au moindre bruit qui se fait entendre derrière eux, tout leur sang se retire au fond de leur cœur.

» La fortune vint cependant au secours des vaincus, plus que n'eût pu faire la fuite. La terre, humide, toute couverte de joncs, de marais, et cachant des entrailles puantes sous une plaine fangeuse, s'évaporait par l'effet d'une chaleur intérieure, et changeant l'atmosphère en nuit épaisse, exhalait des brouillards formés d'un mélange de chaleur et de liquide, de sorte que personne ne pouvait distinguer ce qu'il avait devant, derrière ou à côté de lui[1].

---

[1] Humida nam tellus, carecto fœte palustri,
Et viscosa tegens limoso viscera plano,
Interiore sinu subeunte calore vaporans, etc.

Voilà une des opinions physiques du tems; c'est pour toutes ces notions variées du moyen âge que Guillaume-le-Breton nous paraît précieux.

« Les Français ne poursuivirent les fuyards, que tant qu'ils purent s'avancer guidés par les lueurs de l'incendie ; le soleil ne pouvait luire à travers les brouillards. Les chevaliers tuèrent cependant un grand nombre d'hommes, et firent encore plus de prisonniers, que le roi vendit à tout acheteur, pour être à jamais serfs, les marquant du fer brûlant de la servitude. Ainsi périt toute entière la ville de Lille, réservée pour une déplorable destruction ; car ce que la flamme ne put dévorer dans son enceinte, fut renversé par les instrumens de guerre. La tour même, que le roi avait construite pour maintenir les habitans dans l'obéissance, fut démolie. »

Après cette grande ruine de la plus noble des cités de Flandre, le roi vint abattre les murailles de Cassel, qui avait aussi menacé de se réunir à Ferrand. Tournai fut soumise par le comte de Saint-Paul, mais l'arrivée de la grande armée des confédérés, qui allait bientôt s'arrêter dans les plaines de Bouvine, força Philippe d'abandonner ses conquêtes et de songer à une prompte retraite.

CHAPITRE XXIV.

Causes de la bataille de Bouvine. — Ligue générale contre Philippe.—L'empereur Othon.—Le roi d'Angleterre.—Le comte de Flandre.—Le comte de Boulogne.—Vassaux fidèles au roi Philippe.—Communes.— État des forces respectives.—Expédition des Anglais dans le Poitou.—Marche des alliés dans le Nord.

1213—1214.

Les faits jusques ici exposés ont dû constater la marche du pouvoir central vers la force et l'unité politique ; la réunion des fiefs anglais à la couronne de France, une série d'actes en dehors des habitudes de la féodalité avait surpris et irrité les grands vassaux. Ce n'était plus contre les châtelains des environs de Paris, contre les petits feudataires dont les tourelles menaçantes avaient attiré tant de fois toutes les forces du roi de France, que la puissance royale se montrait hostile; Philippe avait arraché la presque totalité des provinces continentales aux Plantagenets, et la Flandre était envahie! Avec ses principes de confiscation et de suzeraineté, le roi aidé de sa cour des barons, avait arbitrairement dépouillé plusieurs vassaux de leurs fiefs. Des idées de pouvoir absolu, d'armées permanentes commençaient à s'introduire; les jurisconsultes, préoccupés du souvenir des codes romains, proclamaient déjà l'autorité du prince sans contrôle; une administration de la justice toute nouvelle tendait à se substituer à toutes ces juridictions féodales, vieux privilége des hauts-feudataires. On disait dans les castels, où les souvenirs de Charlemagne s'étaient transmis par les grandes chroniques, que Philippe-Auguste avait les mêmes desseins ambitieux; qu'il voulait régner sur les populations diverses des Pyrénées jusqu'à l'Elbe; qu'il avait l'intention de raser les châteaux, les places d'armes des nobles hommes; qu'il voulait enfin réduire la propriété féodale à cette simple possession temporaire des comtes et des *missi dominici* du système politique de Charlemagne¹.

On allait même plus loin ; des chartes avaient été lues, desquelles il résultait que Philippe convoitait l'Italie ; il devait s'entendre avec quelques cités républicaines qui secoueraient le joug et la protection des Allemands, et réunies sous le sceptre du roi, elles devaient former comme au temps de Charles un nouveau royaume des Lombards². On rappelait aussi que le roi de France se proposait d'occuper tous les châteaux fortifiés, et les villes importantes qui protégeaient les frontières de l'empire³.

1 La preuve de ce mécontentement des grands vassaux résulte d'abord du discours d'Othon que nous citerons plus tard ; non-seulement l'esprit de révolte existait parmi ceux qui avaient ouvertement pris les armes contre la France, mais encore parmi les vassaux qui avaient suivi Philippe-Auguste ; voici ce qu'on trouve dans la chronique de Saint-Denis : « Les propres hommes du roi s'étoient joints et alliés à eux (les ennemis) par promesse et par don, come Herveilli comte de Nevers et tous les hauts hommes d'outre Loire, tots li Mansiau, les Angevins et les Poitevins, for seulement Guillaume des Roches, sénéchal d'Anjou. Grande Choniq. de S. Denis. Dm. Brial, hist. de France, t. xvii, p. 403.

2 Roger de Hoveden parle de ces desseins du roi qui lui furent inspirés par Marguerit de Sicile, duc de Durazzo. Ad ann. 1209.

3 Cartul. de l'abbé de Camps. — Traité de paix. — Empire, ann. 1209.

Ces idées n'étaient pas de nature à rassurer les barons de Philippe-Auguste et les rois ses rivaux. La dépossession de Jean était un grand exemple, et cette autorité nouvelle envahissant tout, excitait de vifs mécontentemens parmi la haute vassalité territoriale. Une ligue se forma naturellement contre elle; car, lorsqu'un pouvoir absolu tente de se proclamer, il y a toujours une dernière action de la liberté menacée; voyons d'abord les desseins de cette ligue, nous examinerons ensuite ses forces et son développement.

Les principaux acteurs de ce grand mouvement militaire furent l'empereur Othon et Jean, roi d'Angleterre, Fernand, comte de Flandre, le duc de Brabant, le comte de Bar, Courtenai comte de Namur, le comte de Boulogne, le duc de Limbourg, tous vassaux de France ou de l'empire, quelques-uns proches ou amis du roi Philippe-Auguste.

Aux causes générales que nous venons d'indiquer se joignaient quelques griefs particuliers à l'empereur Othon et qui le conduisaient dans le champ de Bouvine. On a vu quelles étaient les querelles pour l'empire. La mort de Philippe de Souabe, avait multiplié le nombre des prétendans à la pourpre des Césars [1]. Le jeune Frédéric, roi de Sicile et fils de l'empereur Henri VI, le prédécesseur de Philippe, demanda hautement la couronne. Le pape Innocent, qui protégeait toujours Othon de Brunswick, s'opposa de toutes ses forces à ses prétentions ; il déclara même qu'il empêcherait par tous ses moyens que Frédéric troublât la paix de l'Allemagne [2].

D'autres prétendans avaient aussi fait valoir leurs droits à l'élection, parmi lesquels on remarquait Henri, duc de Brabant. Le roi Philippe-Auguste, dont toute la politique consistait à créer des embarras et des difficultés à Othon, avait fourni à Henri les moyens de réclamer ses titres auprès des princes de l'empire; celui-ci reconnaît même dans une charte devoir trois mille marcs d'argent au roi Philippe de France, et s'oblige de les lui rendre dans le délai de trois mois, après qu'il en

---

[1] L'élection du jeune Frédéric avait paru valable au pape, il y avait quelques années. Voyez le Reg. d'Innocent 3, *de negot. imper.* Epist. 29, p. 697.

[2] Même registre d'Innoc., ep. 153, 187, p. 753 à 782.

aura été requis. Il déclare que quand même il serait couronné roi des Romains, il ne serait pas quitte de cette somme pour laquelle il donne en gage une rente annuelle de 300 marcs d'argent qui lui était payée chaque année sur le comté de Boulogne, et une autre rente de 200 marcs que Philippe lui-même lui devait [1].

La faveur du pape soutint Othon de Brunswick. La grande arme de l'excommunication fut encore employée. Le pontife déclara hautement relaps et excommunié tout électeur qui ne donnerait pas sa voix au fils chéri de l'Église. Personne n'osa résister. Le 11 novembre, fête de la St.-Martin, Othon IV fut élu empereur. Il y avait eu dans l'empire un interrègne depuis le 22ᵉ jour de juin de l'année 1208 [2].

Si le pape soutenait avec énergie et succès l'élection d'Othon, Philippe-Auguste continuait à protéger le parti des opposans à ce

---

[1] Ancien cartul de Philippe-Auguste, f° 107.

[2] Reg. d'Innocent *de negot. imper.*, epist. 153, p. 752. Cette élection se fit contre la volonté d'une partie des électeurs. Alberic Triaf. ad ann. 1208, Rigord dans Duchesne, collection des histor. de France. T. v, p. 51.

prince. Cette persévérance contrariait Innocent, et il ne cessait d'en écrire au roi ; voici dans quels termes :

« Tu n'as point voulu déférer à nos conseils en ce qui touche l'élection d'Othon de Brunswick ; tu dis à qui veut l'entendre que l'église romaine a employé toute sorte de moyens pour y parvenir ; plusieurs fois nous t'avons invité à changer de conduite : loin de là, tu nous pries de renoncer au vif et juste intérêt que nous portons à Othon ; et pourquoi ? Tu ajoutes qu'il a pillé les églises de tes terres, et fait tout le mal qu'il a pu, sans te rendre aucune satisfaction ; qu'il est enfin le neveu du roi d'Angleterre ton ennemi personnel. Ne crains rien, ô Philippe ! ton royaume est tellement uni à l'église, qu'il ne peut souffrir aucun dommage, qu'aussitôt elle-même ne l'éprouve : sois donc tranquille sur ce point : que ta prudence royale cesse de s'opposer à l'élévation d'un des enfans chéris de l'église [1]. »

La résistance du roi ne put ainsi empê-

[1] Regist. Innocent III, *de negot. imp.* Epist. 155, p. 755 et 756.

cher l'élection impériale d'Othon. Innocent voulut mettre la dernière main à son ouvrage, en le consacrant empereur. Le 4e jour d'octobre 1209, le pontife posa la couronne impériale sur sa tête malgré les réclamations du peuple de Rome [1].

A peine couronné, Othon se brouilla avec le pape son protecteur auquel il avait promis de restituer les provinces et châteaux que les empereurs avaient usurpés sur les pontifes. Loin de tenir ses engagemens, il envahit la Pouille malgré le Saint-Siège qui en prétendait la souveraineté. Le pape à son tour changea d'affection : après quelques vives remontrances, il excommunia Othon de Brunswick [2]. Le jeune Frédéric de Sicile fit alors valoir ses droits ; il fut protégé par Philippe et approuvé par Innocent. A peine entré dans l'Allemagne, il sollicita une entrevue du roi. Le prince Louis, et le nouvel empereur se virent à Vaucouleurs où une alliance fut signée.

[1] Alberic ad ann. 1208.
[2] Suivant Rigord, Othon se brouilla avec le pape dès la première année de son couronnement. (Rigord. Duchesne, t. v. p. 51.) Le moine Godefroi reporte cette brouillerie à l'année suivante. Ad ann. 1210, p. 279.

On renouvela les vieux traités entre la France et l'empire. Toute la haute Allemagne obéit à Frédéric[1].

Othon de Brunswick conserva la basse Allemagne sous sa suzeraineté. Il avait voué une haine profonde aux deux auteurs principaux de cette révolution, Philippe-Auguste et le pape. Les mécontens le savaient, et le comte de Boulogne se chargea de l'entraîner dans la coalition. Il se rendit auprès de lui. « Sire Empereur, lui dit-il, ton plus puissant intérêt doit être d'humilier et d'affaiblir la France. Frédéric, nouvellement élu, est le favori de Philippe qui le protège à tes dépens. Bientôt même tu n'auras plus de terre à toi dans l'empire; vois comme le roi se conduit avec les princes. Jean a voulu lui résister, il l'a dépouillé de ses domaines. La Flandre sera bientôt subjuguée si l'on ne met un frein à cette ambition menaçante pour tous. Rien n'est plus facile que de l'arrêter : il faut se liguer avec bonne foi; Jean d'Angleterre fournira de l'argent; tes chevaliers d'Allemagne sont de fiers jouteurs dans

---

[1] (Rigord. Duchesne, t. v. p. 52).

les combats. Nous aurons les communes de Flandre et même tous les seigneurs féodaux mécontens de la France. J'ai des intelligences avec la chevalerie de Philippe, et je puis te répondre qu'elle passera sous nos gonfanons. »

Il ne fallut pas de grands efforts pour persuader à l'empereur Othon l'importance et la nécessité de la guerre contre son plus ancien ennemi. Il répondit : « Beau comte, comptez sur moi ; d'ici à trois mois je serai dans la Flandre à la tête de tous les hommes que je pourrai réunir, et j'en aurai bien cent mille. Le comte s'en retourna fort content. »

Jean était entré avec une commune ardeur dans les mêmes desseins [1]. Depuis l'hommage de son royaume d'Angleterre au pape, il éprouvait le besoin de secouer le joug humiliant de l'église romaine, et après la confiscation de ses fiefs sur le continent, tout son désir était d'abaisser la supériorité de Philippe. Celui-ci

---

[1] On trouve dans la grande collection de Rimer : Fedæra, t. 1, de l'année 1208 à 1214, une multitude de chartes par lesquelles Jean désigne des hommes de confiance qu'il envoye à l'empereur Othon, au comte de Flandre, au comte de Boulogne, ce qui suppose la fréquence des rapports secrets.

ne déguisait même plus ses projets d'assurer le trône d'Angleterre à son fils. Nous avons vu que, dans une charte contemporaine, Louis s'obligeait, s'il parvenait à se faire élire roi des Anglais, de n'employer jamais ses hommes que pour le service de son père[1], de lui rendre hommage, et de le faire prêter légalement par tous ses vassaux, ce qui supposait un projet positivement arrêté de s'assurer la couronne des Plantagenets. Jean ne déguisait pas, non plus, sa haine contre le pape. Ce nouveau joug qu'évêques, archevêques, moines, faisaient peser sur lui, paraissait insupportable à son esprit capricieux et libertin. Il s'engagea dans la coalition, promettant secours d'hommes et de bons sterlings.

Fernand, comte de Flandre, avait des motifs non moins graves. Ses terres avaient été envahies. Philippe menaçait de le dépouiller. « La Flandre sera à la France, » avait-il dit.

---

[1] Voir liv. 22 de cette histoire.

.....comitissa senex quæ Portigalensis
Filia regis, ob hoc solùm regina vocata est.

Gme.-le-Breton, livre 2

Toutes les dames de la cour, par l'impulsion de la vieille comtesse Mathilde ou Mahaut, excitaient les chevaliers à cette espèce de croisade politique; les communes et les riches villes de Flandre, si maltraitées par Philippe et ses barons, poussaient avec ardeur à la guerre. C'était un cri général contre le roi de France.

Le comte de Boulogne parcourait les seigneuries, profitait de toutes les haines; la plupart des princes et vassaux qui possédaient les terres littorales de l'Empire sur le Rhin prirent les armes, alléchés par ses promesses. On vit avec étonnement, dans cette coalition, Courtenay, comte de Namur, proche parent du roi, qui joignit ses gonfanons à ceux des confédérés. C'était par sa femme, Yolande, que Pierre de Courtenay possédait le comté de Namur, et c'est pour elle aussi qu'il allait marcher contre son suzerain [1]. « Qu'importe, disait-il, puisque madame Yolande l'exige de ma foi. »

Lorsque la confédération contre Philippe fut arrêtée, on décida de se réunir pour déterminer les mesures à prendre dans cette grande entreprise.

---

[1] Art de vérifier les dates, in-4°, t. 4, p. 206.

Les desseins des confédérés étaient publics; on en parlait dans tous les castels et dans tous les monastères de la chrétienté. Les princes devaient d'abord anéantir la suzeraineté royale en la race Capetienne. L'empereur Othon aurait succédé à toutes les suprématies féodales, et devait posséder en propriété les terres orientales de la monarchie. Le roi Jean se réservait, outre les provinces héréditaires des Plantagenets, les fiefs au-delà de la Loire, en un mot tout ce qui parlait la Langue-doc. Le comte de Boulogne se donnait le Vermandois. Fernand, comte de Flandre, s'était tant amusé à Paris avec les folles filles et les jongleurs, qu'il désirait la seigneurie de cette grande cité et de son territoire; il se serait fait proclamer comte de Paris. On devait abolir les mauvaises lois et nouvelles coutumes sur la juridiction royale et la confiscation suzeraine; chaque baron, vassal et vavasseur, châtelain, possédant fief, reprendrait ses anciens privilèges, ses prérogatives d'indépendance et d'affranchissement, et la suzeraineté serait réduite à ce qu'elle était au XIe siècle[1].

Les barons voulaient surtout introduire les

---

[1] Voyez le curieux discours d'Othon que nous rapportons ci-après, p. 238.

formes d'élection, telles qu'elles existaient dans l'Empire ; et le choix qu'ils faisaient d'Othon, empereur d'Allemagne, montrait leur désir de détruire le système d'hérédité, qui semblait prévaloir dans la monarchie de France, pour lui substituer les institutions germaniques.

A ces changemens politiques se rattachait une réformation religieuse. Les princes, et barons coalisés devaient réduire l'église à sa simplicité et à sa pauvreté primitives; les abus de la puissance romaine avaient excité contre les clercs comme une de ces croisades qu'ils avaient si souvent eux-mêmes provoquées par d'autres motifs. On murmurait dans les camps contre les richesses des évêques et des moines, on parlait de mettre la main sur leurs biens pour les répartir ensuite entre les hommes d'armes et les vassaux [1]. Cette idée trouvait des échos parmi les rois que la puissance de Rome avait si souvent blessés, et surtout parmi les petits vassaux et vavasseurs qui désiraient échanger leur pauvreté contre les beaux fiefs d'église.

---

[1] Villas et decimas majores miles habeto,
Et quibus est curæ respublica qui populos, qui
Pugnando faciunt in pace quiescere clerum.
(Gme.-le-Breton, chant x.)

Une assemblée de confédérés fut réunie à Bruges. On y vit Othon et le comte de Sarisbury représentant Jean d'Angleterre, le comte de Boulogne, Guillequin, comte de Hollande, Henri, duc de Brabant, Thibaut, duc de Lorraine, le comte de Luxembourg, Henri, duc de Limbourg, et Philippe de Courtenay, comte de Namur. A l'empereur et au roi des Anglais s'étaient joints, comme on le voit, presque tous les princes de la Gaule septentrionale et orientale, de ces races germaniques et austrasiennes, dont les mœurs et les habitudes différaient des Franc Neustriens campés dans les terres occidentales, comme ceux-ci se distinguaient à leur tour des Visigoths des provinces méridionales.

On arrêta qu'il fallait attaquer l'ennemi commun aux deux extrémités, par la Flandre et les provinces au-delà de la Loire. Tandis que Jean d'Angleterre opérerait un débarquement dans les fiefs héréditaires des Plantagenets (l'Anjou et le Poitou), les confédérés marcheraient vers le littoral de la Flandre, cernant les terres de France et par le nord et par le midi; on profitait par ce moyen de la haine naturelle à des populations également ennemies de la race des barons Neustriens qui possédaient les terres centrales ; on voulait ainsi diviser et perdre la famille trop puissante des Capets.

A cet effet, Othon promit le secours de cent mille hommes d'armes, tous hardis combattans ; le comte de Flandre en réunit vingt mille, sans compter les bourgeois de ses communes; Jean d'Angleterre donna sa foi de conduire lui-même une armée de quarante mille chevaliers, ou servans dans l'Anjou, et de joindre de plus quatre-vingt dix mille lances aux alliés dans le Nord. Il promettait en outre des subsides en argent [1] : cent mille sterlings devaient être partagés proportionnellement entre les divers princes ou barons qui prenaient part à la confédération [2].

[1] Les historiens anglais eux mêmes avouent l'envoi des subsides. « Johanes misit principibus militiæ qui erant in Flandriâ pecuniam magnam nimis, ut regem Francorum inquietarent et terras cum castris, incursione bellica, devastarent. » Matt. Paris. Dm. Brial, hist. de France, t. xvii. p. 712.

[2] Guill.-le-Breton, chant x. Voici comment s'exprime à ce sujet la chronique de St.-Denis. « Othon l'empereur dampnez et excomunié que li roi Jean d'Angleterre avait retenu *en Soudée* contre le roi Philippe assembla son ost en Hainault, en la terre du comte Ferrant; la li envoya le roi Jean à ses despens et à ses gages nobles combattans et chevaliers de grant prouesse. Dm. Brial, hist. de France, t. xvii. p. 405.

Ce n'était partout qu'enthousiasme pour cette grande croisade contre la France; les villes de Flandre offraient des hommes, des chevaliers, de l'argent, des étoffes et des armes, les dames brodaient des écharpes pour leurs chevaliers et distribuaient leurs couleurs. La vieille comtesse Mathilde animait tout de sa haine. Elle détestait particulièrement le roi Philippe-Auguste qui l'avait forcée de se séparer de son second mari, le duc de Bourgogne, qu'elle aimait éperduement. Lorsqu'elle vit sa vengeance se préparer par tout cet appareil militaire, elle courut consulter un nécromancier renommé à sa cour. « Eh bien! maître, lui dit-elle, quel sera l'événement de cette guerre? » Après maintes conjurations, le magicien répondit : « Il y aura sanglante bataille; le roi de France sera foulé sous les pieds des chevaux; il ne sera point enseveli[1], et après la victoire, le comte Ferrand entrera en triomphe dans Paris. » La vieille Mathilde fut remplie de joie : « Dieu soit loué, maître Ra-

---

[1] » L'en si combattra si sera li roi abatus en la bataille et marchiez et défoulés des piés des chevaux; et si n'aura pas sepouture et Ferrand sera reçu à Paris en grand procession après la bataille, chroniq. de St.-Denis, ibid. t. xvii, p. 414.

phaël, nous viendrons donc à bout de ce maudit Philippe. »

Le maudit Philippe n'était pas, en effet, sans crainte; cette puissante confédération l'effrayait; car loin de rencontrer de l'enthousiasme chez les barons et châtelains pour la défense de sa cause, il n'y avait que découragement; on savait même qu'il existait des rapports secrets entre eux et les princes coalisés.

Le baronage de France n'était pas content de la marche ascendante du pouvoir absolu qui caractérisait l'administration de Philippe. L'organisation féodale était un régime de distinction et de privilège : le prince qui les blessait ne devait trouver qu'une foi incertaine. Aussi, l'invasion du territoire n'était point impopulaire; elle ne trouvait d'opposans énergiques que parmi les fidèles du roi qui s'étaient déjà habitués au joug de sa cour, et surtout parmi les bourgeois auxquels le nouveau système assurait une existence dans l'état, et qui avaient un intérêt commun avec la royauté à lutter contre le pouvoir féodal.

Cependant la chevalerie de France, qui allait combattre l'armée d'Othon et des confédérés, était encore assez brillante et redoutable. On y voyait le comte de Dreux, l'évêque de Beauvais, de race royale, Pierre de Courtenay, comte d'Auxerre, dont le frère, comte de Namur, se trouvait dans la confédération; Eude, duc de Bourgogne, Jean, comte de Ponthieu neveu du roi, Thibaut, comte de Champagne, qui n'avait encore que treize ans, et alors sous la tutelle de Philippe, son cousin; et Thomas, comte du Perche. C'était comme on voit une sorte de réunion, de toutes les branches de la race des Capets, défendant leur patrimoine et la suzeraineté de leur aîné. Outre ces hauts barons, on devait compter encore sous les armes une foule de commençaux de leurs palais et de leur table. Le comte de Saint-Paul, Mathieu, seigneur de Montmorency, Guillaume des Barres, nouveau Rolland de ces âges poétiques, le seigneur Pierre de Meauvoisin (*ou le mauvais voisin*), le vicomte de Melun, Barthélemi de Roye, Laval de Mareuil, et Thomas de Saint-Valery. Ils accouraient à la tête de leurs vassaux et vavasseurs pour répondre à la convocation féodale.

Selon le droit et leur charte spéciale, les communes devaient le service militaire, au cas où le suzerain était menacé dans sa personne ou ses domaines ; le ban fut donc convoqué[1], et l'on fit exercer trente-cinq mille archers, gens de Corbie, Soissons, Mante, Macon, et des principales cités du domaine.

Le roi de France pouvait compter sur soixante-cinq mille hommes de guerre, chevaliers, sergens d'armes, archers, sans y comprendre les bourgeois, moins accoutumés aux mouvemens des batailles, mais se plaçant sous les bannières du sire roi par la convocation de l'arrière ban.

Un parlement fut réuni à Soissons pour délibérer sur les opérations militaires, et passer « la *monstre* ou revue des chevaliers et commun peuple de combattans. » On s'y rendit de toutes parts, et « c'était merveille à voir que tant de gonfanons, escus ou bannières municipales, reluisantes d'or. » Tous les barons,

---

[1] La charte de cette convocation est toute entière dans le traité *du ban et de l'arrière ban*, par Laroque ; elle porte le titre *de convocation*, par Louis de France, et c'est par erreur que dans sa table des matières des chartes et diplômes M. de Bréquigni l'a donnée comme une pièce du règne de Louis VIII. M. de Bréquigni n'a d'ailleurs point fait attention qu'en la mettant sous la date de 1214 il commettait un étrange anachronisme, puisque Louis VIII n'a commencé à régner qu'en 1223.

attachés à la cause du roi, y vinrent sans qu'il en manquât un seul à l'appel; le prince Louis fut présent à ce parlement militaire. Après maints pourparlers, maintes délibérations, il fut arrêté que l'armée de France se diviserait en deux grands corps de bataille; que l'un, sous les ordres de Louis, se porterait dans l'Anjou et le Poitou, envahis par Jean d'Angleterre; et que l'autre s'avancerait en toute hâte vers les confédérés, qui menaçaient la frontière du côté de la Flandre. Le noble fils du roi devait lever tous les hommes fidèles de la Touraine et des terres encore soumises dans le midi de la France.

On venait d'apprendre le débarquement du roi Jean à la Rochelle. Après l'heureux résultat de l'expédition maritime des Anglais contre la flotte française, Jean rêvait chaque jour une invasion nouvelle des provinces méridionales du continent toujours dévouées aux Plantagenets. Déjà, en 1213, il avait fait convoquer ses barons pour les conduire dans le Poitou; mais ceux-ci lui ayant demandé de l'argent, au lieu de leur répondre, Jean s'enfuit à l'île de Jersey afin d'échapper à leur importunité. Lorsque la grande ligue contre la France fut arrêtée, le prince anglais s'empressa de convoquer de nouveau ses vassaux, et il n'épargna pas cette fois les sterlings; il y allait de la souveraineté de Philippe! De nombreuses barques furent équipées, garnies d'hommes et de munitions de guerre; elles partirent de Portsmouth, et vinrent débarquer à la Rochelle. « Le roi Jean, dit un chroniqueur, voyant les flots de la mer abaissés, et le printemps s'approcher, rassembla ses troupes et ses milices d'hommes de race anglaise, et toucha les rivages du midi[1]. »

D'après ce qu'on a vu sur les répugnances des races entre elles, Philippe ne possédait que violemment tous les territoires situés au-delà de la Loire; un sire du Poitou n'aurait pas mieux réussi à gouverner le comté de Paris, qu'un comte de Paris à dominer les populations du Poitou. De-là, ces révoltes fréquentes qui signalaient un malaise invincible.

On a déjà fait remarquer aussi que le roi Jean était d'origine poitevine, que c'était le comte du sol, l'héritier de cette famille des Plantagenets, à laquelle les barons avaient juré une fidélité de

[1] Guillaume-le-Breton, chant IX.

vieille date; il ne faut donc pas s'étonner si les comtes d'Eu et de la Marche, et les autres châtelains de cette terre toujours belliqueuse, s'empressèrent de rendre à Jean leurs services accoutumés; il fut accueilli les bras ouverts, et il se hâta d'en prévenir ses barons d'Angleterre.

« Le roi Jean à son fidèle Guillaume, comte et maréchal. Tu sauras que par la grâce de Dieu je suis arrivé sain et sauf à la Rochelle samedi dernier, avec une grande partie de mes chevaliers; et, sur-le-champ, à la seule nouvelle de mon débarquement, vingt-six châteaux ou forteresses ont fait leurs soumissions[1]. Trois jours après nous nous sommes portés devant le château de Milescu pour l'assiéger, et à la suite de sa soumission, Jean Porcelin et Savari de Mauléon sont venus à nous pour faire hommage; nous les y avons admis d'après le conseil de l'archevêque de Bordeaux et d'un grand nombre de nos fidèles. »

Le roi écrivit une seconde lettre; elle était adressée aux comtes, barons, chevaliers et à tous ses fidèles d'Angleterre. « Vous saurez,

---

[1] Et statim ex quo advenimus tum reddita nobis fuerunt viginti-sex castra et fortaliciæ. Act. fæd. Rymer. t. 1, p. 59. 2ᵉ édit.

disait-il, qu'il ne nous est arrivé rien que d'heureux jusqu'à présent. Nous nous empressons de vous le mander afin que vous nous envoyiez, de votre côté, le plus d'hommes que vous pourrez. Venez donc aussi vous-mêmes afin de nous aider à conquérir cette terre[1]; je n'en excepte que ceux des fidèles qui seront nécessaires à nos affaires privées dans le royaume. Les barons ou chevaliers qui pensent que nous avons quelques griefs contre eux peuvent tout réparer, en se hâtant de venir nous joindre. »

Le roi Jean trouva peu de résistance dans l'Anjou et le Poitou, et marcha sans hésiter vers la Bretagne.

Ce fief était alors gouverné par Pierre Mauclerc, l'un des serviteurs du roi Philippe. Aussi Jean se vit contraint d'assiéger Nantes. « Les Bretons sortent en toute hâte de la ville et livrent hardiment la bataille. Mais il était dans les habitudes du roi anglais d'employer la ruse contre le courage. Aimant mieux faire reculer à pas lents son armée que de combattre face à

---

[1] Ad nos veniatis in auxilium terræ nostræ conquirendæ, etc., ibid.

face, il médite un stratagème qui doit le rendre maître des valeureux Bretons; il simule une retraite; Mauclerc voyant les ennemis ainsi se retirer et jugeant qu'il ne serait pas prudent de s'engager dans la plaine, resta derrière les murailles de Nantes; mais Robert de Dreux, proche parent du roi Philippe, à la tête d'une petite troupe de Français, auxiliaires toujours fougueux, se précipite dans les campagnes. Le glaive du comte de Dreux se rougit du sang d'un grand nombre de Poitevins; il en envoya beaucoup en enfer, et en laissa d'autres gissant sur la terre blessés presque mourans. Enfin, fatigué d'un si grand carnage, il revenait sur ses pas avec ses compagnons au nombre de dix, que leur valeur aurait mis en droit de n'éprouver jamais aucun échec s'ils avaient appris à se défendre des embuscades et à se prémunir avec sagesse pour tout événement [1]. Mais tandis que le comte ne songe à rien qu'à se jeter en avant de sa personne, tout à coup, se présente une multitude de chevaliers qui entourent le malheureux Robert et ses braves com-

[1] Guill.-le-Breton, chant x.

pagnons d'armes. Ceux-ci sont obligés de se rendre, fatigués qu'ils sont après tant de carnage ; on les charge de fers tandis que le roi Jean marche bannière haute contre l'antique cité d'Angers ; elle se rendit, ou plutôt elle rentra avec joie sous la domination du fils des Plantagenets [1].

« A peine pourrait-on trouver ailleurs une ville plus riche, ou mieux ornée, ou plus abondante qu'Angers. De tout côté on ne voit que champs chargés de vignes, qui fournissent du bon vin aux Normands et aux Bretons, ce qui fait que les seigneurs de ces terres ne manquent jamais d'argent. Du côté du midi, la Loire aux ondes argentées enveloppe ses murailles ; vers le nord, la Mayenne rougeâtre la traverse, et de là, prolongeant son cours à deux milles environ, elle va tomber dans la Loire, perd son nom et change de couleur. Ainsi la Loire, la Mayenne et la Vienne réunies ne forment plus qu'un fleuve qui, répandant une grande fertilité, amène dans les villes des vaisseaux, embellit les campagnes ar-

---

[1] Gme.-le-Breton, chant. x.

rose de ses eaux poissonneuses le sein de la ville de Nantes, et fournit aux Bretons des milliers de saumons et de lamproies qu'ils transportent ensuite dans des pays éloignés, objet de commerce précieux pour eux, car ces poissons se conservent dans une gelée parfumée de girofles et de gingembre, et de diverses espèces d'herbes [1]. »

Les progrès du roi Jean dans le midi de la France devenaient de plus en plus alarmans; le prince Louis avait réuni une nombreuse chevalerie dans le Vermandois et le pays de Boulogne; il conservait des intelligences et ses libres communications avec toute la Bretagne. Il s'appuyait sur les provinces du centre de la France qui ne pouvaient supporter le nom même des Anglais.

Les premières dispositions faites, Louis s'avança en toute hâte vers le Poitou. Les avant-corps de bataille des Poitevins touchaient à Craon, et le roi Jean était occupé à faire le

[1] Millia salmonum muraenarumque ministrat
Britigenis, quos inde procul commercia mittunt
Cara, diù dum servat eis gelatina vigorem
Cum variis redolens gariophila gingiber herbis.
(Gme.-le-Breton, ch. x.)

SIÉGE DE LA ROCHE-AUX-MOINES.

siége du château de la Roche-aux-Moines. Les arbalètes et les arcs ne cessent de lancer des flèches. Les assiégés font tomber des morceaux de planches et de grosses pièces de bois, ne ménageant ni les poutres ni les charpentes des maisons, s'inquiétant peu des dommages qu'ils se font à eux-mêmes.

« Il y avait dans l'armée des Anglais un certain Enguerrand, homme très-grand de corps, au large front, dont les yeux rouges semblaient lancer des traits de feu, aux cheveux noirs, à la face livide [1]. Il avait la poitrine forte, les épaules élevées comme des tours, le crâne aplati, les joues bouffies, la bouche fendue et difforme, le nez crochu, les membres robustes et tels que peuvent les avoir les géans; son cœur inhumain était d'une telle férocité qu'il avait souvent brisé les portes des églises; ce qui l'avait rendu plus fameux encore par le nom de *Brise-Moutiers* [2]. Cet homme s'avançait à

---

[1] Engorrandus erat, vir corpore maximus, amplâ
Fronte patens, oculis saliente rubentibus igne,
Crine nigro; facie larvatâ, pectore grosso. *Ibid.*

[2] Fregerat ecclesias, fractura monasteriorum,
Addiderat nomen proprio famosius illi. *Ibid.*

l'abri de son large bouclier porté par un de ses écuyers valeureux; voilà qu'un nain tout trapu, qui défendait les murailles, le voyant ainsi s'approcher, songea comment il pourrait se débarrasser de ce terrible adversaire: son esprit, fertile en ruse, inventa un moyen qui lui réussit parfaitement. Voilà qu'il se met à tresser une ficelle très-forte et en même temps presque imperceptible; l'attachant ensuite à une flèche, il la lance contre le bouclier qui couvrait tout entier l'immense corps d'Enguerrand; le trait pénètre dans la triple peau du bouclier et s'y attache; alors le nain l'attire à lui avec force, et l'enlève ainsi à l'écuyer [1]. Le géant se trouve à découvert, et un trait d'arbalète, lancé d'une main adroite et puissante, eut bientôt renversé cette montagne armée; ce fut un cri de joie parmi les assiégés. On se moquait, du haut des tours, du roi Jean et de ses colères. «Roi, disait-on, éloigne-

[1] Une corde fist fort et grele, puis lia fermement l'un des chiefs (bout) de la corde au carrel par devers les pennons, l'autre chief de la corde attacha fort à un clou; puis il tendit l'arbaleste et envoya le carrel à toute la corde.......... li serjean demeura tout nu. Chroniqu. de St.Denis. Dm. Brial. Hist. de France, t. XVII, p. 404.

toi d'ici et laisse-nous en paix, de peur qu'il ne t'arrive une mort semblable. »

Plus furieux que jamais de telles moqueries, le roi anglais continuait le siège, faisait dresser des potences, et pendant vingt-un jours il poursuivit ses attaques contre un château aussi vivement défendu. Ces longueurs donnèrent le temps à Louis d'arriver.

Ce prince avait réuni sept mille archers ou arbalétriers, et près de dix mille lances. Jean commandait à des forces supérieures, dispersées sur un territoire resserré ; leur nombre n'effrayait point les Français ; ils ne cessaient de défier la chevalerie poitevine. «Roi Jean, viens combattre ou abandonne le siège, disaient-ils[1].» L'Anglais, dans un moment de courage, répondit : « Si vous venez, vous nous trouverez tous prêts à combattre, et plus vous arriverez promptement, plus promptement vous vous repentirez d'être venus[2]. »

Ses intentions étant bien connues d'après

---

[1] Ociùs ad pugnam, vel ab obsidione recedas.
(Gme-le-Breton. chant x).

[2] Si venies, nos invenies pugnare paratos ;
Quàm citiùs venies, citiùs venisse pigebit. *ibid.*

cette réponse, on se prépara à la bataille. Louis avait avec lui Clément, le maréchal, et Guillaume des Roches, tous deux vaillans, tous deux expérimentés dans les combats, et Amaury qui était seigneur de Sablé, Molihernes, Candé et Saumur. Ils amenaient quatre mille hommes d'armes au prince Louis. On riait beaucoup, dans le camp français, de la réponse arrogante de Jean, car connaissant sa lâcheté et sa couardise, on ne savait à quoi attribuer cet élan de valeur, chez lui qui, jusques-là, n'avait rien osé, si ce n'est la fuite.

Dans l'armée du roi anglais, tous les barons n'avaient ni le même courage ni la même fidélité. Aimeri de Thouars, prenant la parole, lui dit : « Que fais-tu en voulant attendre les fils de Paris et des bords de la Seine? ils sont braves, hardis, pour moi je n'ai point envie de les provoquer en rase campagne. Que chacun défende ce qui lui appartient; je m'en vais à Thouars, protéger mon beau château; ne persiste pas, du moins je te le conseille, à assiéger la Roche-aux-Moines; les Français peuvent te surprendre, et tu verras tout ce qu'ils osent, lorsqu'ils combattent en bataille.»

En disant ces mots, le comte de Thouars s'éloigna [1].

Le roi Jean avait envoyé quelques-uns de ses fidèles pour découvrir et constater les forces de Louis; ils revinrent, diminuant le nombre des chevaliers et des hommes d'armes; ils déclarèrent qu'on pouvait hardiment combattre. Encouragé par ce rapport, Jean fit sonner les trompettes pour rassembler son baronnage; mais les Poitevins dirent tous qu'ils n'étaient pas préparés à jouter en plaine [2]. Cependant attaqués par les Français, ils se défendaient avec vaillance, quand le roi anglais, saisi d'une terreur panique, se jeta à la hâte dans une petite barque sur la Loire. Lorsque les hommes d'un rang inférieur virent ainsi leur suzerain s'enfuir, ils quittèrent tous le combat, courant sur ses traces à travers la campagne et tous cherchant à franchir la ri-

---

[1] Aut cras aut hodie, quam fortior ille sit armis,
Experiêre tuis, aut tu robustior illo.

[2] Sed barones Pictaviæ, regem sequi contemnentes, dixerunt se ad campestre prælium non esse paratos. Matth. Paris ad ann. 1214, p. 150.

vière¹. Plusieurs milliers d'entre eux périrent dans les eaux, surchargés sous le poids de leurs armures de fer, « ils perdent ainsi la respiration et le souffle, préférant Neptune à Mars, quoique, ajoute Guillaume-le-Breton, ici dissertateur scolastique, ce premier genre de mort dans lequel l'âme ne trouve pas un souffle semblable à celui qui l'anime, soit par cela même plus insupportable que l'autre². Pendant ce temps, les Français frappent de leurs masses, de leurs glaives, de leurs lances, ceux qui évitant de se plonger dans les ondes du fleuve vont de toute part cherchant des asiles dans des lieux solitaires. »

Beaucoup de nobles Poitevins périrent dans cette déroute, et parmi eux Pains, seigneur de Rochefort. Il fut blessé d'un trait d'arbalète; on citait l'inexpugnable situation de

---

1 Ainsi s'enfuit parmi la Loire, au plus tôt qu'il pût, si perdit grant partie de sa gent qui en cette fuite furent pris et noiés. Chroniq. de St. Denis, Dm. Brial. Coll. des hist. de France. t. XVII, pag. 404.

2   Intolerabilior quamvis hac morte sit illa,
    Qua sibi consimilis animam non suscepit aër.

Guillaume-le-Breton. Chant X

son castel qui avait résisté à toutes les chevaleries; Hugues, seigneur de Limoges, que les serfs et les vilains, à cause de son teint hâlé, appelaient Hugues-le-Brun[1], fut aussi tué par les vaillans enfans de France.

Les vainqueurs firent un butin considérable; « des calices d'or, des vases d'argent, les brillans vêtemens des nobles, des ornemens pour la poitrine teints en écarlate et recouverts d'étoffe de soie, beaucoup de pièces de monnaie fabriquées avec des métaux resplendissans, les tentes du roi tissues en fil de diverses couleurs, des vases de cuisine, des mortiers en cuivre, des plats, des chaudières de bronze, enfin des armes répandues çà et là dans les champs, dépouilles précieuses et brillantes, tombèrent dans les mains avides de la foule et furent enlevées aussitôt[2]. »

Le prince Louis et ses barons se mirent à la poursuite du roi Jean; mais celui-ci avait gagné les provinces plus méridionales, les côtes de la Gascogne et de la Guyenne, et il fut

---

[1] La chronique de St.-Denis l'appelle Aimeri, « noble home de grant nom, né de Limosin, » ibid.

[2] Gme-le-Breton, ch. x.

impossible de l'atteindre; les chevaliers de France soumirent donc encore une fois les terres du Poitou et de l'Anjou; la colère de Louis se porta principalement sur la châtellenie de Thouars et sur Angers dont il rasa les murailles. Les communes furent abolies dans les cités; on priva les nobles hommes de leurs priviléges, et quelques-uns même de leurs fiefs. Le pays étant ainsi domptés, les Français se disposaient à aller joindre Philippe-Auguste dans la Flandre, lorsqu'on apprit qu'une grande bataille s'était donnée. Le roi avait vaincu à Bouvine.

CHAPITRE XXV.

Armée des confédérés dans la Flandre.—Dénombrement de leurs forces. — Parlement pour la guerre. — Préparatifs de Philippe-Auguste. — Convocation des barons.—Nombre des vassaux.—Communes.—Départ du roi. — Il arrive à Tournay. — Ordre des batailles. — Les gens de Soissons font la première attaque.—Mêlée de chevalerie.—Les Bourguignons et les gens de Flandre.—L'aile droite des confédérés est enfoncée.—Attaque au corps de bataille. — Philippe-Auguste est désarçonné et foulé aux pieds des chevaux. Le comte de Boulogne. — Othon prend la fuite. — Victoire complète des Français.

MAI A JUILLET 1214.

Lorsque Jean d'Angleterre portait ses armes dans le midi pour reconquérir ses belles provinces au-delà de la Loire, les confédérés se rassemblaient sur les frontières de la Flandre, afin de réaliser le gigantesque projet qu'ils avaient conçu de se partager la France et d'affaiblir la puissance cléricale dans les états chrétiens. Des parlemens s'étaient réunis; les envoyés respectifs avaient long-temps délibéré sur les moyens de pousser la guerre avec vigueur : Othon, les comtes de Boulogne et de Flandre, étaient convenus des principales résolutions de la bataille. Dès le mois de mai, les forces féodales convoquées se rendirent en foule sous le gonfanon de leur suzerain; Othon plaça ses tentes de jonc et de paille sur les bords de l'Escaut et à Mortagne.

Henri, comte ou duc de Brabant, formait la tête de l'armée [1]; il commandait à mille lances, toutes aguerries : le sire duc était tout à la fois beau-père d'Othon et gendre de Philippe-Auguste; il avait mieux aimé se liguer avec la grande confédération des seigneurs que de suivre le roi de France à la guerre. Ses chevaliers étaient campés sur la frontière même de la Flandre.

Derrière ce premier camp s'étendait la troupe des chevaliers lorrains, sous les ordres de Thibaut, leur duc; on disait dans le camp que,

---

[1] Territat inprimis nostri confinia regni
Othonis socer Henricus, cui mille catervas
Exhibet.............
(Gme.-le-Breton, ch. x.)

sous un air simple, les hommes de Lorraine cachaient beaucoup de finesse[1]. Ils étaient en général d'une stature élevée; leurs armes étaient pesantes et leurs chevaux bardés de fer.

Le duc de Limbourg, sire des Ardennes, conduisait un corps de lances très-nombreux, ses vassaux étaient de vigoureux tireurs d'arbalètes, habitués à la chasse du sanglier et à tous les exercices et les périls de ces poursuites dangereuses. Les farouches châtelains des Ardennes se plaisaient au milieu des batailles. Le duc de Limbourg suivait les étendards de l'empereur, dont il était l'homme-lige; mais son fils Galerand avait pris le parti du roi de France[2].

Les Saxons avaient dressé leur camp non loin des Ardennois. Fidèles à leur ancien duc Othon élevé à l'empire[3], ils couraient satisfaire dans les champs de la France leur vieille haine contre Charlemagne qui les avait refoulés dans la

---

[1] Qui, cùm simplicibus soleant sermonibus uti,
Non tamen in factis ita delirare videntur.   *Ibid.*

[2] Nec tamen ipsius Galeranus filius ipso
Cum patre dignatur Othonis fautor haberi,
Regis amicitiam et Francorum perdere nolens.   *Ibid.*

[3] Lætiùs arma movent . . . .   *Ibid.*

Prusse il y avait moins de trois siècles. Les Westphaliens marchaient après eux sous les ordres de Conrad.

Les comtes de Frise et de Hollande avaient convoqué sous leurs gonfanons une race de chevaliers hardis mais barbares : quinze mille lances s'agitaient au son des cornets à bouquins et d'une sorte de trompette de cuivre naguère inventée à Utrecht.

Le comte de Flandre était à la tête de troupes nombreuses et pleines d'ardeur. Outre ses chevaliers possédant fiefs et châtellenies, il comptait sous ses bannières les sergens d'armes des communes d'Ypres, de Gand[1], de Lille, de Bruges, d'Oudenarde et de Courtrai; toutes ces cités se souvenaient que naguères le roi de France les avait soumises à des levées d'argent, à des tributs, et porté la désolation dans leurs murs[2].

Le comte de Sarisbury conduisait quatre-vingt-dix mille Anglais débarqués sur les

---

1. Millia, quæ portis vomuit Gandavus apertis. *Ibid.*
2. Corde tenens memori quales exsolverit anno
Præterito, pœnas quantas perpessa sit ipsa
Jacturas tunc pro meritis a rege Philippo. *Ibid.*

côtes de Flandre d'après le traité conclu entre Jean d'Angleterre et le comte Fernand; cependant cette forte armée ne comptait que dix mille chevaliers, le reste se composait d'hommes des communes et de servans de bataille.

Le jovial comte de Boulogne n'amenait avec lui que Hugues, seigneur de Boves; ses terres avaient été confisquées par le roi de France; il n'avait pu faire ses convocations féodales dans ses fiefs et ses châtellenies. D'étroites liaisons unissaient ces deux chevaliers. Le comte de Boulogne avait abandonné sa femme pour faire entrer dans sa couche une douce mie, et celle-ci, abandonnant son propre mari pour des amours adultères, suivait son amant dans le camp des confédérés[1].

Toutes ces forces réunies s'élevaient, selon les chroniques, à plus de deux cent mille combattans placés sous quinze cents bannières de toutes couleurs, où se trouvaient reproduites

---

[1] Cujus germanam faciens tibi collateralem
Participemque tori, meretricis captus amore,
Circumducebas bellorum tempore in ipso, etc. *ibid.*

les armoiries des comtes, des patrons de villes, protecteurs des bourgeois.

Sur la convocation de leurs barons respectifs, les chevaliers, hommes d'armes, se réunirent dans une vaste plaine aux environs de Mortagne ; Othon se plaça au milieu d'un groupe ; il était au pied d'un char immense sur lequel planaient les insignes de l'empire, l'étendard de pourpre, l'aigle d'or, vieux souvenirs de Rome, le sceptre surmonté de la boule ou bulle dont l'empreinte servait de scel aux chartes impériales. Toute cette multitude armée défila devant lui, et les chevaliers poussèrent des cris d'armes de joie et d'ovation dans leur langue germanique.

Alors l'empereur réunit dans sa tente ses amis et leur dit[1] : « Sires comtes, vous savez que nous ne serons jamais tranquilles dans nos terres tant que Philippe règnera en France. Le pape, sûr de son appui, jette des interdits,

---

[1] Je rapporte ici textuellement le discours que le chroniqueur poëte, Gme-le-Breton, place dans la bouche de l'empereur Othon. Il est empreint de la couleur locale, mais je dois faire remarquer qu'il est très-possible que pour rendre odieuse à l'église et à la France la confédération, le chroniqueur ait exagéré les projets des princes et vassaux qui menaçaient d'envahir le territoire féodal.

nous excommunie, délie nos sujets du serment de fidélité, car Philippe prend la cause des clercs, comme s'il s'agissait de ses propres intérêts[1]; il se fait un jeu de dépouiller les grands et les nobles hommes; il n'a pas craint de déshériter le roi Jean de tous ses fiefs de France. Il est donc nécessaire de nous en débarrasser par la mort. »

« Bien dites, répondirent les comtes. Mais partageons ses terres, le pays de France doit nous payer de nos dépenses. »

Un premier traité avait été conclu, comme on l'a vu, pour le partage des fiefs du roi Philippe, mais de nouveaux combattans étant accourus sous des chefs qui n'avaient rien obtenu dans la première distribution, Othon procéda, de concert avec eux, à une plus complète répartition des provinces de la conquête. « Renaud de Boulogne, dit-il, tu auras Péronne et tout le Vermandois; toi Fernand, comte de Flandre, prends Paris et sa comté[2]; Hugues de Boves aura la seigneurie

---

[1] Et cleri causam propriam quasi semper habente
Nos ita præsumit anathemate Papa ferire
Atque fide nostros proceres absolvere nostrâ..

[2] . . . . Quod tu, Reginalde,
Appropries tibi cum totâ Viromanne Peronam,
Parisium, Fernande, tibi concedimus; .. .

de Beauvais[1]; le comte de Sarisbury deviendra sire de Dreux; Gérard de Randeradt aura Château-Landon et le Gâtinais; Conrad, sire de Dortmund, obtiendra la propriété de Mantes et du Vexin; la ville de Sens et le fertile territoire de l'Yonne, tout le pays qui est situé entre Moret et Montargis, appartiendront au sire Hervey, comte de Nevers. Chaque noble chevalier recevra des terres, soit dans les territoires qui doivent m'échoir, soit dans ceux qui reviendront à Jean d'Angleterre, mon allié. »

Un bruyant murmure se fit entendre. « Bien dites, Sire empereur, » s'écria-t-on encore de toutes parts.

« Ceci n'est pas tout, reprit Othon; quant aux hommes du clergé et aux moines, que Philippe exalte et protège, il faut nous en débarrasser; il faut les mettre à mort ou les déporter de telle sorte qu'ils ne soient qu'en très-petit nombre; que leurs ressources soient réduites, et qu'ils ne vivent plus que du produit des offrandes. A leur place, que les chevaliers et les nobles hommes, qui soutien-

---

[1] . . . . Hugo
Belvacum, Drocas habeat Salabericus heros.

nent la guerre par les armes, reçoivent les terres cléricales [1]. C'est ainsi que je me suis conduit dans l'Empire, après mon élection. J'ai promulgué un édit afin que les églises ne possédassent plus que les dîmes et les offrandes; quant aux fiefs et aux domaines les clercs doivent nous les abandonner. Lorsqu'ils ont refusé de m'obéir, je les ai privés même de leurs dîmes; j'ajoute de cette manière une loi à celle de Charles-Martel; il me sera permis d'enchaîner l'avidité des moines par mes décrets, pour qu'ils sachent se contenter des prémices des champs. N'est-il pas préférable que les chevaliers, les nobles hommes pleins de valeur, possèdent des terres abondantes, plutôt que ces clercs paresseux nés seulement pour consommer les grains, qui vivent d'oisiveté, et

---

[1] Clerum autem et monachos, quos sic exaltat amatque
Protegit et vigili defendit corde Philippus,
Aut occidamus, aut deportemus oportet,
Sic tamen ut pauci maneant, quibus arcta facultas
Sit satis, oblatâ tantummodò qui stipe vivant
Villas et decimas majores miles habeto,
Et quibus est curæ respublica, qui populos, qui
Pugnando faciunt in pace quiescere clerum.

s'adonnent au vin et aux femmes. La crapule fait gonfler leurs membres, incessamment engraissés, et charge leur ventre d'un énorme embonpoint [1].

» Le pape m'a fait des remontrances. Je m'en suis moqué. Pour le lui prouver, j'ai saisi Montefiascone, Aquapendente, Bitilia, Viterbe et Civita-Vecchia. S'il me poursuit encore, je lui prendrai Rome même. »

A ces mots un gros rire contre le St.-Père, éclata parmi la foule. Vieux et jeunes jouissaient, par avance, de l'idée de s'emparer des opulens prieurés de Citeaux et de Clairvaux, et de boire du bon vin dans les celliers des riches abbayes. Cette confiscation avait plu, à toutes les époques, aux hommes de race germaine ; les terres du clergé, bien tenues, bien soignées, faisaient l'envie des chatelains [2] ; la piété, au lit de la mort, pouvait bien accumuler les largesses sur les chasses des monastères,

[1] Qui frustrà vivunt, quorum labor omnis in hoc est
Ut Bacho Veneriquè vacent, quibus inflat obesis
Crapula colla toris, oneratque abdomine ventres!

[2] On se souvenait peut-être encore des grandes et bonnes confiscations sous Charles-Martel.

mais l'esprit de rapine et de pillage dominait pendant la vie, et peu de barons se refusaient la confiscation des bonnes prébendes sur les moines leurs voisins.

Pendant que les confédérés se partageaient ainsi le beau royaume de France, et se réjouissaient par avance de s'établir au milieu des champs de la Bourgogne et de la Normandie, Philippe-Auguste, prévenu de tous leurs desseins, faisait de nouveau publier, en toutes ses châtellenies et communes, le ban et l'arrière-ban. Dans les périls qui menaçaient le territoire féodal, tous les vassaux étaient tenus de prendre les armes et de répondre à l'appel du suzerain. Comme les confédérés poursuivaient également le clergé, on lut dans toutes les églises, des admonitions aux archers et bourgeois [1], pour qu'ils eussent à se réunir sous les gonfanons de leurs seigneurs ou magistrats. Les barons demeurés fidèles à Philippe savaient qu'ils devaient être dépouillés de leurs terres, au cas où la coalition triom-

[1] Exercitu magno congregato comitum, baronum, militum et servientium, peditum et equitum, cum communibus villarum et civitatibus. Mathieu. Par. ad ann. 1214.

pherait, et cette conviction leur avait donné quelque énergie pour la défense du territoire.

Parmi les Français qui marchaient pour s'opposer à l'invasion germanique par la Flandre, on comptait d'abord le fameux chevalier Des Barres, un des plus fidèles vassaux du roi et le plus vaillant des chevaliers ; Gérard-la-Truye et Pierre-le-mauvais-Voisin, inébranlable dans les batailles; Galon de Montigny, à qui la bannière royale était confiée; Jean, seigneur de Rumigni ; tous ces nobles hommes conduisaient à la guerre environ deux cents chevaliers de la terre de Champagne[1].

Après les Champenois venaient encore quelques centaines de lances, conduites par Mathieu de Montmorency, Jean comte de Beaumont, Etienne comte de Sancerre, Michel seigneur de Harmes, et Hugues Malaunes, tous vaillans paladins, et d'une origine glorieuse.

Ce brillant baronnage, réuni à la cour de Paris, voyait aussi le guerroyant évêque de

---

[1] .... Nec Montinianum
Galonem taceam, qui, mente immobilis ut mons
Vexillum regale die portavit in illo.

Ibid.

Beauvais, de race royale; Robert de Chatillon, évêque de Laon ; Gaucher[1], son frère, autrefois comte de Chatillon et aujourd'hui sire de Saint-Paul; le comte de Ponthieu, l'époux de cette malheureuse Alix, sœur de Philippe-Auguste, séduite par le vieux Henri, quelque temps repentante, puis s'adonnant avec abandon, aux jeunes varlets et aux troubadours.

Deux mille suivans d'armes et cinquante chevaliers accompagnaient Thomas, noble héritier de Saint-Valery, sire de Gamaches[2]; on vantait beaucoup ses richesses et les vastes seigneuries où son gonfanon de comte était arboré. La Normandie, depuis quelque temps réunie à la couronne, avait fourni son contingent en cette guerre; Etienne, seigneur de Longchamps, conduisait soixante-dix chevaliers et trois mille servans de famille normande. On voyait, parmi eux, grande foison de nobles hommes, le connétable Thomas de Humet, Raoul Texon, les deux frères Paganel, vaillans comme des lions; Guillaume

---

[1]   Gaucherus, quo nemo alius laudatior armis.   *Ibid.*
[2]   Gamachiis dominans, vicosque et plurima sub se
     Castra tenens, clarus dominatu, clarior ortu.   *Ibid.*

Bacon, Jean de Pradel, Gilbert de l'Aigle, Guillaume de Mortemart, Raoul Bigot, Arnould de Créqui; tous s'étaient rendus à la sommation du roi, mais leurs mauvais propos, leurs dires et leurs médisances faisaient voir qu'ils n'avaient pas pour Philippe, nouveau duc de Normandie, le même attachement, la même fidélité que pour les rois de leur race, qui long-temps gouvernèrent l'Angleterre.

De tous les grands vassaux, Eudes, duc de Bourgogne, seul suivait le roi en personne. « La crainte et le respect, dit Guillaume-le-Breton, qu'inspirent sa valeur et sa renommée se répandent au loin dans une immense étendue de pays; il tient sous ses lois les peuples au milieu desquels serpente la rivière du Doubs située au-delà de la Saône, le pays qui s'étend du Rhône jusqu'à Vienne, les habitans de Pontarlier enrichis par une grande quantité de sapins, les citoyens de Langres et des Vosges qui touchent aux frontières de l'Allemagne, tout le territoire depuis le pays de France jusqu'aux Alpes. » Le duc de Bourgogne avait levé, pour le service du roi, plus de huit cents lances et trente mille sergens d'armes.

Gauthier de Nemours, Barthélemy de Roye, Guillaume de Garlande, s'étaient présentés en même temps que le duc de Bourgogne pour défendre le territoire menacé.

Toute cette brillante chevalerie se réunit en la cour de Paris afin de délibérer sur la guerre. « Sire roi, dit le duc de Bourgogne, il est dur de quitter si souvent son pays[1], ses bons châteaux et sa table d'hiver; mais cette fois il nous serait plus pénible de revenir sans avoir atteint cette race germanique. Amis, que personne ne retourne dans ses foyers sans avoir combattu. »

Le roi dit : « Je t'approuve, noble Eudes ; que les services militaires de mes barons soient prolongés pour cette fois; ceci ne sera pas coutume. »

Tous répondirent : « Oui, sire roi, car il s'agit de défendre nos terres. » Et l'on résolut de prolonger le ban féodal tant que l'invasion serait menaçante.

Les hérauts d'armes promulguèrent le jour

---

[1] Nam, licèt à patriâ grave sit tam sæpè venire,
Plus tamen in patriam sine marte redire gravamur.

du départ sous les tentes, et depuis ce moment on se livra aux actes de piété. On visita les monastères, l'abbaye de St.-Denis, les châsses bénites, et comme il s'agissait d'une guerre entreprise pour la défense des clercs aussi bien que pour celle des laïques, les moines confièrent au roi la fameuse Oriflamme que les comtes de Paris, comme avocats et protecteurs de Saint-Denis, avaient toujours portée afin de soutenir les droits et les terres de l'abbaye au jour où ils étaient menacés. Philippe la reçut de l'abbé qui l'arracha avec quelque peine de dessus la châsse des martyrs qu'elle ombrageait.

Le rendez-vous de l'armée de France fut à Péronne où tous les vaillans hommes se trouvèrent rassemblés le 10 juillet. Le 23 ils étaient à Tournay. La *monstre* ou revue y fut passée[1] : on compta cinq mille chevaliers, cinquante mille servans d'armes. Dans cette ville vinrent se réunir aux barons, par suite de la publication de l'arrière-ban, les communes et leurs bourgeois.

La première qui s'avançait en tête était la

[1] « Le lendemain de la feste de Ste. Magdeleine vint jusqu'à la cité de Torney ». Chroniq. de St.-Denis, ad 1214.

commune d'Amiens : la confrérie des gantiers avait fourni dix hommes; celle des tréfileurs d'or, quinze; les enlumineurs d'images, vingt; les bouchers, vendeurs de poisson et pêcheurs à la ligne, vingt-cinq; ils portaient une même bannière où se voyait peint le chef de saint Martin, leur patron. Puis venaient Beauvais avec ses bourgeois gras et forts, à la mine rebondie; Chartres, qui préférait sa liberté à son évêque; Compiègne, Nevers, dont les habitans valaient des chevaliers; Péronne aussi avait fourni son contingent. Les barons hautains riaient sous leurs casques de l'air peu martial de ces vilains habillés de vert ou de gris, sans cotte de mailles, armés de masses, d'arbalètes, d'arcs et de haches aiguës; mais ils virent bien, au fort de la bataille, qu'il ne fallait pas s'en moquer. Les bons bourgeois frappèrent dru et ferme comme chevaliers expérimentés [1].

L'armée de France campait devant Tournay lorsque les confédérés, étendant leur ligne, débouchèrent par Courtray, Mons et Lille,

---

[1] Duchesne *scriptor rerum normanor*, a publié le rôle des prisonniers faits par les communes et remis aux baillis après la bataille de Bouvine; ils sont nombreux; nous donnerons ces détails plus tard.

afin de l'envelopper. Ils étaient si sûrs de leur victoire qu'ils portaient, sur des charriots, des cordes, des lacets, pour conduire enchaînés les principaux barons de France et le roi lui-même[1]. Cette large manœuvre opérée par trois points différens, avec des forces supérieures, décida Philippe à la retraite sur Péronne. « Il est impossible, dit-il, aux chevaliers, de combattre dans la position que nous avons choisie; nos chevaux ne peuvent agir avec dextérité; retournons vers Péronne; il est de grandes plaines près de Cambray, derrière le pont de Bouvine; c'est là où nous livrerons bataille. Le duc de Bourgogne s'est souvent plaint de la longueur de la guerre, nous en finirons en un seul jour. »

La retraite fut ordonnée, et les chevaliers, obéissant aux ordres du roi, se retirèrent devant les masses germaines et anglaises qui s'avançaient avec d'autant plus de précipitation qu'elles venaient d'apprendre que l'armée de

[1] Lors fit la reine de Portugal (la douairière de Flandre) charger quatre charrettées de cordes et les envoya en l'ost après Ferrant pour faire iens à lier François. Chroniq. de St.-Denis, Dm. Brial. t. xvii, p. 414, aux notes.

France fuyait en désordre vers Bouvine. Othon voulait l'atteindre avant le passage du pont étroit où deux chevaux ne pouvaient marcher de front, afin de la détruire avec plus de facilité.[1] Ce fut par le conseil d'Hugues de Boves que les confédérés engagèrent la bataille; Hugues était impatient de jouir des belles terres qu'on lui avait promises dans le partage[2].
« Toute cette multitude de barbares inonde les campagnes comme une légion de sauterelles; ni la forêt obstruée par les branches de saules verdoyans, ni le marais tout couvert de joncs et de fondrières, ni la terre toute fangeuse et salie de boues et de glaïeuls ne peuvent ralentir leur marche[3]. »

Garin, évêque de Senlis, l'ami le plus intime, le confident le plus cher de Philippe[4], commandait le dernier corps de bataille pour couvrir la retraite des chevaliers de France;

[1] La chronique de St.-Denis dit : « Parce que les entrées estaient étroites et griées. »
[2] Math. Paris, ad ann. 1214.
[3] Gme-le-Breton, chant xi.
[4] «Frère l'appelons, dit la chronique de St.-Denis, parce qu'il est frère profès de l'hôpital et en portait toujours l'habit, » *Ibid.* p. 405.

souvent il quittait le corps de ses chevaliers, et grimpant sur les hauteurs, il cherchait à voir quelle était la marche des confédérés. Tandis que les Français précipitaient la retraite, leurs bannières flottantes dans les airs, Garin, suivi de quelques hommes, vint jusqu'à Mortagne; désirant apprendre quelques nouvelles, il monta sur un tertre assez élevé, et ses regards s'étendant au loin, il aperçut des forêts de lances couvrant l'horizon comme autant de points noirs; il était même impossible de les embrasser d'un seul coup d'œil; les casques, frappés par le soleil, répandaient une vive lumière; les flancs des chevaux étaient jaunis par la rouille, le balancement des gonfanons agitait l'air. Alors Garin dit à un des chevaliers qui l'accompagnaient : « Reste ici pour suivre les mouvemens des confédérés; tandis que je vais prévenir le roi d'arranger les batailles, car il n'a confiance qu'en moi[1]. »

En effet, l'évêque vint avertir le roi que l'ennemi s'avançait en masse; Philippe manda ses barons pour requérir quel conseil il fallait suivre. « Mais ils ne s'accordèrent pas mult à la

---

[1] ...... Alii non crederet ipse. *Ibid.*

bataille, et dirent qu'il fallait toujours se retraire, jusqu'à ce qu'on eût passé le pont. » D'ailleurs, dirent-ils, c'est un jour de dimanche, les confédérés n'oseront pas violer par une bataille le saint temps du repos, et nous en profiterons pour mettre la rivière entre eux et nous. Cet avis fut adopté par le roi.

Tandis que Philippe se reposait à l'ombre d'un frêne [1], tout auprès d'une petite chapelle, accourent haletans, deux messagers des barons qui étaient en la bataille d'arrière-garde. « Sire roi, dirent-ils, le vicomte de Melun et les hommes légèrement armés, sont en grand péril ; les confédérés les ont vivement attaqués, le vicomte ne répond pas qu'il puisse résister. »

A ces mots le roi dit: « Eh bien ! il faut combattre, » et entrant dans la chapelle auprès du frêne, il s'agenouilla. « Voici que le Seigneur me donne ce que je désirais [2]; la bataille arrive.

---

[1] Tandis com li rois se reposait un petit desoz l'ombre d'un fresne. Chroniq. de St.-Denis, ibid. t. xvii, p. 406.

[2] Ecce quod optabam dominus mihi contulit ultrò ;
Ecce supra meritum, præter spem, gratia nobis
Sola Dei confert quod votum præterit omne.
(Guill.-le-Breton, chant xi).

Dieu coupera avec nos glaives les membres de ses ennemis; ce sera lui qui frappera, et nous serons le marteau; il sera le chef de tout le combat et nous serons ses ministres; je ne doute pas que la victoire ne se déclare favorable, qu'il ne triomphe par nous, et que nous triomphions par lui de ses propres ennemis qui lui portent tant de haine. Othon est un impie qui ose menacer l'Église de la dépouiller de ses biens; nous, au contraire, nous sommes en communion avec le Saint-Père, et nous chérissons les clercs comme ils nous aiment d'une tendre affection. Que ce combat soit destiné à vaincre, non pour moi, mais pour vous et le royaume [1]. »

Cette prière dite à haute voix, fut entendue et applaudie; puis, le roi s'arma hâtivement, monta à cheval avec autant de dextérité et de

---

[1] Ce sont là les seules paroles, comme on le voit très-cléricales, que les chroniqueurs contemporains placent dans la bouche de Philippe-Auguste. Je n'ai rien trouvé sur la pompeuse cérémonie que quelques modernes ont rapportée et qui a servi de sujet à un beau tableau de M. Horace Vernet. Elle n'était point dans les habitudes de l'époque : tous ces discours à la Louis XIV, tout ce grandiose à la Napoléon, sont étrangers aux mœurs du 13ᵉ siècle et au système de fidélité féodale.

LES DEUX ARMÉES A BOUVINE.

joie, que s'il devait aller à une noce ou à une fête. Alors, les hérauts d'armes crièrent : « Aux armes, barons! aux armes! » Trompes et bucines commencèrent à retentir, et les chevaliers qui avaient déjà passé le pont, revinrent sur leurs pas pour se ranger en la bataille ; les clercs qui étaient présents, derrière le roi, et particulièrement Guillaume-le-Breton entonnèrent les Psaumes de David[1].

Les deux armées s'étendirent dans les plaines de Bouvine, le jour de dimanche, 27 juillet 1214[2]. Othon avait éprouvé quelque surprise de la subite volte-face des Français; néanmoins, il déploya ses lignes, embrassant le plus vaste développement. Les soldats de race germaine ou anglaise, furent grandement in-

---

[1] Je vais suivre, pour tout le récit de cette bataille, Guillaume-le-Breton, en le comparant avec la chronique de St.-Denis. Guillaume était présent à la bataille, derrière le roi : « In ipsâ horâ stabant retro regem, non procul ab isto, capellanus qui scripsit hæc, et quidam clericus qui, audito tubarum clangore, cecinerunt psalmum : benedictus Deus meus, qui docet manus meas ad prœlium. » Les chroniques de St.-Denis sont comme le registre officiel de cette époque.

[2] Facta est hæc belli congressio mense julio, VI Kalend. Augusti. Math. Paris, ad ann. 1214. Ce qui tombe précisément au 27 juillet.

commodés du soleil dont les rayons frappaient leurs yeux ; toutes les manœuvres qu'ils firent afin d'éviter cette position malheureuse pour le combat, n'y purent rien. Le front de l'armée allemande s'étendait environ sur deux mille pas ; c'était comme une vaste barre de fer luisant. Au milieu d'un carré de lances très-profond, Othon s'était placé avec l'étendard de l'empire, entouré de faisceaux d'armes, et traîné sur un vaste char. On voyait le dragon enlacé au pal, et l'aigle planant au-dessus [1].

Le roi avait confié l'ordre des batailles à l'évêque Garin, plein d'expérience des choses de la guerre et qui avait fait ses études de Polybe et des anciens. Le guerroyant évêque, quoique à la tête d'une armée moins nombreuse, vit bien qu'il fallait étendre également les ailes pour ne pas se laisser déborder par l'ennemi [2]. Le premier front de bataille occupa un espace de mille et quarante pas. L'évêque de Senlis s'en était réservé le commandement ; on y voyait le duc de Bourgogne, Matthieu

---

[1] Erigit in carro palum, paloque draconem
      Implicat, ut possit procul hinc atque inde videri.
[2] Chroniq. de St.-Denis. Dm. Brial, t. xvii, p. 46.

de Montmorency, le comte de Beaumont, le vicomte de Melun et le comte de St.-Paul. On avait soupçonné celui-ci d'intelligence avec les confédérés. Interrogé par l'évêque, il répondit : « Frère Garin, par la foi que je vous dois et les coups que je vais férir, le roi aura en moi aujourd'hui un bon traître, et bien s'en apercevra l'ennemi[1]. » En ce corps de bataille était l'oriflamme, tissu de soie d'un rouge éclatant, en tout point semblable aux bannières dont on a coutume de se servir pour les processions de l'Église en de certains jours fixés par l'usage. Son droit était d'être portée en avant de toutes les autres bannières, et l'abbé de St.-Denis avait coutume de la remettre au roi lorsqu'il partait pour une guerre sacrée[2].

---

[1] Chroniq. de St.-Denis, p. 407 aux notes.
[2]   Vexillum simplex, cendato simplice textum,
   Splendoris rubei, letbania qualiter uti
   Ecclesiana solet certis ex more diebus :
   Quod cùm flamma habeat vulgariter aurea nomen,
   Omnibus in bellis habet omnia signa proeire,
   Quod regi præstare solet Dionysius abbas
   Ad bellum quoties sumptis proficiscitur armis.
                          Chant xi.

Derrière l'oriflamme de St.-Denis était ce qu'on appelait la bataille du roi, où se trouvait Philippe entouré d'une nombreuse chevalerie, Guillaume des Barres, Barthélemy de Roye, Gautier le jeune, Pierre de Mauvoisin, Étienne de Longchamp, Guillaume de Mortemart, Guillaume de Garlande; ils défendaient leur suzerain comme hommes liges, vieille tradition de la fidélité germanique.

Le roi parcourant les rangs pressés de sa chevalerie disait à haute voix : «Seigneurs barons, notre fiance doit être en Dieu; Othon et tous les siens sont excommuniés par notre saint père l'apostole parce qu'ils sont ennemis des choses de sainte Église; les deniers qui leur sont donnés ont été acquis des rapines des clercs et des moustiers (monastères). Mais nous sommes fidèles et devons avoir la victoire [1].

On répondit à cette harangue par de longues acclamations. Tandis que l'évêque de Senlis continuait à ranger la chevalerie française en bataille, mettant toujours les plus hardis en avant, et ceux dont le cœur était moins haut en arrière, il leur répé-

---

[1] Chroniq. de St.-Denis, *ibid.*, p. 407.

tait : « Sires chevaliers, le champ est grand ; élargissez-vous parmi vos rangs, afin que vos ennemis ne vous enlacent. Arrangez-vous de telle manière que vous puissiez combattre tous ensemble en un même instant et sur une même ligne[1]. »

La bataille s'engagea par 150 sergens d'armes à cheval qui fondirent sur les chevaliers allemands et flamands; c'étaient gens de la commune de Soissons[2] qui montrèrent ainsi une courageuse ardeur. Les nobles hommes de Flandre et de Germanie ne bougèrent pas de leur rang, « car ils eurent grand desdaing de ce qu'ils étaient premièrement attaqués par sergens, et non mie par chevaliers. » Ils ne voulaient pas riposter contre les coups de ces gens de menu peuple. Mais quand ils se virent pressés, leurs chevaux blessés, par ces braves bourgeois de Soissons, qui, ne pensant pas qu'il fallût agir mollement, les renversaient

---

[1] Chroniq. de St.-Denis *ibid*, .
[2] Il envoya avant C. et L. serjanz à cheval pour commencier la bataille...... Li serjanz si estaient nés de la vallée de Soissons, plain de grant prouesse et ne se combattaient pas moins vertueusement à pié que à cheval. P. 407 et 408.

de leurs chevaux avec rudesse et les foulaient aux pieds; alors les Flamands s'ébranlent et chargent les sergens; une fois ces bourgeois dispersés, Eustache de Maquilin, chevalier de Flandre, s'élance dans la plaine poussant ce cri : *Mort aux Français* [1] ; il est suivi d'une multitude de nobles hommes qui viennent provoquer les barons de France.

Michel des Harmes sort des rangs et se précipite contre Eustache qui continuait à crier : *Mort aux Français*, et lui transperce son bouclier [2]; Eustache fond sur son adversaire la lance en arrêt; il atteint le cheval qui, blessé à mort, se roule sur la terre avec son maître. Alors volent à son secours, Hugues de Malaune, Pierre de Rheims, le comte de Beaumont, le comte de Sancerre, Gaucher de Châtillon et Matthieu de Montmorency. Le comte Fernand, accompagné de ses chevaliers de Flandre, court s'opposer à leurs rudes coups. Le combat s'engage corps-à-corps; on ne

---

[1] Chroniq. de St.-Denis, Brial, t. xvii, p. 46.

[2] Un chevalier de leurs gens qui estoit nomez Eustaces-Maquelines, commença à crier à haute voix par grant orgueil : *A la mort! à la mort aux Français!* p. 408.

voit que haches d'armes levées se promenant sur les hauts cimiers! les glaives sont tirés, mais le fer ne peut atteindre les nobles hommes « tant ils ont revêtu leurs corps de mailles de fer, de pièces de cuir, et de dures armures. » Michel des Harmes, aidé de ses compagnons, se releva de dessous son cheval horriblement fatigué, et remontant sur un nouveau coursier, il s'élance encore contre Eustache de Maquilin; il le serre dans ses bras vigoureux, lui enlève son casque, et après lui avoir découvert le visage et la gorge, il le frappe en disant : « Tu criais *mort aux Français;* eh bien, voilà ce qu'ils t'envoient [1]. » Dans cette première mêlée Gauthier de Ghistelle fut fait prisonnier par les chevaliers de France; il avait désarçonné Hugues de Malaune, mais celui-ci se raffermissant sur ses étriers, le frappa avec tant de force, qu'il le contraignit de se rendre. Il y avait aussi un jeune et joyeux chevalier flamand qui allait dans la mêlée criant à haute voix : *Que chacun maintenant*

---

[1] Mortem quam Francis inclamas accipe, dixit.
Guillaume-le-Breton, *Ibid.*

se souvienne de sa belle[1] ; il fut renversé et forcé de rendre son épée.

Le duc de Bourgogne commençait l'attaque sur un autre point ; il se jette, tête baissée, vers l'épaisse troupe de Flamands, mais dans l'impuissance de le blesser, les bourgeois de Lille et de Tournay s'attachent à son cheval, le piquent du poignant de leurs javelots. « Ah ! canaille, maudits serfs, dit le duc, vous allez voir. » Mais tandis qu'il cherche à se faire jour, voilà que son fidèle coursier, affaibli par l'effusion de son sang, fléchit et se roule sur la terre avec son maître ; il était si gras ce pauvre duc qu'il ne put se relever. « A l'aide ! à l'aide ! » criait-il ; personne ne venait, lorsqu'un groupe de Bourguignons arriva tout à temps pour l'empêcher d'être foulé aux pieds des chevaux. Comme ses fidèles lui disaient de passer derrière eux : « Il n'en sera rien, répondit-il, j'ai perdu mon dextrier chéri, mon honneur exige que je coure le venger[2]. » Le voilà donc qui se pré-

---

[1] . . . . Qui quasi udens
Clamabat. *Nunc quisque suæ memor esto puellæ !* Ibid.

[2] Immò, ait, amissi dum me vectoris in hostem
Dedecorisque mei memorem calor excitat iræ
Dedecori decus est vindictam reddere nostro.
Guillaume-le-Breton, chant xi.

cipite de plus belle sur les gens de Flandre.

Ce fut une rude bataille. Vous eussiez vu les morceaux de soie attachés au haut des armes pour faire reconnaître chaque chevalier frappés et déchirés en mille lambeaux, par les flèches, les masses, les glaives et les lances. Quant aux hommes, l'un est couché sur le sol, les jambes en l'air, l'autre tombe sur les flancs, un troisième est précipité la tête la première et se remplit de sable les yeux, le nez et la bouche; à peine y a-t-il une place où l'on ne trouve des cadavres étendus ou des chevaux expirans[1]. »

Parmi ces combattans le comte de Saint-Paul se faisait remarquer par le plus chevaleresque courage. « Semblable à l'épervier qui disperse les canards effrayés, » il chasse devant lui tous ceux qu'il rencontre. Épuisé de fatigue, le comte s'était un peu retiré à l'écart des batailles, lorsqu'il apprit qu'un de ses fidèles avait été fait prisonnier par les gens de Flandre; alors, baissant sa lance et embrassant le cou de son bouillant coursier, il se précipite

[1] Cruribus inversis jacet hic resupinus arenâ,
Hic latere obliquo ruit, alter vertice prono
Labitur, atque oculis exhaurit et ore suburram. *Ibid.*

dans la mêlée et transperce la foule en telle manière qu'il vint à son chevalier; « lors se dressa sur ses extriers, tira l'épée et en départit de si grands coups qu'il rompit la presse de ses ennemis, et quand il eut son chevalier délivré de leurs mains, à grand péril, il retourna en sa bataille, et, comme le témoignèrent ceux qui le virent, il fut en si grand péril de mort qu'il fut frappé de douze lances en ce même moment, mais ils ne purent le trébucher, ni lui, ni son cheval [1]. »

Dans cette confusion où, selon le chroniqueur dévot de Saint-Denis, « Pallas, la déesse des batailles, voletait en l'air, ainsi, comme elle ne savait à qui donner la victoire, » le comte Fernand de Flandre haletant, blessé, se traînait à peine au milieu des combattans. Il n'y avait pas à espérer de quartier de la part des hommes du commun; le comte aperçut les deux frères Hugues et Jean de Mareuil frappant d'estoc et de taille; il leur remit son épée et se rendit à discrétion. Les gens de Flandre voyant leur comte prisonnier, s'enfuirent à toutes jambes.

[1] Chroniq. de St.-Denis, *ibid.*, p. 447.

Au centre de la bataille le combat n'avait pas des chances égales. Après la défaite des gens de Flandre, **les archers des communes et principalement les bourgeois de Corbie, d'Amiens, d'Arras, de Beauvais, de Compiègne**, accoururent en toute hâte pour se réunir autour de l'oriflamme de Saint-Denis, en avant des chevaliers du roi, alors engagés avec le corps d'armée d'Othon et de ses Allemands. « Les communes transpercèrent toutes les batailles de chevaliers et se mirent devant le roi, à l'encontre d'Othon et de ses hommes, non loin de l'enseigne royale au champ d'azur et aux fleurs de lys d'or, que portait en cette journée Gallon de Montigni, vaillant chevalier, mais peu riche[1]. »

La bonne volonté des gens des communes ne servit à rien, car ils furent dispersés et bientôt le combat s'engagea entre les fidèles du roi, et les Allemands bardés de fer. Les coups étaient drus et meurtriers. Pendant ce temps une petite troupe de sergens à pied des villes de Flandre, étant passée derrière Philippe, quelques-uns d'entre eux saisirent les parties saillantes de ses cuissards avec des crocs de fer,

[1] Chroniq. de St.-Denis. *Ibid.*

« et le trébuchèrent juste de son cheval, et si les grandes armures dont son corps était garni ne l'eussent garanti ils l'eussent occis. » Quand les chevaliers de France s'aperçurent que leur roi était renversé, Gallon de Montigni se précipita au-devant de lui pour le garantir, agitant l'étendard royal afin de rendre manifeste à tous le danger auquel le suzerain était exposé. Le comte de Boulogne qui s'était approché du roi pour profiter de sa chute et le tuer, n'osa point porter la main sur son seigneur. Quoique les confédérés eussent juré avant la bataille de se défaire de leur suzerain, les liens de la fidélité féodale furent assez puissans pour retenir le bras prêt à frapper[1]. Le sire de Boulogne se détourna et courut la lance baissée, contre le comte de Dreux. « Pierre Tristan et Montigni débandèrent tous les petits traitres de sergens qui menaçaient le roi et l'avaient pris par derrière. » Mais ce qui porta

---

[1] « Reginaldus comes Boloniæ, omnibus aliis omissis, ad ipsum regem in ipso pugnæ initio pervenit ; sed cùm propè regem esset, dominum suum, ut arbitror, reveritus, ab ipso declinavit, et congressus est cum Roberto comite Drocarum qui, non procul à Rege stabat in acie valdè densâ. Dm. Brial, hist. de France, t. xvii, p. 98.

le plus grand secours, ce fut la subite arrivée de Pierre des Barres; ce preux chevalier, le successeur des Renaud et des Roland, merveilleux paladins de la cour de Charlemagne, tenait en ce moment Othon par son haume et « li donnait grands et fors coups ; il était quasi au point de l'y prendre. quand l'on commença à crier : *aux Barres, aux Barres !* pour le secours donner au roi qui estoit abattu ; quand le bon chevalier apprit la novelle de la mésaventure, il laissa Othon pour aider le roi, et se faisoit si grand ravage devant lui que l'on i put mener un char à quatre roues tant éparpilloit et abattoit de gens[1]. »

Lorsqu'il arriva au corps de bataille, Philippe foulé et meurtri était remonté à cheval, et donnait des ordres pour continuer avec plus d'ardeur la mêlée ; de concert avec le bouillant des Barres, il se précipite sur les hommes de pied qui l'entourent, et avec sa terrible flamberge il frappe de tout côté. Il se conserve une tradition dans la noble famille d'Estaing, que ce fut un de leurs ancêtres, Pierre d'Estaing, qui releva le roi gissant sur la pous-

[1] Chroniq. de St.-Denis. *Ibid.*

sière, et qu'ils doivent à cette antique et glorieuse origine, le droit de porter dans leurs armes des fleurs de lys sans nombre en champ d'azur [1].

Pendant ce temps, d'éclatantes actions se passaient à l'aile gauche sur laquelle s'était précipité le comte de Boulogne. Tantôt son bras était armé d'une énorme lance de frêne, tantôt il maniait le poignard de miséricorde ou sa longue épée; l'aigrette en baleine qui ornait le cimier de son casque relevait sa haute taille. Derrière lui se rangent Hugues de Boves, Arnould d'Oudenarde et le comte de Sarisbury avec les Anglais.

Du côté des Français s'avancent pour s'opposer à cette troupe vaillante, le redoutable évêque de Beauvais. Nous avons vu qu'il existait entre les combattans une vieille haine : le sire de Boulogne accusait l'évêque d'être l'auteur de son exil de la cour de France, et celui-ci à son tour appelait Renaud de Boulogne du nom de traître et de parjure. Les gens de Gamaches et de Vimeux suivaient

---

[1] Origine des priviléges du comte d'Estaing. Voyez aussi Daniel, *Règne de Philippe-Auguste*.

l'étendard de l'évêque de Beauvais. Ils n'étaient pas braves, mais ils s'étaient montés la tête avec du vin nouveau, et tous juraient de mourir avec leur comte et leur évêque. Quand le combat commença sur ce point, la mêlée devint si épaisse que l'aile gauche se confondit avec le corps de bataille; Othon, le puissant Othon promenait sa hache d'arme, et la laissait tomber de ses deux mains sur les casques et les cuissards [1]; il cherchait le roi Philippe, l'appelait de sa voix, et Philippe à son tour s'efforçait de l'atteindre dans le plus fort de la bataille; Guillaume de Longchamp le précède : sa main armée d'une longue épée fait un terrible ravage parmi les Saxons; mais un homme de la commune de Gand lui lance son bâton pointu comme le fer d'une alêne; il traverse cette partie de la visière qui est ouverte pour transmettre la lumière et faciliter la respiration [2]; blessé à

[1] Interea Rex Otho manu furibundus utrâque
In Francos, dum cæca sinit fortuna, secusim
Vibrat; dumque istos sternit, dum vulnerat illos.

[2] In cerebrum casu ferrum subulare recepit,
(Incertum cujus dextrâ impingente), fenestras
Per galeæ medias, quibus est ocularia nomen,
Per quas admittit ocularis popula lumen, etc.

la tête, Guillaume tombe de cheval, et bientôt il est foulé aux pieds des combattans. Le chevalier des Barres veut venger sa mort, et se jette dans la bataille, là où se déployait l'étendard d'Othon. Pierre de Mauvoisin, luttait déjà contre l'empereur, qui s'efforçait, mais vainement, de tourner la bride de son cheval. Gérard surnommé la Truie ¹, l'attaquait d'un autre côté, et voulait transpercer son épaisse cuirasse avec le poignard de miséricorde; mais la pesante armure d'Othon, faite d'une double feuille de fer et de cuir mâché, repoussait les pointes aiguës des épées. Gérard redouble; et le cheval de l'empereur, levant la tête, reçoit dans l'oreille un des coups destinés à son maître. L'animal se cabre et roule dans la poussière : Othon désarçonné allait être obligé de se rendre; mais l'un de ses fidèles, Gérard de Hostmar arrive en toute hâte, lui donne son coursier, le protège de son corps; et, tandis que l'empereur fuit loin du champ de bataille, Gérard se précipite au-devant du chevalier des Barres et engage avec lui un com-

¹ A sue cognomen non dedignatus habere. *Ibid.*

à outrance. Cette bataille dura jusqu'à l'arrivée des hommes du sire de Saint-Valery qui entourèrent le petit nombre de chevaliers allemands qui résistaient encore. Guillaume-le-Velu, comte de Frise, Conrad le Westphalien, Girard de Renderadt rendirent leurs épées [1].

Sur un seul côté de la bataille la mêlée se prolongeait encore : c'était là où combattaient le comte de Boulogne et les Anglais sous le comte de Sarisbury. Ils avaient affaire à un rude joueur, l'évêque de Beauvais ; le bon prélat tenait une masse d'arme à la main, car il se faisait un scrupule ecclésiastique de tuer les ennemis d'une autre manière qu'en les assommant sans effusion de sang ; voilà qu'il se jette sur le comte de Sarisbury, et d'un coup de masse brise son casque, et lui fait mesurer la terre de toute la longueur de son corps [2]. L'évêque avait auprès de lui un châtelain du nom de

[1] « Ces comtes avaient été especiament eslus pour lor grant proëce porce que ils fussent près d'Othon en les bataille por son corps garder ». Chron. de St.-Denis, p. 410.

[2] . . . . . . percussit in summo vertice, fractâ
Casside, quòd sterni tellure coegit eumdem,
Corporis et longi signare charactere terram.
Guill.-le-Breton, ch. xi.

Jean, sire de Nivelle : « Jean-de-Nivelle, dit-il, entraîne-moi Sarisbury ; tu diras que c'est toi qui l'as frappé, car je fais ici une action illicite[1] ; j'ai changé le bâton pastoral contre cette masse. » En disant ces mots, il va gaîment contre les Anglais, assomme de droite et de gauche[2], et contraint les plus vaillans à la fuite. Le sire de Boves lui-même tourne le dos : c'est un preux chevalier, mais un peu hableur. Il avait dit avant le combat, au comte de Boulogne : « Tu fuiras comme un lièvre timide, pour moi je demeurerai mort ou chargé de fer[3] ; » et cependant c'est lui qui fuit, et le brave comte de Boulogne reste seul dans la plaine, « et d'un nouvel art usait en la bataille, car il avait fait un double parc de sergens à pied, bien armés, joints et serrés ensemble à la circuité et à la manière d'une roue ; dedans ce cercle il n'y

---

[1] Accusaretur operam ne fortè sacerdos,
Gessisse illicitam. . . . .

[2] Guillaume-le-Breton dit des Anglais :
. . . . . . quos crapula donaque Bacchi,
Dulcius alliciunt quàm duri munia martis.

[3] Tu fugies, aiens, lepus ut fugitivus ; ego autem
Aut interfectus aut passus vincla manebo.

avait qu'une petite entrée, par laquelle le comte revenait et sortait quand il le voulait[1]. »

Les chevaliers n'osaient approcher de cette formidable bataille, car presque tous avaient brisé leurs lances, et les hommes de pied qui formaient l'enceinte autour du comte de Boulogne tenaient dans leurs mains de longues piques, et une arme nouvelle tranchante et poignante, placée au bout d'un bâton, dont on fit plus tard la hallebarde. Lorsque Philippe aperçut les vains efforts de la chevalerie, du conseil de l'évêque de Senlis, il fit avancer trois mille sergens armés de lances et leur ordonna de se précipiter sur ce corps d'intrépides combattans ; ils mirent bientôt le désordre dans ces rangs pressés ; le comte de Boulogne demeura seul avec six chevaliers qui ne voulurent point abandonner[2] leur seigneur-lige ; ces nobles vassaux se précipitaient de tous les côtés, et des troupes entières fuyaient surtout devant le redoutable Renaud ; mais un petit sergent à l'esprit subtil, nommé Pierre de la Tor-

[1] Chronique de Saint-Denis, ibid., p. 411.
[2] « Et si n'avait que six chevaliers avec lui qui guerpir ne le voulait. » Chronique de Saint-Denis, ibid.

nelle, et qui combattait à pied, s'approcha du comte par-dessous le ventre de son cheval; levant le petit treillis qui couvrait la tête de l'animal, il le blessa adroitement au cou; le comte fut renversé « de telle manière qu'il eut la cuisse dessous le corps de la monture[1]. » En ce moment survint Jean de Nivelle, qui suivait à la piste les victoires faciles, « car c'était un beau chevalier, mais couard. » Comme il voulait avoir des éloges dans cette journée, et demander son salaire, il s'approcha du sire de Boulogne, affaissé sous le poids de son noble compagnon des batailles. Un autre tout petit homme des communes tournait aussi autour de cette masse de fer, cherchant un défaut dans l'armure, pour y plonger son poignard de miséricorde. Il ne le put, mais les fils d'argent qui retiennent le casque sont faciles à couper; le voilà qui se met à l'œuvre et bientôt les cheveux blonds du comte tombent épars sur ses épaules. « Maudit nain, lui dit Renaud, n'espère pas me toucher. » A ces mots il fait voltiger d'une main son épée; le petit sergent se glisse à l'abri du cheval, lui porte un pre-

[1] *Ibid.*

mier coup sur le front et ensanglante son beau visage ; il menace ensuite avec son coutelet la gorge du pauvre comte ; l'évêque de Senlis passait par hasard. « Las ! sire évêque, ne souffrez pas que je succombe sous la main de ce maudit sergent. » L'évêque lui répondit : « Cela ne sera pas, noble comte, » et il ordonna à l'homme d'armes de se retirer ; puis, comme gage de foi, il offrit son gantelet à Renaud, qui remonta avec peine sur un cheval que ses compagnons lui présentèrent ; il suivit Jean de Nivelle, qui était tout chagrin de ne pouvoir faire le vantar, et que l'évêque de Senlis chargea néanmoins de la noble capture [1].

De toute la grande armée de confédérés, il ne restait plus dans la plaine que sept cents Brabançonnais enrôlés sous la bannière du comte de Sarisbury. Thomas de Saint-Valery s'élance sur cette troupe batailleuse ; il avait avec lui cinquante chevaliers preux et forts et mille sergens de pied. « Ils se férirent sur eux comme le loup affamé se fert parmi les brebis ; » et, quoique ces chevaliers fussent très-fatigués des combats multipliés de cette journée, ils fi-

[1] Chroniq. de St.-Denis. *Ibid.*

rent merveilleuses prouesses sur le champ de bataille où l'on ne voyait plus que des fuyards[1].

Les trompettes et buccines se firent alors entendre pour annoncer la victoire Les Français ne songèrent plus qu'à ramasser du butin. « Celui-ci se plaît à s'emparer d'un coursier, d'autres enlèvent dans les champs des armes abandonnées, l'un s'empare d'un bouclier, l'autre d'une épée ou d'un casque, plus heureux encore sont ceux qui prennent quelques-uns de ces chars que les grands traînent avec eux et qui sont remplis d'or et de vêtemens en soie; chacun de ces chars, porté sur quatre roues, est surmonté d'une chambre qui ne diffère en rien de la chambre nuptiale d'une nouvelle mariée; tous tressés en osiers, ils renferment des provisions de bouche et de précieux ornemens[2]. A peine seize chevaux attelés peuvent-ils suffire pour enlever les dépouilles dont ils sont chargés. Quant au char sur lequel Othon avait dressé son dragon, insigne

---

[1] Chronique de Saint-Denis, *ibid.*

[2] Rhedam quamque rotis camera introvecta quaternis
  In nihilo patitur thalamo differre superbo
  Quo nova nupta novum sibi vult hymenea parari.
  Guillaume-le-Breton, chant XII

de l'empire, on le brisa à coups de hache ; l'aigle seul fut conservé ; il avait les deux ailes fracassées [1] : on le destinait à Frédéric, le compétiteur d'Othon pour la pourpre impériale.

Lorsque tous les barons furent rentrés sous leurs tentes, le roi fit venir devant lui les nobles hommes pris durant la bataille ; on compta cinq comtes, vingt-cinq châtelains portant bannières, et une multitude d'autres revêtus de l'ordre de chevalerie.

Dans cette mémorable journée de Bouvine les communes de France rendirent d'éminens services ; elles se portèrent partout où le danger était menaçant. Lorsque le gonfanon royal, hissé et abaissé tour à tour, indiqua le péril de Philippe-Auguste, ce furent les bourgeois qui coururent à son secours : les citoyens de Noyon, de Mont-Didier, de Soissons, d'Hesdin, de Crépi, de Vézelai, de Corbie, d'Amiens, de Beauvais, firent de grandes prouesses ; et parmi les confréries portant bannières, celles des gantiers et des tréfileurs d'or montrèrent le

---

[1] « Li char sur quoi li estendars seoit fut depeciez ; li dragon fut descoutz et brisiez et li aigle dorée fut portée devant li roi. Si avait es deux eles brisées. » *Chroniq. de St-Denis, ibid.*

plus de dévouement et de valeur. Ces bons bourgeois furent un peu surpris, au commencement de la bataille, par l'aspect des chevaliers bardés de fer, mais à la fin ils poursuivirent à coups de pierres et d'arbalètes, les nobles hommes qui rougissaient de fuir ainsi devant vilains et gens de communes.

CHAPITRE XXVI.

Résultat de la bataille de Bouvine. — Nouvelle conjuration.—Sévérité du roi.—Le comte de Boulogne.—Le comte de Flandre. —Entrée de Philippe dans Paris.—Répartition des prisonniers. Captifs faits par les communes.— Effets politiques de la bataille de Bouvine. — Angleterre. — Empire. — Flandre. — Fiefs anglais. — État du royaume après la victoire.

JUILLET 1214.

L'ARMÉE de France resta jusqu'au soir sur le champ de bataille de Bouvine; le roi faisait accueil à tous les prisonniers de haute chevalerie; mais il les mettait en même temps sous bonne garde. « Il leur donna à tous la vie selon la débonnaireté et la grande pitié de son cœur[1]. » Un motif plus général le déterminait

[1] Chroniq. de St-Denis. Dm. Brial. collect. des hist. de France, xvii, p. 413.

à la clémence; car il y avait bien des barons compromis dans cette confédération! on avait la preuve que le comte de Nevers et la plupart des châtelains de l'Anjou, du Poitou, secondaient eux-mêmes, sans se déclarer ouvertement, les projets des coalisés.

Le besoin d'une résistance générale aux usurpations souveraines de Philippe-Auguste se faisait tellement sentir, qu'en arrivant à Bapaume, le roi apprit qu'une nouvelle conjuration se tramait contre lui. Le comte Renaud de Boulogne avait envoyé, de sa prison, un message à Othon, dans lequel il lui mandait et conseillait de retourner à Gand et dans les villes de Flandre, afin d'y réveiller l'esprit de résistance et de tenter encore une fois le sort des batailles[1]. Le roi apprit ce projet par des chartes qui tombèrent dans ses mains. « Lors monta en la tour où le comte Renaud était enfermé, qui était la plus grande de toutes ses prisons et lui

---

[1]   Post triduum verò, rege existente Bapalmis,
In reditu à bello, fuit illi fortè relatum
. . . .
Othoni comitem, post bellum vespere sero,
Et regi et regno præjudicialia scripta.

Guillaume le Breton, ch. xi.

dit : « Comte de Boulogne, tu as toujours été mon homme-lige et c'est moi qui t'ai fait nouveau chevalier; de pauvre je t'ai rendu riche, et ta race m'a toujours fait le mal pour le bien, car ton père, Albert de Dammartin, se ligua avec Henri d'Angleterre pour attaquer le royaume de France, et cependant après ce méfait je l'ai reçu en grâce, je lui ai restitué le fief de Dammartin qui avait été justement et par le droit confisqué; j'ai ajouté à ce don le comté de Boulogne, cela ne l'a pas empêché de se liguer avec Richard contre moi; il a toujours été en la partie anglaise tant qu'il a vécu, et, malgré tout cela je t'ai encore donné trois nouveaux fiefs, les comtés d'Albermale, de Mortagne et de Varennes, et après tant de bonnes concessions tu as ému contre moi tote Angleterre, tote Alemagne, tote Flandre, Hénaut et tot Brabant; tous ces maux tu m'as rendus pour toz ces bénéfices que je t'ai fait et cependant ne t'otterais-je pas la vie puisque je te l'ai donnée, mais je te mettrai en telle prison dont tu n'échapperas pas avant que tu aies été puni. »

¹ Chroniq. de St.-Denis, *ibid.* p. 415.

Renaud écouta le roi sans s'émouvoir et ne répondit mot. Alors Philippe ordonna à ses hommes d'armes de se saisir du comte et de le conduire à Péronne. Il y fut plongé dans une de ces basses fosses des châteaux au moyen âge dont les tourmens frappent encore notre imagination. Des chaînes de fer « étaient jointes et entrelacées ensemble par merveilleuse subtilité, et cette chaîne était si courte que le comte ne pouvait marcher pleinement un demi-pas ; elle se rattachait à un grand tronc que dix hommes povaient à peine movoir tost les fois qu'il volait aller à nécessité de nature[1]. » Le comte demeura long-temps dans cette effroyable situation pleurant ses joyeuses cours plénières et les nobles dames qu'il avait aimées.

Les fidèles barons du roi ayant fini leur temps de service féodal s'en retournèrent à leurs castels, et Philippe prit le chemin de sa cour de Paris ; ce fut sur la route comme une pompe publique et surtout une fête cléricale, car la bataille de Bouvine était considérée par le clergé comme sa propre victoire. « En tous les lieux où s'étend le sol de ce royaume, dit le cha-

[1] Chroniq. de St.-Denis, *ibid.*

pelain du roi, de ce royaume qui contient dans son sein tant de bourgs, tant de châteaux, tant de villes, tant de comtés, tant de duchés, dans toutes ces provinces soumises à tant d'évêques dont chacun administre la justice dans son diocèse et fait publier ses édits dans d'innombrables domaines, toute cité, tout village, ressent avec ardeur les joies d'une victoire commune; les clairons retentissent et proclament les sentimens publics; chevaliers, citoyens, habitans des champs, tous brillent sous des vêtemens pourprés [1]. Les flambeaux de poix ou de cire ne cessent de jeter une vive clarté; les clercs chantaient par les églises doux chants et dilectables louanges de notre seigneur; les cloches sonnaient à quarillon par les abbayes et par les églises, les moustiers (monastères) étaient solennellement ornés de draps de soie; les rues et les maisons des bonnes villes étaient parées de riches garnemens, les voies et les che-

---

[1] Civis, villanus, radiant in murice; nullum Indumenta tegunt nisi sammis, bissus et ostrum.

Guillaume-le-Breton, ch. xi.

mins étaient jonchés de rameaux d'arbres et de novelles fleurs.¹ »

Au milieu de cette pompe triomphale, où l'on voyait mêlés ensemble les bannières des communes, les étendards des châtellenies restées fidèles au roi, et l'oriflamme de Saint-Denis, s'offrait à la vue de tous une espèce de char ou charette, traîné par deux vieux chevaux bais. Ferrand, comte de Flandre, s'y trouvait placé dans une sorte de cage de fer, et on le conduisait ainsi comme pour l'offrir à toutes les moqueries. « Les vilains et les moissonneurs s'assemblaient, leurs rasteaux et leurs focilles sur leurs épaules (car c'était au temps où l'on cueillait le blé) pour comtempler Ferrand en liens. Li vilains, li vieilles et li enfans n'avaient pas honte de li moquer². » On se rappelait, que le comte avant son départ avait reçu une riche épée de Mahaut, comtesse de Flandre, qui lui avait dit : « Biau neveu, je suis certaine que vous serez reçu à grand'joie à Paris; le peuple et le pays applaudiront votre venue. » Et l'on riait aux éclats de voir le pau-

---
1 Chroniq. de St.-Denis, *ibid.*
2 Chroniq. de St.-Denis, *ibid.*

vre Ferrand ainsi livré aux ironiques et grossières paroles des vilains; ceux-ci faisaient tour à tour des jeux de mots sur le nom du comte et sur sa triste position. « Si avaient trouvé occasion de gaber¹ par l'équivocation de son nom, parce qu'il est commun à homme et à cheval. Ferrand signifiait alors cheval dans la langue populaire², et l'on chantait ce dicton :

> Quatre ferrans bien ferrés,
> Mènent Ferrand bien enferré.

Le roi fut reçu à Paris au milieu des éclats d'une bien vive joie, « li bourgeois et toute l'université des clercs allèrent à son encontre. Ils firent festes et solemnités sans comparaison, et si ne leur suffisait pas le jour, ainsi faisaient grant festes par la nuit à grand luminaire, et les églises y firent aussi grant dépense. Cette solemnité dura sept jours ³. »

Pendant cette fête les communes et les principaux hommes du roi, qui l'avaient suivi à Bouvine remirent au prévôt de Paris les prisonniers qu'ils avaient faits en la bataille.

1 Se moquer, habler.
2 On appliquait surtout ce mot aux maigres chevaux du peuple et des vilains.
3 Chroniq. de St.-Denis, *ibid.*

En tête se présenta la commune de Noyon; elle déposa dans les mains du prévôt cinq chevaliers : Philippe de Mala-Graen, Jean de Hodeberg, Simon de Saffenberg, Thomas de la Comté, Pierre de Brulle; tous étaient bien vêtus et de noble race[1].

La commune de Mont-Didier confia au prévôt six chevaliers : Gilles de Sarto, Girard de Barbais, Baudoin du Mont, Honoré de Warnier ou de Wamier, Gilles de Mont-Sainte-Aldégonde, Thibaut de Tremogne.

Dix hommes de bonne origine furent livrés par les bourgeois de Soissons : Sigibert de Mernac, Conrad, comte de Tremogne, Renelin de Lamprenesse, Guillaume de Estève, Robert de Saint-Léonard, Guillenon de Beaumont, Fastrex de Viller, Rener de Waure, Le Terrier de Ligne, Hébert de Gaie.

La petite commune de Bruière déposa au châtelet six prisonniers : Arnolphe de Grimberg,

---

[1] Mss. du roi n. 9852. fol. 150 verso. (Cartul. de Philippe-Auguste), Duchesne a publié cette liste dans sa Collect. des hist. de France, t. v. p. 268; mais elle est moins complète que dans le Mss. que nous citons; cette pièce porte ce titre : *Isti sunt prisones traditi præpositis parisiensibus.* Elle se trouve aussi dans dom Brial, T. XVII, p. 101.

Seher de Moscre, Philippe de Wawre, Nicolas de Harlut, Bernard de Hostemar, Girard de Randeradt; celle d'Hesdin un même nombre : Robert de Estrœm, Roger-Mallet, Philippe de Tonquernelle, Guillaume de Averquin; celle de Crépi quatre seulement : Baudoin de Blanderque, Le Terrier de Lahemède, Arnolphe de Bænguien, Jean de Rose-verte.

Les bourgeois de Vézelai conduisirent à Paris et de là à Compiègne six chevaliers : Faxtrex de Lignel, Seher de Hestru, Raoul de Malogue, Guillaume Danelin, Étienne Dessentes, et Godefroi de Ville, tous des fidèles d'Othon. Ceux de Corbie en avaient un plus grand nombre; ils en amenaient neuf chargés de chaînes : Eustache de Ruest, Laurent de Portugal, Tessieu de Malen-Guetin, Jean de la Comté, Eustache de Malle ou de Malte, Godefroi de Loscart, Henri de l'Épine, Girard Flamenc, Le Terrier de Osqueberc.

La commune de Compiègne conduisait : Robert d'Anetières, Baudoin de Bondins, Hugues de Mallers, Renard de Wismes; la petite commune de Roye remit aux prévôts Arnould de Créeng, Gillebert-le-Cornu, Godefroi-Brise-

Tête, Gautier du long bec, Bernard le prêtre et Baudoin de Lens. Amiens se glorifiait de dix chevaliers captifs : Richard de Cologne, Baudoin de Saint-Ligier, Jean de Coigni, Gillebert de la Capelle, Conrad de Corasin, Henri Trossé, Hugues de Saint-Hubert, Borelle de Fléchien, Jean de Biez, Baudoin de Perrenche; Beauvais en comptait douze : Racelin de Gaure, Othon comte de Tinquineborc, Venquernent de Groningue, Hugues de Bouillon, Girard de Grimberge, Manassé de Conti, Henri-le-Roux, Giles de Gamechmes, Robert de Marque, Terricus-Vide-Écuelle, Terricus de Bribais, Othon de Hostemar. — Toutes les communes réunies donnèrent ainsi aux prévôts plus de cent chevaliers.

Trente-trois de ces nobles hommes furent renfermés dans la tour du grand châtelet[1] sous la surveillance des archers du roi ; on en conduisit douze dans les diverses prisons du royaume, et particulièrement à Compiègne[2]; d'autres furent rachetés, cautionnés ou échangés ainsi qu'on le verra plus tard ; les com-

[1] Mss. cité, fol. 151-152.
[2] Isti sunt excepti in majori Castelleto, *ibid.*

munes eurent donc une grande part au grand succès de Bouvine; elles en remportèrent les plus nobles trophées.

Tandis que l'évêque de Senlis élevait à Jésus-Christ un temple, sous le titre de la Victoire[1], pour perpétuer de glorieux souvenirs, à l'imitation des empereurs de Rome après les grands triomphes, le roi se rendait en toute hâte dans le Poitou pour réprimer les derniers germes de cet esprit hautain et insubordonné qui caractérisait les vassaux de ces provinces méridionales. Quand les Poitevins apprirent le résultat de Bouvine, ils se déterminèrent à la soumission. Philippe ne pouvait compter sur eux; il résolut de les punir; le roi Jean était d'ailleurs encore dans ces grands fiefs avec une armée anglaise. Il fallait achever ce que le prince Louis avait commencé et délivrer enfin le Continent du gonfanon des Plantagenets. Philippe partit avec ses chevaliers et vint à Laudun. Il y reçut des envoyés du vicomte de Thouars, qui lui offrait la féauté absolue des comtés et

---

[1] «Fonda li roi une abbaye en la cité de Senlis, qui a nom *la victoire* en remembrance de la grande victoire.» Chroniq. de St-Denis, *ibid.*

barons du Poitou et de l'Anjou¹. Philippe persista quelque temps dans ses idées de vengeance, mais la prudence l'emporta. Par la médiation de Pierre Mauclerc, duc des Bretons, il reçut à la foi et à l'hommage les vassaux jusqu'alors dévoués à la cause du roi d'Angleterre. Tous revinrent à lui et jurèrent féauté

Jean se trouvait dans une triste position. Il n'était séparé du camp français que par dix-sept milles. Il ne pouvait plus compter sur d'autres secours que sur ceux des Gascons et des chevaliers de la Guyenne, tous occupés par la croisade des Albigeois; dans l'impuissance de lutter contre le vainqueur de Bouvine, il s'écria : « Depuis que je me suis soumis à Rome tout me tourne à mal; » et c'est alors qu'il résolut d'obtenir la paix. Il députa le comte Chester auprès du roi de France pour solliciter une trêve à des conditions honorables. Le légat du pape s'en mêla, car Philippe ne voulait entendre parler d'aucun arrangement avec Jean qu'il tenait, pour ainsi dire,

---

1 Venerunt ad eum legati a vice comite Thoarci, pro pace vel saltem pro induciis supplicantes. Guill.-le-Breton, dans son hist. en prose de Philippe-Auguste. Dm. Brial, T. xvii, p. 103.

captif sous sa main. Le roi, en effet, avait avec lui plus de deux mille chevaliers [1] portant bannières, et Jean ne pouvait opposer à cette brillante troupe que quelques centaines de Gascons, de routiers et de Brabançois. Le légat intervint et parla au nom du pape, suzerain et protecteur de Jean, depuis l'hommage fait de l'Angleterre à Innocent; il commanda impérieusement une trêve afin qu'on eût à s'occuper du bien de l'Église, menacée par l'hérésie des Albigeois. A la suite de nombreux parlemens, des conventions furent arrêtées :

« Philippe, roi de France, à tous ceux qui ces présentes verront [2]. Vous saurez que nous avons accordé à Jean, roi d'Angleterre, et à tous ceux qui ont combattu avec lui une trêve de guerre à partir de l'exaltation de la Sainte-Croix de septembre, pendant cinq ans, excepté pour les prisonniers qui sont en notre pouvoir ou dans le sien, sauf encore le serment que les villes de Flandre et du Hainaut pourront nous faire. Aucun homme banni

---

[1] Cùm haberet in exercitu suo duo millia militum et ampliùs præter aliorum multitudinem. *ibid.*

[2] Rimer t. 1, p. 63, édit. 2.

par le roi d'Angleterre, ne pourra être reçu dans nos terres que de notre expresse volonté, et réciproquement ceux que nous aurons banni, ne seront admis dans les domaines du roi Jean que d'après son absolu consentement.

» Si un homme dont nous avons saisi les fiefs vient dans nos seigneuries il pourra les traverser, mais sans y demeurer à moins qu'il n'en ait l'autorisation, excepté dans un port de mer où il pourra attendre le vent favorable.

» Si un homme du comté d'Anjou ou du duché de Bretagne, qui nous aurait servi, soit en faisant la guerre à Jean, soit en nous secourant de toute autre manière, veut entrer dans les domaines du roi d'Angleterre, celui-ci donnera des assurances au sénéchal du Poitou, pour qu'il ne lui arrive aucun mal. Voici quels sont les conservateurs de la trève conclue entre nous et Jean : de sa part Hubert de Borc, sénéchal de Poitou, Reynaud de Pons, l'abbé de Saint-Jean-d'Angeli, et le doyen de Saintes. De notre côté Pierre Savari, Gui-Turpin, et Geoffroi archidiacre de Tours. Les conservateurs seront appelés à prononcer sur toutes les infractions apportées à la dite trève et ce dans un délai déterminé. Ils se réuniront dans l'abbaye de Passavant, pour résoudre toutes les discussions qui s'élèveront au sujet de l'Anjou et de la Bretagne, et dans le château de la Marche, pour ce qui touche l'Auvergne, le comté de la Marche et de Limoges.

» En tout ce qui concerne les maltôtes (malatolta) que Jean et les siens ont imposées, voici ce qu'il en sera : Si Jean veut y renoncer, nous les abandonnerons également ; mais s'il y persiste nous les percevrons, comme il le ferait lui-même.

» Frédéric roi des Romains sera dans cette trêve s'il le désire, et le roi Othon y sera compris également. et, s'ils n'y adhèrent pas, nous pourrons aider Frédéric dans ses droits à l'empire; comme Jean pourra seconder Othon dans la poursuite des siens, sans que pour cela nous nous puissions faire mutuellement la guerre en nos domaines. Pour la sûreté de cette trêve, nous l'avons fait sceller de tous nos fidèles, savoir : Gaucher de Saint-Paul, Robert comte d'Alençon, Gui de Dampierre, Guillaume des Barres, Guillaume de Calviniac, Théobald du Blazon, Buchard de Marli, Johell de Melun.

» Fait auprès des Chinon, an du seigneur 1214, au mois de septembre[1]. »

Ainsi, la guerre dans le Poitou se trouvait terminée. Il est maintenant essentiel de revenir dans la Flandre, où le coup décisif de Bouvine venait de détruire la formidable confédération.

Après le retour de Philippe-Auguste à Paris, la comtesse de Flandre, les principaux châtelains s'étaient rendus à la cour du roi pour solliciter un arrangement qui mît un terme à ces terribles hostilités; Philippe reçut la comtesse avec douceur : elle était belle, jeune encore, et avait long-temps habité la noble cour de France, lorsqu'elle était placée sous la royale tutelle. Elle pleura beaucoup, et, à ses instantes prières, son suzerain consentit à des conditions exprimées dans une charte que la comtesse adressa à ses hommes de Flandre.

« Moi, comtesse de Flandre et de Hainaut, je fais savoir à tous ceux qui ces présentes verront, que j'ai juré à mon seigneur l'illustre roi de France que je lui livrerai, d'ici à la prochaine fête de tous les saints, Geoffroi, le fils du duc de Brabant, en personne, et que

[1] *Ibid.*

je ferai détruire les forteresses de Valenciennes, d'Ypres, d'Oudenarde et de Cassel; je ne pourrai les reconstruire que d'après sa volonté. En ce qui touche toutes les autres fortifications des villes de Flandre, elles resteront telles qu'elles sont aujourd'hui et ne pourront être augmentées, si ce n'est de l'avis du roi [1].

» Jean de Nigell, châtelain de Bruges, et Seher, châtelain de Gand, et tous les autres hommes du roi, conserveront paisiblement leurs terres; il en sera de même de tous ceux qui voudront adhérer à la présente trêve.

» Les choses ainsi accomplies, je me mets dans les mains de Philippe, mon seigneur, qui décidera ce qu'il voudra à l'égard de Ferrand, mon mari, et de tous mes hommes de Flandre et de Hainaut, pour leur rançon et les levées de deniers.

» Le comte de Boulogne n'est point compris dans cet arrangement.

» Fait à Paris, l'an 1214, le vendredi après la fête des apôtres Simon et Jude [2]. »

---

[1] Neque aliquo modo infortiabuntur, neque aliæ fortericiæ poterunt fieri, nisi per ejusdem domini regis beneplacitum hoc fieret.
[2] Balluze T. vii. Miscelan. p. 250.

D'après cette convention, qui ne fut point immédiatement exécutée à l'égard du comte de Flandre (car il ne sortit de la haute tour du châtelet qu'en 1226), des rançons furent stipulées pour chacun des barons prisonniers du roi de France.

Manassé de Conti offrit pour caution de sa rançon, fixée à mille livres, Robert de la Tournelle, Guy le bouteillier, Raoul de Clermont. Guillaume de Caieu, captif, donna pour plège de son rachat, déterminé à cinq cents livres, Gauthier de Ferrière et Raoul des Sables; Pierre de Lambres et le sire de Plonquet s'engagèrent pour Jacques de Rueth, qui n'était tenu qu'à trois cents livres. Pierre de Mesnin dut en acquitter neuf cents, pour lesquelles s'obligèrent Sibyle sa mère et Hellinand de Wawerin son oncle; une pareille somme était imposée à Gauthier de Ghistèle, et parmi les cautions on remarquait le connétable de Flandre et Gérard-la-Truie; une des plus grosses rançons était celle de Girard de Grimberg, taxée à deux mille livres, et l'on distinguait parmi ses plèges Baudoin de Créqui. Les chevaliers qui donnaient leur scell pour

Eustache de Réu, dont la rançon s'élevait à trois mille livres, étaient tenus de payer la somme convenue dans les quarante jours si Eustache combattait les hommes du roi ou de son fils Louis, s'il envahissait leurs terres, enfin s'il ne rendait pas justice toutes les fois qu'il en serait requis par le suzerain. Philippe avait exigé un rachat énorme pour Robert de Courtenay et de fortes cautions pour s'assurer de sa fidélité. Le comte de Saint-Pol répondait pour cinq cents marcs d'argent, le bouteillier de Forêts pour quatre cents, le comte de Dreux pour cinq cents, Mathieu de Montmorency pour trois cents, Guillaume des Barres pour trois cents, Pierre et Guy de Donjon chacun pour une même somme de deux cents marcs, Jean et Adam de Beaumont pour trois cents marcs, Baudouin de Corbeil et Simon de Poissi pour trois cents, le comte de Nevers pour mille marcs, le comte de Ferrière pour deux cents. Ainsi presque tout le baronnage de France donnait des gages pour ce noble captif, parent du roi de France et qui avait porté les armes contre son suzerain.

1 Mss., n° 9852, Biblioth. royale; f°. 35. Duschesne, script. rerum franc. T. v., p. 270. Dm. Brial. T. xvii, p. 105.

Tels furent les événemens qui suivirent la bataille de Bouvine, il peut être important de la juger maintenant dans ses résultats, soit par rapport à la situation de la monarchie avec les souverainetés étrangères, soit dans les relations avec les grands vassaux.

On a indiqué quels étaient les desseins de la confédération. Elle avait deux buts bien distincts; le premier était celui d'une réformation féodale, produite par la dissolution de l'unité monarchique en France; le second devait opérer un changement dans l'état de la propriété, et la faire passer encore une fois, comme au temps de Charles-Martel, des mains des clercs, dans celles des hommes d'armes.

Ainsi, ce n'était pas une de ces guerres comme nous avons eu à en raconter, où tout se terminait par des batailles et la cession de fiefs ou de cités; il s'agissait d'un mouvement général, d'une conjuration contre les progrès d'un pouvoir nouveau qui effrayait les souverainetés voisines et les grands vassaux de la couronne. On remarquera que les sociétés, à quelque point de civilisation qu'elles soient parvenues, éprouvent cette même crise dans la transition d'une époque de liberté à celle d'un pouvoir absolu. Il se forme alors une ligue naturelle entre les individus en possession de leurs vieux droits d'indépendance contre le despotisme qui s'élève à leur détriment. Ce moment de crise passé, le despotisme prend possession paisible de ses conquêtes. On peut donc faire dater l'ère de la monarchie, de la bataille de Bouvine. Il y avait eu jusqu'alors une marche ascendante vers la centralisation; elle devait amener nécessairement une lutte violente, jusqu'à ce que les usurpations fussent sanctionnées par la victoire. Philippe demeura vainqueur, et la cause de l'unité monarchique se trouva décidée.

Les plans des confédérés étaient tous féodaux. C'était le pur système de la conquête germanique qu'ils voulaient ramener; un partage de terres, un suzerain élu par ses égaux, une invasion des bénéfices ecclésiastiques, en un mot, tout ce qui avait accompagné l'apparition des Francs Austrasiens et Neustriens dans les Gaules romaines. Que serait-il résulté d'une victoire en faveur des confédérés ? le retour vers le gouvernement militaire et féodal, les lois de la tenure et de la suzeraineté élective dans une race nouvelle.

La bataille de Bouvine affermit donc le sceptre dans les mains de Philippe-Auguste, et le perpétua dans sa famille; il put transmettre une autorité consacrée par la victoire et fortifiée de l'affaiblissement même de toutes les résistances qui jusqu'alors s'étaient opposées à ses desseins, car tout n'avait été encore que tentatives, et ses efforts pour organiser un pouvoir central n'avaient produit que des résultats imparfaits. Il put dès ce moment les compléter.

Dans l'Empire, la bataille de Bouvine opéra une véritable révolution. Après le terrible échec éprouvé par Othon, ce prince abandonné de tous ses amis se retira dans son duché héréditaire de Brunswick. Il renonça à la pourpre impériale, et ne songea plus à inquiéter la France ou à s'opposer aux droits de Frédéric II. Ainsi le formidable voisinage de l'Empire cessa d'être un sujet d'effroi pour Philippe-Auguste. Frédéric même occupé de ses projets sur l'Italie ne fit aucune tentative menaçante pour la monarchie des Capets.

Le roi Jean perdit à tout jamais ses fiefs de France. Jusqu'à ce moment il n'avait pas désespéré de reconquérir ses belles terres de Normandie, de l'Anjou et du Poitou; chaque année il quittait les rivages d'Angleterre et venait réveiller les souvenirs de sa cause sur ces territoires abandonnés à regret. La victoire de Bouvine le priva de tout espoir. Il allait bientôt avoir à se garder dans Londres même contre ces chevaliers français dont il se partageait d'avance les bons fiefs, et l'Angleterre, comme au temps de la conquête des Normands sous Guillaume, devait voir les terribles batailles des hommes du Continent. La guerre changeait ainsi de caractère. Philippe-Auguste n'avait plus à se défendre pour conserver, mais à combattre pour acquérir.

La Flandre était tombée dans une sujétion plus complète encore; la seigneurie médiate du comte s'était, pour ainsi dire, effacée. Il gémissait captif dans une tourelle; l'autorité de sa femme n'était que nominale. D'après le dernier traité le plus grand nombre des châtelains de la Flandre avaient des rapports directs de féodalité avec le roi de France, qu'ils devaient servir même contre leur droit sire. Les fortifications des villes étaient condamnées à une entière destruction. Beaucoup de seigneurs flamands partageaient la captivité de leur comte. Rien n'était donc plus à craindre pour la monarchie sur cette frontière.

L'effet moral de ce grand événement militaire sur la masse des petits vassaux fut peut-être plus décisif. Qu'auraient pu tenter les sires de quelques châtellenies isolées contre leur suzerain victorieux à Bouvine? A partir de cette époque, la puissance royale put exécuter sans résistance ses projets de confiscation et de main-mise féodale sur la plupart des terres de sa suzeraineté. Le clergé fut reconnaissant et servit les idées absolues d'un roi dont les armes l'avaient défendu contre des réformateurs, qui se glorifiaient déjà de partager ses riches manoirs.

A toutes les époques, on a dû remarquer la tendance des clercs à exalter l'autorité royale, pourvu que cette autorité se proclamât elle-même fille soumise de la puissance ecclésiastique : l'Église marche toujours avec des idées de commandement, d'obéissance et de devoirs, et elle ne peut que difficilement s'accommoder de ces autorités mixtes et pondérées, qui sont une heureuse réforme et une sorte de protestantisme en politique. Les prétentions de Philippe-Auguste furent soutenues par les clercs et les jurisconsultes; et, depuis la bataille de Bouvine, les textes de la Bible, les exemples puisés dans les royautés orientales de David, de Salomon et d'Assuérus, ne manquèrent pas pour soutenir les desseins absolus du roi de France.

Il y a un fait remarquable dans l'histoire de notre France, c'est cette suite de coalitions formées contre elle, pour en démembrer le territoire, et dont elle est toujours sortie, sinon victorieuse, au moins forte et grande. Il faut qu'il y ait dans notre agglomération politique quelque chose d'admirablement combiné pour secouer toutes ces invasions étrangères qui n'ont pu jamais se consolider, quoique les ambitions ne manquassent pas sans doute pour les rendre durables. La bataille de Bouvine ne se donna qu'à vingt lieues du champ funèbre où le grand capitaine de notre âge lutta une dernière fois pour les glorieuses destinées de l'empire contre une autre coalition si souvent vaincue[1]. Quels souvenirs! quel rapprochement!

[1] La bataille de Bouvine est du 27 juillet 1214, celle de Waterloo est du 18 juin 1815, six siècles après et pour ainsi dire jour pour jour!

CHAPITRE XXVII.

Préparatifs de la croisade de Louis de France contre les albigeois. — Situation de la Langue-doc depuis les conquêtes de Montfort.—Réclamations de Philippe-Auguste.—Du roi d'Aragon. — Le pape suspend la croisade. — Concile de Lavaur. —Appel de sa décision. — Prise d'armes du roi d'Aragon, des comtes de Toulouse, de Cominges et de Foix. — Soulèvement de la Provence.—Siège de Muret.—Grande défaite des Provençaux. — Cause de la perte de la bataille de Muret. — Soumission de la Langue-doc. —Alliances de Montfort. — Cession du comté de Toulouse par Raymond à son fils. — Concile de Montpellier. — Le sire de Montfort proclamé seigneur de la Langue-doc.—Confirmation du pape.— Départ de Louis pour la croisade des albigeois. — Louis dans la Langue-doc. — Séjour à Toulouse. — Concile de Latran.— Décret du concile.— État féodal de la Langue-doc. — Montfort est admis à l'hommage, comme comte de Toulouse, par Philippe-Auguste.

1213-1216.

Au retour de l'expédition contre le roi d'Angleterre dans le Poitou, le prince Louis de France résolut d'accomplir un vœu de piété et de chevalerie, qu'il avait fait depuis quelques années. Lorsque la croisade contre les albigeois fut prêchée dans les domaines du roi, Louis voulut suivre les barons qui prenaient la croix. Il en avait hautement témoigné le désir. Jeune et brillant chevalier, il cherchait partout des expéditions périlleuses, sans voir autre chose que de grands coups de lances à donner. Philippe, son père, n'avait point encouragé cette résolution ; on disait qu'il craignait de perdre un fils unique, et peut-être aussi était-il prudent avant que le suzerain prît parti dans cette guerre de savoir ce qu'il en adviendrait. Cependant au printemps de l'année 1213 [1], Philippe avait octroyé licence à Louis d'accomplir son pèlerinage, mais les représentations des envoyés du roi Pierre d'Aragon en faveur du comte de Toulouse, les menaces de la ligue de Bouvine, retardèrent le pieux voyage pour la Provence.

Ce ne fut que l'année suivante, lorsque le triomphe du roi de France et la retraite des Anglais eurent délivré le territoire féodal, que Louis put se mettre en route avec ses preux compagnons.

La Langue-doc avait encore éprouvé bien

---

[1] Pierre de Vaulx-Cernay, chap. 68.

des vicissitudes depuis la conquête des croisés. On a vu que Montfort s'était hâté de régler l'ordre des fiefs et l'organisation politique au profit de la nouvelle race qui s'établissait dans les beaux castels de Provence. Les comtes dépossédés recoururent à l'intervention du roi d'Aragon, pour réclamer les droits et les terres dont ils venaient d'être dépouillés. Pierre était suzerain de plusieurs fiefs dont les comtes de Toulouse, de Cominges et de Foix, et le vicomte de Béarn, avaient été possesseurs, et cette qualité de seigneur supérieur donnait un juste titre à sa réclamation. Il s'adressa au pape Innocent III. L'émotion causée par les violences du comte de Montfort était si grande, les excès commis par les croisés dans la Langue-doc avaient causé une si vive indignation, que le pontife crut devoir écrire au légat et au nouveau possesseur de ces terres : « Vous archevêque de Narbonne, et vous Simon comte, de Montfort[1], ayant conduit l'armée de croisés dans les domaines du comte de Toulouse, vous ne vous êtes pas contentés d'envahir les lieux où il y avait des hérétiques,

---

[1] Innocent III, liv. xv, epist. 212.

mais vous vous êtes emparés de ceux où il n'y avait aucun soupçon d'hérésie. Vous avez usurpé le bien d'autrui avec tant d'avidité et si peu de ménagemens, qu'à peine de tous les domaines du comte lui reste-t-il la ville de Toulouse et le château de Montauban. Vous avez pris le pays que Richard, roi d'Angleterre, avait donné à sa sœur, les terres de Foix, de Cominges et du Béarn, et vous faites prêter par les vassaux serment d'allégeance à d'autres qu'aux seigneurs légitimes. Au reste, comme l'affaire est difficile, on doit y procéder avec beaucoup d'attention; c'est pourquoi nous vous ordonnons de rassembler un concile dans un lieu commode et assuré; et là vous convoquerez tous les archevêques, évêques, abbés, comtes, barons, consuls et autres, et après avoir pris leur avis vous nous l'enverrez afin de statuer ce que nous croirons convenable[1]. » Et ensuite de ces lettres, le pape suspendit sa bulle de croisade et les priviléges qu'il avait concédés, parce qu'il ne fallait pas abuser davantage du peuple chrétien par les indulgences

---

[1] *Ibid.*, epist. 213.

que le Saint-Siège avait accordées à ceux qui portaient les armes contre les hérétiques.

Ce fut à Lavaur que se rassembla le concile dont Innocent avait ordonné la convocation. Il fut présidé par les archevêques de Narbonne et de Bordeaux. Le roi d'Aragon vint y réclamer les terres des comtes de Toulouse, de Foix, de Cominges et du vicomte de Béarn; on lui répondit qu'il fallait les demander par écrit. Pierre exposa ses droits fort brièvement : « Je Pierre, par la grâce de Dieu roi d'Aragon, supplie humblement les prélats du concile, de rendre au comte de Toulouse les fiefs qu'on lui a enlevés; ce comte fera les satisfactions personnelles que vous jugerez convenable. Que si l'église croit ne point devoir accueillir la réclamation du père, qu'elle l'accorde au moins à son fils; Raymond ira servir contre les Sarrasins d'Espagne, ou dans la Palestine. Le comte de Cominges n'a point défendu les hérétiques; il s'est borné à répondre à l'appel féodal du comte de Toulouse, son cousin et son seigneur. Je sollicite donc qu'on lui restitue ses domaines. Je les revendique aussi pour mon loyal cousin et vassal le comte de Foix, ainsi que pour le vicomte de Béarn. J'implore et votre justice et votre miséricorde[1]. »

Voici ce qui fut répondu par le concile, quant à ce qui touchait le comte de Toulouse. « Ce comte a fait plusieurs sermens d'expulser les hérétiques et il n'en a tenu aucun. Il a maintenu les *routiers*, les grandes compagnies, à l'aide desquels il a donné la mort à plus de mille croisés Francs; il a chassé l'évêque d'Agen, pillé les abbés de Moissac et de Montauban; enfin, depuis si long-temps il est réputé fauteur d'hérésie, que cette opinion doit être considérée comme une vérité[2].

» Pour le comte de Cominges, il s'est associé avec les albigeois maudits de Dieu, malgré son serment de ne plus les hanter. Raymond assure que c'est ce comte qui l'a poussé dans l'erreur, et qu'il est ainsi l'auteur de tous les maux qui s'en sont suivis. Qu'il soit d'abord absous; puis l'Église ne se refusera pas à rendre toute justice.

» Le comte de Foix est le plus zélé protecteur de l'hérésie, et ceux-là qui la favorisent

[1] Ce mémoire est daté du 16 janvier 1213.
[2] Pierre de Vaulx-Cernay, chap. 66; et Epistol. Innocent, liv. 16, ep. 33.

sont aussi coupables que les hérétiques eux-mêmes. A peine le légat lui a-t-il fait grâce, qu'il a massacré les catholiques allant en toute simplicité de cœur au siège de Lavaur. Cependant, comme pour le comte de Cominges, s'il se purge aux yeux de l'église, justice lui sera faite.

» Quant à Gaston de Béarn, n'est-il pas un des grands persécuteurs de la foi? Il est accouru au siège de Castelnaudary sous la bannière du comte de Toulouse, il a protégé dans ses domaines le meurtrier du saint légat Pierre de Castelnau. N'est-il pas aussi entré dans la cathédrale d'Oleron, avec ses routiers et pillards, où il a fait violence aux clercs? Qu'il se purge d'abord, puis toute justice sera rendue.¹ »

Les réponses du concile donnaient ainsi gain de cause à Simon de Montfort et à la race Franque. Le roi d'Aragon crut devoir en appeler au pape; car, indépendamment des sentimens que lui inspirait sa parenté avec les anciens possesseurs du sol, il craignait le voisinage de ces valeureux enfans du nord

---

1 Pierre de Vaulx-Cernay, chap. 66, Epist. Innocent 3, iv. 16, ep. 39.

pour ses propres domaines. Une confédération secrète s'organisa; le roi d'Aragon, les comtes de Toulouse, de Cominges et de Foix, les chevaliers, bourgeois de Toulouse et de Carcassonne, jurèrent d'obtenir justice, par la douceur ou par la force, et de ne se séparer qu'après avoir conquis la restitution de leurs terres et de leurs anciennes seigneuries.

Le clergé catholique s'agitait toujours pour la cause des Francs; non-seulement le concile de Lavaur frappait la vieille race féodale des seigneurs de la Langue-doc, mais tous les évêques et abbés territoriaux, dans leurs lettres au pape, foudroyaient les Provençaux et particulièrement les Toulousains. « Si on ne détruit pas entièrement Toulouse comme un membre pourri, disaient-ils, elle infectera tout le voisinage, et fera revivre l'erreur dans tous les endroits d'où on l'a chassée; armez-vous, seigneur, du zèle de Phinée, anéantissez cette ville avec tous les infâmes qu'elle contient, comme Dieu a fait pour Sodome et Gomorrhe; que si le tyran Toulousain (le comte Raymond) ou même son fils, pouvait lever la tête, qu'on lui a déjà écrasée et qu'il faut lui fouler encore plus fortement, il ferait des ravages affreux[1]. »

Si les clercs poursuivaient ainsi leur ancien comte et la population du sol, ils proclamaient Montfort le héros, le Machabée, le vengeur de la cause catholique; les souvenirs de la Bible, les exemples du Vieux-Testament qui peuvent tout justifier, le meurtre, l'usurpation, les excès des rois, comme ceux des prêtres et du peuple, étaient invoqués au profit de la conquête. Le comte venait de recevoir quelques hommes de la race des Francs et s'était précipité dans le territoire de Toulouse; tous les petits châteaux, qui couvraient cette grande cité, furent rasés et ces chevaliers pillards détruisirent les blés et les vignes jusqu'à deux lieues aux environs, ce qui causa un grand préjudice aux bourgeois[2]. Les clercs voulaient à toute force perpétuer la famille des conquérans dans la Langue-doc; ils insistèrent auprès de Montfort pour qu'il donnât au jeune Amaury son fils,

---

[1] Voyez dans le registre des lettres d'Innocent III, epist. liv. 16, epist. 39 et 40.

[2] Pierre de Vaulx-Cernay, chap. 69; et Guill. de Puy-Laurens, c. 20.

quelques concessions de fiefs dans la Languedoc, afin qu'on pût ainsi s'habituer de bonne heure à le reconnaître pour suzerain. Le jour de la fête de saint Jean-Baptiste (1213), une grande tente fut dressée hors de la ville de Castelnaudary. Simon de Montfort, assisté de son frère Amaury, en présence d'une noble assemblée, reçut son fils chevalier. Il fut conduit à l'autel par son père, revêtu du manteau féodal des comtes provençaux, et par sa mère, en ses plus beaux atours. L'évêque d'Orléans lui donna le ceinturon de chevalier et Simon lui concéda en fief toutes les terres de la Gascogne qu'il avait conquises[1]. Ainsi l'union la plus parfaite régnait entre les clercs et les nouveaux possesseurs du sol, afin d'éteindre les droits de la race proscrite.

La réponse tout à la fois insolente et évasive du concile de Lavaur, les efforts concertés entre le clergé et les Francs pour assurer leur paisible domination excitèrent une indignation générale parmi les Provençaux. Ils avaient promis un dernier effort pour faire triompher la cause nationale. La prise d'armes s'étendit à

[1] *Ibid.*

toute la population, même au-delà des Pyrénées. Le roi d'Aragon ayant déclaré qu'il embrassait les intérêts de ses nobles vassaux se mit à la tête des Catalans et des braves aventuriers de l'Aragon, et vint joindre les comtes de Foix, de Toulouse et de Cominges, avec plus de mille lances [1]. Les Provençaux se croyaient sûrs du triomphe; ils résolurent d'assiéger la petite châtellenie de Muret, dépendante du comté de Cominges; ils s'étaient réunis devant ses tours élevées, lorsque les hommes d'armes vinrent annoncer qu'on voyait s'avancer dans la plaine les couleurs de Simon de Montfort.

Ce comte était parti en toute hâte, prévenu que les gens de Muret se trouvaient menacés d'un siège. Il n'avait qu'un petit corps de lances, et sa femme toute préoccupée d'un songe où le nouveau sire de la Langue-doc lui était apparu, foulé aux pieds des

---

[1] «Lo rei d'Arago ausit dire la persécution que lodit conte de Montfort fasié àl dit cunte Ramond, et adunc per li venir donar secours, fec mettre à point et armar mille cavaliers.» Chron. provençale.—Preuves de l'hist. du Languedoc, de Dm. Vaissete. t. 3, p. 51.

chevaux, avait voulu vainement le retenir: « Allons, lui dit le comte, laisse donc cet art de devins aux Espagnols et aux légers Provençaux. » Toute sa petite troupe se composait de Francs et le corps principal était commandé par le sire de Corbeil. Les clercs du pays fournirent à Simon tout ce qui pouvait lui être nécessaire; il s'arrêta dans l'église de Bolbone; le prieur qui avait nom Maurice, lui dit: « Sire comte, au nom du ciel, n'allez pas avec un si faible nombre de lances contre l'armée si formidable du roi d'Aragon. » Montfort d'un ton d'inspiré, répondit: « Maître Maurice, lisez cette lettre et jugez. » Elle était du roi d'Aragon et adressée à une noble dame, femme d'un châtelain de Toulouse; le monarque chevalier disait: « C'est pour l'amour de toi que je vais chasser les Francs de notre pays. » « Eh bien, maître Maurice, continua Simon, je ne crois pas possible que le roi d'Aragon renverse l'armée de Dieu au profit d'une femme. — C'est vrai, répondit le prieur [1]. »

Après avoir fait ses prières dans l'église de Bol-

[1] Guill. de Puy-Laurens, chap. 20.

bone et s'être très-dévotement confessée, l'armée des Francs s'avança vers Muret, où elle entra sans résistance de la part des Provençaux[1]. La bataille était imminente, mais les évêques qui avaient peur que les résultats ne tournassent pas à leur avantage voulurent négocier. Ils demandèrent un sauf conduit au roi d'Aragon. « Oh non, répondit le roi, pour quatre ribauds que ces évêques ont amenés avec eux, ce n'est pas la peine de leur accorder une conférence[2]. »

Le 12 septembre, Simon entendit la messe au castel de Muret. « Nous n'avançons rien par les négociations, dit-il aux évêques, vous voyez qu'il faut combattre. » On se prépara par force indulgences et de foudroyantes excommunications contre les hérétiques albigeois. La troupe de Montfort ne se composait que d'environ mille lances, tant chevaliers que sergens

---

[1] « Los quals estendards et ensenhas, eran del conte de Montfort, loqual venia en una bella compania et armada por secore les assiegeats de Muret, loqual conte de Montfort passet sur le pont an totes tas gens, et per le mercadar din la villa est intra sans deguna contradiction d'hommes vivans. » Chroniq. provençale des comtes de Toulouse, Dm. Vaissète, *ibid.*, col. 53, t. 3.

[2] Pierre de Vaulx-Cernay, chap. 69 et suiv.

d'armes; toutes étaient de France, sous la conduite de Guy de Montfort, Guillaume des Barres, que l'on trouvait partout où s'offraient de périlleuses aventures, Alain de Rouci, le vicomte de Corbeil, Bouchard de Marli ou de Montmorency[1]. Les Provençaux comptaient avec indignation dans cette bataille, Baudouin, frère du comte de Toulouse. L'ambition, le dépit, l'avaient jeté dans les rangs des ennemis de la Langue-doc. Le jour du combat, Folquet, évêque de Toulouse, la mitre en tête, revêtu de ses habits pontificaux, promena dans le camp un petit morceau de ce qu'on croyait alors le bois de la vraie croix. Comme cette procession restait un peu trop long-temps à défiler, l'évêque de Cominges, qui était guerroyant, craignant qu'elle ne ralentît l'ardeur de l'armée, s'écria : « Allez sans plus tarder, je vous suis témoin qu'au jugement dernier, je serai caution de tous ceux qui mourront dans ce

[1] Le nombre de chevaliers français, sous les ordres de Montfort, indiqué par les chroniqueurs, diffère un peu. Pierre de Vaulx-Cernay compte 800 hommes, tant chevaliers que sergens à cheval; Rigord donne à Montfort 270 chevaliers et 500 écuyers; Guill.-le-Breton, 240 chevaliers et 70 écuyers. (Voy. Dm. Vaissete, note xvii, t. 3 de son hist. du Languedoc.)

combat. » Les Francs grossiers se firent répéter plusieurs fois cette promesse qui leur plaisait fort, car ils n'avaient pas mal de gros péchés à confesser; puis ils sortirent en ordre de bataille[1]. On voyait mêlé parmi eux, le fameux Dominique, mais il n'avait point encore acquis son effrayante célébrité cléricale.

L'armée des Provençaux offrait un spectacle gai et dissolu; l'amour du plaisir et de la joie dominait même l'esprit des batailles. « La veille du combat, dit le fils du roi d'Aragon dans une chronique écrite de sa main, mon père avait couché avec une de ses mies, et il était si fatigué, que lorsqu'il assista à la messe avant le combat, il ne put rester debout pendant l'évangile; il fut obligé de s'asseoir[2]. » On n'entendait dans le camp des Provençaux, que rires et joyeuses paroles. En sortant de Muret, le cheval du comte de Montfort se cabra et recula; alors, éclatèrent parmi les gens de la Langue-doc toute sorte de moqueries et de

---

[1] Præclar. Franc. facin. apud Catel. Mémoire sur les comtes de Toulouse. p. 116.

[2] Chroniq. Comm. del rey en Jacme, c. 8. L'authenticité en est attestée par Dm. Vaissete, hist. du Languedoc. t. 3, p. 253.

grandes huées. Simon reprit les rênes de son coursier, et s'écria d'une voix sombre et sévère: « Vous vous moquez de moi maintenant par vos clameurs, mais j'espère avec l'aide de Dieu rire de vous, jusqu'aux portes de Toulouse [1]. »

Montfort rangea ses Français en bataille, dans une petite plaine en-dehors de Muret. Il les partagea en trois corps, et se plaça à l'arrière garde pour donner avec force au moment du danger; car, dans ce combat, il s'agissait d'assurer la domination française sur la Langue-doc, ou de perdre toutes les grandes conquêtes jusqu'ici obtenues.

Les Provençaux délibérèrent sur ce qu'ils avaient à faire. L'avis du comte de Toulouse étoit d'attendre les Français dans le camp; ce ne fut point celui de l'ardent roi d'Aragon; il avait promis à sa noble châtelaine de chasser les oppresseurs de la Provence, et il voulait tenir son dire sans retard; on adopta ce dernier avis. Deux mille lances de chevalerie sortirent donc du camp; on y laissa tous les gens de pied, composés des bourgeois de Toulouse, et des villes environnantes qui n'étaient pas très-

---

[1] Pierre de Vaulx-Cernay, *ibid.*, et Guill. de Puy-Laurens, *ibid.*

aguerris. Le comte de Foix commandait une troupe de Catalans, le roi d'Aragon était au milieu de la bataille, Raymond de Toulouse conduisait l'arrière-garde. Il y avait un peu de confusion dans les rangs; on poussait de toute part les cris d'armes, d'Aragon, Toulouse, Foix, Cominges, sans savoir précisément à quel seigneur on appartenait[1].

Le comte de Montfort défila sous les murailles de Muret, dans un ordre extrêmement serré. Il semblait vouloir éviter le combat, et préparer une retraite, lorsque tout à coup il se précipite la lance en arrêt contre l'avant-garde des Catalans, et la force de se replier sur le corps de chevaliers où s'était placé le roi Pierre d'Aragon. Il paraît qu'on avait fait une conjuration et serment parmi les Français de se défaire de ce prince protecteur de l'hérésie; on croyait qu'une fois mort, la victoire serait facile. Partout où se trouvaient ses couleurs royales, les chevaliers de France s'élançaient avec intré-

---

[1] « Cridant Arago, les autras Tolosa, Foix, Cumenges, et san tenir ordre ne regla. » Chroniq. provençale. *ibid.*

pidité. Or, voici ce qu'il advint : en commençant le combat et par les conseils de ses fidèles qui savaient la conjuration, le roi d'Aragon avait échangé ses armes et ses couleurs contre celles d'un de ses chevaliers, afin qu'on ne pût le reconnaître, et ce noble vassal, par dévoûment, s'était ainsi exposé à la mort. Lorsque les Francs s'avancèrent sur le corps de bataille, pour chercher Pierre d'Aragon, ils y furent trompés. Alain de Rouci courut la lance en arrêt contre le chevalier royalement caparaçonné ; mais ayant trouvé une faible résistance, il s'écria : « Amis, ce n'est pas le roi, car il est meilleur jouteur. » Pierre qui n'était pas bien loin, entendant ce propos, piqua son coursier, vint tout au devant d'Alain, et découvrant sa visière, dit d'une voix forte : « Vraiment ce n'est pas lui, mais le voici. » D'un coup de lance, il désarçonne le baron de France, et se jette au plus fort de la mêlée. Lorsqu'on connut, dans les rangs des hommes du comte de Montfort, que le roi d'Aragon était parmi eux, tous leurs efforts furent dirigés contre lui [1]. Ce vaillant prince

[1] Guill. de Puy-Laurens, *ibid.*

se défendait à outrance, renversait chevaliers et chevaux de droite et de gauche, mais les Français ne lui laissaient aucun répit[1]. Après plus de deux heures de combat, il succomba atteint de plusieurs coups d'épées. Autour de lui, étaient aussi gisans, les fidèles qui l'avaient défendu jusques à la mort. Alors, le gonfanon d'Aragon s'abaissa, et ce fut un triste signal pour l'armée des Provençaux.

Le comte de Montfort était au plus épais de la mêlée, frappant d'estoc et de taille; il venait d'être blessé au côté droit et son étrier s'était brisé par l'effort qu'il avait fait pour se parer; le comte chancela sur son cheval de bataille; un autre Provençal fond sur lui et le frappe à la tête; mais, sans se déconcerter, Simon lui donne de son gantelet sous le menton, lui brise les dents, puis le jette sur le carreau[2]. Reprenant toutes ses forces, il refoule devant lui les rangs entiers des Provençaux qui, apprenant la mort de Pierre d'Ara-

[1] Le chroniqueur provençal dit que le malheureux roi appelait à tue-tête à son secours. «Loqual Rey, quand a vista lo grand tuaria et desconfiture que l'on fasia de sas gens, il se metut à cridar tant que pogut: *Arago, Arago,* » chroniq. p. 53.
[2] Guillaume de Puy-Laurens, *ibid.*

gon, s'étaient mis en pleine déroute. Les comtes de Foix, de Toulouse et de Cominges ne purent arrêter les fuyards et imitèrent leur exemple. Il ne restait plus que les bourgeois de Toulouse qui s'étaient mis à couvert dans les retranchemens. Comme ils croyaient à la victoire de leurs seigneurs, ils avaient fait une tentative sur Muret, et repoussé toutes les propositions de soumission et d'arrangement que leur avait envoyées Folquet, leur évêque, dont ils ne cessaient de se moquer. Lorsqu'ils apprirent que tout était fini pour eux, les pauvres bourgeois se jetèrent dans des barques sur la Garonne, et se sauvèrent en toute hâte vers leur ville. Si l'on en croit Guillaume-le-Breton, Simon ne perdit dans cette bataille, chose presque incroyable! qu'un seul chevalier et huit autres croisés, simples sergens[1]. Les Provençaux, en y comprenant les citoyens de Toulouse et les gens de pied, eurent quinze à vingt mille hommes tués[2].

Ainsi venait de se décider la cause de la

[1] Guill.-le-Breton. *De gest. Philipp.-Augusti* ad ann. 1213. C'est l'histoire en prose de cet auteur. Dm. Vaissète a mal à propos cité Rigord, dont la chronique ne va pas jusqu'à cette époque.

[2] Note XVII, de Dm. Vaissete, hist. du Languedoc, t. 3. Elle est consacrée à la bataille de Muret.

Provence. Tous les castels furent en deuil, car l'esprit national y était porté à son dernier degré d'exaltation. On ne comptait, en effet, dans les rangs du comte de Montfort que deux hommes de la Langue-doc ; l'un était le comte Baudoin de Toulouse, frère de Raymond, l'autre le poète Perdigon, qui célébra la victoire des Français. Perdigon était fils d'un pêcheur du bourg de l'Esperou dans le Gévaudan. Comme il savait très-bien habler et jouer du violon, il se fit jongleur et ménestrel¹ ; il s'attacha d'abord au dauphin d'Auvergne, dont il reçut maintes terres et maints offices en fiefs, puis il suivit l'évêque Folquet et l'abbé de Citeaux à Rome pour engager le pape à publier la croisade contre le comte Raymond, et solliciter la destruction de Toulouse, du Quercy, du pays de Béziers et de l'Albigeois : on le vit chanter et même prêcher publiquement cette croisade ; après la bataille de Muret il fit un poëme sur la grande victoire des catholiques et la mort du roi Pierre. Les Provençaux furent tellement indignés de cette conduite, que le jongleur tomba dans la com

¹ MSS. du roi, n° 7698.

plète disgrace du dauphin d'Auvergne, qui le priva de ses terres et de ses honneurs. Perdigon fut obligé de se faire moine, et il prit l'habit de religieux dans l'abbaye d'Aiguebelle de l'ordre de Citeaux. Il ne put reparaître aux cours plénières de Provence [1]. Un plus triste sort attendait l'autre transfuge, le comte Baudoin de Toulouse, frère de Raymond.

L'effet moral de la victoire de Muret pour la conquête de la Langue-doc fut toutefois prodigieux. Les habitans de Toulouse offrirent de se soumettre au comte de Montfort et de saluer la domination catholique. Pons de Montlaur, Aymard de Poitiers, comte de Valentinois, lui firent aussi hommage; Amaury, fils de Simon, épousa Béatrix, fille du dauphin de Viennois et de la dame de Sabran-Castelard, héritière de toutes leurs terres [2]. Ainsi, tout semblait concourir à consolider la domination des Francs dans les provinces méridionales.

Cependant, comme il arrive toujours dans les guerres nationales, tous les germes de

---

[1] Nostradamus, hist. des poètes provençaux, p. 123 et suiv. et Baluze-Auvergne, t. 2, pag. 253.

[2] Hist. généalogique des grands officiers, t. 1, p. 564; et Mss. Colbert, n° 2275.

résistance n'étaient point éteints. Le comte de Montfort avait retenu auprès de lui l'héritier, encore enfant, du roi d'Aragon. Les braves Catalans et les Aragonais demandèrent leur jeune roi les armes à la main. Ils s'avancèrent jusqu'à Béziers.¹ Simon fut obligé de céder aux vaillans chefs de ces martiales populations, Nuguez Sanche, fils du comte de Roussillon, Guillaume de Montcade, et Guillaume de Cardonne. Leur roi leur fut rendu². En même temps les routiers, voleurs et pillards de grand chemin, toujours dévoués à l'hérésie et à la Provence, surprenaient le comte Baudoin, qui avait lâchement trahi la cause de sa race pour quelque fief. Ils le livrèrent à son frère Raymond, et tant l'indignation fut grande parmi les Provençaux, que, du jugement de la cour du comte de Foix, Baudoin fut condamné à la mort pour félonie. Quelques mois plus tard le vicomte de Narbonne refoulait jusqu'à Béziers Montfort et ses Français³.

1 Chroniq. Comment. del rey, en Jacme, chap. 9.
2 Zurita, Annal d'Arag., liv. 2, ch. 66 et seq.
3 Pierre de Vaulx-Cernay, chap. 75; Guill. de Puy-Laurens, chap. 23.

Dans cette confusion, plusieurs villes de la Langue-doc s'érigeaient en république, ce qui n'était, à vrai dire, qu'un retour à leurs anciens priviléges municipaux. Montpellier proclama ses libertés au mois d'avril 1214, et se mit, pour leur conservation, sous la tutelle de Philippe - Auguste. Ce roi devait en protéger les habitans comme ses autres bourgeois, pendant cinq ans, depuis la fête de Pâques; il leur assurait la propriété de la ville et de ses châteaux; il promettait de les défendre contre les prétentions du jeune roi d'Aragon; « mais s'il arrive, est-il dit dans la charte, que Robert de Courçou, maintenant légat en France, enjoigne à Louis, fils aîné du roi, de soumettre la ville de Montpellier au nom des croisés français, Philippe se trouvera entièrement dégagé de la protection qu'il accorde actuellement aux bourgeois[1]. » Par ce moyen le roi se réservait de modifier la forme du gouvernement de Montpellier, au cas où la conquête ferait tomber cette cité aux mains de Louis et des Français. Pierre de Bénévent était alors légat

[1] MSS. Colbert, n° 2669.

dans la Langue-doc. C'était un de ces cardinaux sans conscience, vendu à la cause de Montfort. Il parut d'abord favorable à la vieille race des seigneurs provençaux [1]. Il les réconcilia tous avec l'église, sans en excepter même le comte de Toulouse [2]; mais c'était pour donner le temps à de nombreux pèlerins francs, convoqués par la prédication d'une nouvelle croisade, d'arriver dans la terre des hérétiques.

« O pieuse fraude! ô piété frauduleuse du légat! » s'écrie dans son enthousiasme Pierre de Vaulx-Cernay, il amusait ainsi les ennemis de la foi, et le comte de Montfort put passer par cet heureux subterfuge dans le Quercy et l'Agenois, avec les hommes qui étaient venus de France sous la bannière du vicomte de Châteaudun [3]. Les croisés soumirent ces provinces, et le légat en fit don à Montfort pour les tenir en fief du pape. Celui-ci reçut l'hommage du comté de Ro-

---

[1] Catel, Mémoires sur les comtes de Toulouse, p. 300 et suiv.

[2] Toutes les villes de la Langue-doc, Toulouse, Narbonne, furent réconciliées avec l'Église. L'abjuration des comtes se trouve au trésor des chartes de Toulouse, sac 5, n° 52.

[3] Pierre de Vaulx-Cernay, ch. 78.

dez; le vicomte de Nîmes et d'Agde lui céda aussi ces deux seigneuries en toute propriété.

Rien ne manquait plus à Montfort qu'une sentence qui, en dépouillant le comte de Toulouse et les autres anciens possesseurs de la Langue-doc, lui donnerait enfin la pleine et légale domination sur les terres conquises. Le cardinal Robert de Courçon, de son propre mouvement, convoqua un concile dont le motif apparent était d'examiner les questions d'hérésie [1], mais dont le seul objet était de déférer, selon le droit, la seigneurie du sol au comte de Montfort.

Le concile se réunit à Montpellier. Il se composait des archevêques de Bourges, Narbonne, Auch, Bordeaux, auxquels s'étaient joints les évêques, les abbés mitrés de ces provinces ecclésiastiques. Le comte de Montfort aurait bien désiré entrer dans la ville, mais les bourgeois ne voulurent point le permettre. Cela n'empêcha pas que le comte n'eût de fréquentes conférences avec les clercs dans la maison des templiers où il

---

[1] Baluze, *Concil. Narbonens.*, *provinc.* p. 38 et seq. Pierre de Vaulx-Cernay, ch. 80.

s'était établi, et située en dehors des murs. Enfin le concile prononça. Ses premiers canons avaient pour objet la réforme des mœurs cléricales dans la Langue-doc, l'abolition des péages, et particulièrement l'extermination des hérétiques, qu'on devait poursuivre de toutes les manières par les prédications et par le feu ; lorsque ces articles furent arrêtés, les conférences devinrent plus actives et plus fréquentes entre Simon de Montfort et les prélats, de sorte qu'on pouvait dire qu'il était l'âme du concile. Un jour même par fraude et trompant la vigilance des bourgeois, on introduisit le comte dans l'assemblée qui se tenait en l'église de Notre-Dame. Lorsque les citoyens l'apprirent, ils coururent aux armes, entourèrent le chœur et voulaient s'emparer du comte pour lui faire un mauvais parti ; Simon fut obligé de se sauver par un chemin dérobé, et les bourgeois furieux ne purent le joindre. Les prélats se rassemblèrent ensuite pour statuer sur l'état politique de la Langue-doc. Le cardinal de Courçon, entièrement dévoué aux intérêts de Montfort, posa la question en ces termes : « Je

---

¹ Pierre de Vaulx-Cernay, *ibid.*, ch. 80. Baluze, *ibid.*

vous conjure par le jugement de Dieu et par l'obéissance que vous devez au siège romain de me donner, sans aucun respect humain, un fidèle conseil, suivant vos lumières, touchant celui à qui pour l'honneur de l'Église, pour la paix du pays, et pour le purger entièrement de l'hérésie, il convient de donner la ville de Toulouse que le comte Raymond a possédée, et tous les autres domaines que l'armée des croisés a conquis. »

Les évêques répondirent : « Seigneur légat, accordez-nous quelques instants pour délibérer ; » puis s'étant tournés vers les abbés et les clercs présens au concile pour prendre leurs avis, les prélats écrivirent, chacun sur un bulletin séparé : « Nous choisissons Simon de Montfort comme prince et monarque de tout le pays. » Cette décision ainsi arrêtée en dehors de toutes les règles féodales, ils supplièrent le cardinal de donner l'investiture des domaines concédés au comte de Montfort, celui-ci répondit : « Mes pouvoirs ne vont pas jusque-là ; adressez-vous au pape sur ce point, et je ne doute pas qu'il ne ratifie la sentence des évêques [1]. » En effet, le

[1] Pierre de Vaulx-Cernay, *ibid.*

concile supplia le pontife dans des lettres pressantes de reconnaître Montfort pour seigneur du pays. Provisoirement l'église mit la main sur toutes les cités du comte Raymond. L'évêque Folquet rentra dans Toulouse dont il avait été expulsé et demanda douze otages pris parmi les capitouls. Le pauvre fils de ces comtes de Saint-Gilles, jadis si puissans, fut obligé de quitter le palais de ses ancêtres et d'habiter avec sa mère [1], la maison d'un bourgeois dans sa petite tourelle. Son sénéchal pour expier son patriotisme se voua au service des pauvres malades; enfin après s'être assurés des châtellenies dans le pays, les clercs déclarèrent que tous les chevaliers dont les biens avaient été confisqués [2] durant la croisade, pourraient aller en la province, mais sans jamais entrer dans une ville murée. Ils devaient toujours marcher sans armes, montés sur de mauvais roussins, sorte de déshonneur de chevalerie, et ne porter qu'un

---

[1] Toutefois un acte de cette année 1215, émané des consuls de Toulouse, porte encore la suscription : *Raymond, comte de Toulouse*. Catel, Mémoire sur les comtes de Toulouse, p. 302.

[2] Faidita. Ce mot vient peut-être de *freda* (amende, composition), dans la langue franque.

éperon. Un grand nombre de nobles habitans quittèrent la terre de la Langue-doc pour ne pas subir ces affronts.

Le troubadour Raymond de Miraval, sire de Carcassel, a déploré la triste situation de la Langue-doc à cette époque. Le noble poète avait conquis l'amitié du comte Raymond de Toulouse, et habitait sa cour. Dans les fêtes et les cours plénières, Miraval obtenait l'amour de toutes les dames et s'obstinait cependant à requérir merci de la châtelaine de Penautier, femme du seigneur de Cabaret, jeune, belle, savante, et qui était aimée également du comte de Foix, d'Olivier de Saissac, de Roger de Mirepoix, d'Aimeri de Montréal ; le comte de Foix fut préféré ; le troubadour, pour se consoler, passa dans les bras de la femme du vicomte de Minerve et d'Adelaïde de Boisellon ; Adelaïde le trahit encore pour le roi d'Aragon, et notre pauvre chanteur s'en vint jouter d'amour avec Ermengarde de Castres, surnommée la belle Albigeoise, et qui lui fut aussi infidèle pour Olivier de Saissac. Lorsque les croisés eurent enlevé la plupart des châteaux au vieux comte

Raymond, Miraval suspendit ses gaies chansons; rien ne pouvait plus l'inspirer à la vue de cette désolation qui frappait la Langue-doc. Il reprit un moment sa vie joyeuse, lorsque le roi d'Aragon vint au secours du comte de Toulouse, avec ses braves Catalans, mais la bataille de Muret ayant déçu toutes ses espérances, le troubadour devint encore silencieux, et s'enfuit de sa patrie, livrée aux barbares et aux maudits clercs [1].

C'était dans ce moment qu'arrivait le prince Louis de France.

Il était parti de sa noble cour de Paris dans le premier jour d'avril, et il séjourna pendant les fêtes de Pâques, 19 de ce mois, à Lyon, alors rendez-vous habituel des croisés francs. Le prince était suivi de Philippe, évêque de Beauvais, son cousin, du comte de Saint-Pol, de Gauthier comte de Ponthieu, de Robert de Sens et d'Alençon, de Guichard de Beauvais, de Mathieu de Montmorency, du vicomte de Melun et d'un grand nombre de chevaliers français [2].

---

[1] Nostradamus, Poètes Provençaux, p. 60.
[2] Pierre de Vaulx-Cernay, ch. 80.

Lorsque Montfort apprit que le fils de son suzerain s'avançait vers la Langue-doc, il partit de Toulouse et vint jusqu'à Vienne pour aller à sa rencontre. Louis continua sa route le long du Rhône, et la première entrevue se fit dans cette ville; le légat attendit à Valence.

Montfort et le cardinal n'étaient pas sans crainte, sur le résultat du voyage du prince dans la Langue-doc; ils avaient agi tous deux avec précipitation et sans l'assentiment du roi de France, et ils concevaient quelques terreurs à l'approche d'une armée sous les ordres de son fils; le cardinal s'était déjà préparé à repousser toute intervention; il prévint Louis par ses lettres, « qu'il ne pouvait ni ne devait donner aucune atteinte à ce qui avait été arrêté par le concile, attendu qu'il ne venait qu'en qualité de pèlerin, et non point comme représentant du suzerain de la terre; que le pape avait disposé de la Langue-doc, sur le refus qu'avait fait Philippe-Auguste de la purger de l'hérésie. »

Louis n'avait pas intention de troubler ce qui avait été fait, il déclara qu'il agirait en toute chose selon l'ordre et la volonté du légat. Il n'y avait donc aucune idée politique dans ce pèlerinage; c'était un motif de piété chevaleresque qui le dirigeait [1].

Le prince s'arrêta quelque temps à St.-Gilles. C'est dans un vieux monastère enrichi par les comtes de Toulouse qu'on lui communiqua les bulles du pape, qui confirmaient provisoirement les décrets du concile de Montpellier, en faveur de Simon de Montfort. Innocent confiait au comte franc la garde de tous les domaines que Raymond avait possédés, et de toutes les terres conquises, jusqu'à ce qu'il en eût été autrement décidé par le concile général qu'il convoquait à Rome pour le 1ᵉʳ novembre. Le pontife suppliait Montfort, de se charger de ce pénible fardeau, au nom de l'Église; ce qu'on n'eut pas de difficulté à faire entendre à ce chef ambitieux de la croisade [2].

De Saint-Gilles, Louis se rendit à Montpellier, toujours accompagné du légat. Lorsqu'il arrivait dans une cité, il exigeait aussitôt le

[1] Pierre de Vaulx-Cernay, *ibid.*
[2] *Ibid.*

serment de fidélité à la foi catholique, et comme pour imprimer une flétrissure aux grandes communes de la Langue-doc, il fit abattre toutes les murailles, parce que les peuples s'étaient élevés contre Dieu et le pape. Ainsi, les murs de Narbonne, de Béziers et de Toulouse, tombèrent sous le marteau des varlets et ribauds de l'armée de France. L'évêque Foulquet eût désiré qu'on brûlât toutes les maisons, afin qu'il ne restât pas pierre sur pierre, mais ce conseil ne fut pas suivi [1]. Là, se borna le pèlerinage du fils de Philippe. Il revint avec joie à sa cour de Paris, où le rappelait d'ailleurs une grande affaire, la conquête de l'Angleterre. Il rapporta, comme témoignage de son pèlerinage, la mâchoire de Saint-Vincent, martyr, dont il fit présent à l'abbaye de Saint-Germain-des-Prés [2].

Ainsi finit cette quarantaine pieuse, comme le disaient les chroniques, et qui n'eut ni pen-

---

[1] « L'évêque dal Tolosa à respondut que estat d'opinion que metan lo fuè per tots les coings de la dita villa. » Chronique provençale, col. 57.

[2] Acta ordin. sanct. Benedict., sæcul. IV, P. 1, p. 653.

sée, ni résultat politique; ce fut une de ces fougues qui marquaient la vie des paladins. Elle ne consolida ni n'affaiblit la puissance de Montfort. L'état de la Langue-doc n'en changea pas.

Le comte légitime de Toulouse, le vieux possesseur du sol, s'était retiré auprès de Jean d'Angleterre, réclamant secours de tous les nobles hommes contre la violence dont il était victime. Du plus brillant état de chevalerie, de cette cour joyeuse et riche, de ces châtellenies si nombreuses, il ne lui restait rien; pas même, comme le dit son chroniqueur, une rente en sous melgoriens [1]. Le roi Jean lui donna dix mille marcs d'argent à partager entre lui et son fils. La princesse d'Aragon, sa femme, se retira à Aix, où ses parens et amis déplorèrent ses illustres infortunes.

Quant aux hérétiques, ils fuirent les cités et se répandirent en tout lieu, déguisant leur foi religieuse. Les *parfaits* et les *adeptes* gagnèrent la montagne où plus tard l'inquisition sut bien les trouver; mais l'hérésie ne se

---

[1] Monnaie courante de la Langue-doc à cette époque. (*Voy.* la table des monnaies à la fin du 4ᵉ vol.)

perdit point pour cela; elle se mêlait au patriotisme et à l'énergique amour du pays.

La seigneurie de Montfort, jusqu'ici du moins, n'avait été qu'une situation provisoire. Une assemblée de clercs de la province et la volonté du pape l'avaient reconnue, mais il restait encore la décision suprême du concile général, qui allait avoir à résoudre la grande querelle entre les anciens comtes du pays et les envahisseurs de race franque. On a déjà dit qu'il avait été indiqué pour le mois de novembre 1215. Tous les évêques de la catholicité s'y étaient rassemblés [1]. La prévoyance d'Innocent III semblait deviner l'imminente décadence de la foi et de ses doctrines d'autorité, et il voulait opposer à l'esprit novateur toutes les forces de l'Église. Douze cents prélats se réunirent dans ce concile. Le comte de Toulouse et son fils, le comte de Foix, des députés du comte de Montfort s'y étaient aussi rendus afin de faire valoir leurs droits, ou d'exposer leurs plaintes. Philippe-Auguste, tous les princes chrétiens, s'y trouvaient également représentés.

Le premier acte des clercs fut entièrement

[1] Collect. des conciles, t. xi, p. 142.

dirigé contre les hérétiques manichéens, albigeois et vaudois, qui troublaient la foi orthodoxe par leurs doctrines perverses. Les évêques firent à ce sujet une haute profession religieuse, afin que chacun pût distinguer quels étaient les principes de vérité et les erreurs de l'hérésie. Anathème fut prononcé contre tous les systèmes qui s'écartaient de la pureté de l'Église ; ceux qui transgressaient ses commandemens, après une juste condamnation, devaient être livrés aux puissances séculières, et leurs biens seraient confisqués. Les princes étaient tenus de poursuivre avec toute vigueur l'hérésie dans leurs états, de quelque voile qu'elle pût se déguiser, et s'ils y apportaient la moindre négligence ils seraient d'abord admonestés par les clercs, puis, s'ils persistaient, leurs fiefs devaient être confisqués; leurs sujets déliés du serment de fidélité après un an d'attente, sauf et réservés en tous les cas les droits des seigneurs supérieurs [1].

Par cette première déclaration du concile, la question du comté de Toulouse et des fiefs

---

[1] *Ibid.* Voy. les judicieuses remarques de Fleury sur ce concile, Hist. ecclésiast., l. 77, n° 47.

en dépendans paraissait résolue. Tous les comtes de la race provençale se trouvaient précisément dans la catégorie des princes favorables à l'hérésie ; ils avaient reçu les admonitions cléricales et s'en étaient moqués. Les albigeois avaient grandi sous l'aile de leur protection ; la décision du concile de Latran les dépouillait de leurs terres par une application simple et naturelle ; cependant ils firent entendre de vives représentations. Les comtes de Toulouse et de Foix furent introduits dans l'assemblée [1], et se prosternant aux pieds du pape, ils exposèrent les injustices dont ils avaient été victimes dans la Langue-doc. Un des cardinaux prit ardemment la défense du comte de Foix [2] ; le bouillant évêque Folquet l'interrompit avec un geste d'impatience. « Que vient-on nous dire ici ? le comte de Foix ne peut disconvenir que son fief ne soit partout rempli d'hérétiques,

[1] Le fils du comte de Toulouse s'était rendu à ce concile, déguisé en marchand, pour échapper au comte de Montfort. La chronique provençale dit au contraire qu'il voyageait en grande et noble compagnie. « En una bella et nobla compagnia, » p. 58.

[2] « Adonc a presa la paraula ung des cardinals que al dit : Cou seilleray, etc. » Chroniq. provençal., *ibid.*, p. 56.

car lorsqu'on a pris le château de Mont-Ségur, dépendant de sa seigneurie, a-t-on épargné un seul habitant? n'a-t-on pas fait brûler tout le monde, preuve qu'ils étaient tous hérétiques! Pendant quatre ans la sœur du comte a protégé l'hérésie à Pamiers, et lui-même n'a-t-il pas tué plus de six mille croisés qui allaient au secours de Lavaur? »[1]

« Le château de Mont-Ségur n'est pas dans ma dépendance, répliqua le comte, mais dans celle de ma sœur; s'il y avait des hérétiques, il faut s'en prendre à elle. On m'accuse d'avoir détruit six mille croisés qui envahissaient nos terres, mais c'était des rodeurs et pillards de tout ce qu'ils rencontraient. Il fallait bien arrêter cette troupe perverse; et toi, Folquet, reprit le comte de Foix, n'as-tu pas livré ta ville épiscopale au pillage? Dix mille habitans de Toulouse n'ont-ils pas été frappés par les

---

[1] « Et adonc ses leva l'évesque Folquet, et la peraula a presa contre los dit cardinal, disan que lo comte de Foix que aqui era présen, non podie excusar ni dire que tota sa terra non fos plena d'héretge, car tots los habetans de Mont-Ségur erant esta ars et brûlats. *Ibid.*

mauvaises œuvres concertées entre toi et Simond[1].

Folquet rougit sur son siège à bras d'or.

Un des envoyés de Montfort (Guy son frère) se leva et dit : « Mais si vous rétablissez les comtes provençaux dans leurs terres et si vous en dépouillez les francs, possesseurs actuels, personne ne voudra plus obéir aux ordres du pape, et ses promesses seront vaines, sa parole sans effet. » Ceci fut très-applaudi de Folquet et des prélats.

Alors, le chantre de l'église de Lyon, s'adressant au Saint-Père[2] : « Vous savez bien que le comte Raymond vous a toujours obéi en toute chose; il vous a remis les châteaux que vous avez demandés comme garantie; il a combattu contre son propre neveu le vicomte de Béziers. Vous ne pouvez vous dispenser de lui rendre ses domaines; et toi, Folquet, quand cesseras-tu d'attiser le feu partout? tu décries par tes folies la cour de Rome. Est-il juste que

---

[1] « A fait destruire, pilhar et robar à Tolosa et plus de des millia personas a faicta mori de mala mort, » *ibid*.

[2] Le chroniqueur provençal dit : « Que era ung des grands clercs de tots le monde. »

pour satisfaire à la passion d'un seul, tant d'autres soient sacrifiés ? »

Le pape fit un signe de tête comme pour applaudir à cette vive harangue : « Mon frère, dit-il, lors même que le comte de Toulouse serait coupable, son fils ne l'est pas ; il faut donc lui rendre ses terres [1]. » Ces paroles excitèrent des murmures violens dans l'assemblée ; ils furent impératifs jusqu'à ce point que, malgré les sentimens de respect qu'inspirait la personne du pape, la majorité du concile rendit contre l'opinion du pontife un décret favorable à la race francque.

« Tout l'univers, y est-il dit, est informé des travaux que l'église a entrepris, soit par les prédicateurs, soit par les croisés, pour exterminer les hérétiques et les routiers de la Langue-doc ; le succès, par la grâce de Dieu, a répondu à nos soins, en sorte que ces deux races de vipères étant chassées, le pays est maintenant gouverné dans la foi catholique et la paix fraternelle. Mais comme ce nouveau plan a besoin d'être arrosé par l'eau spirituelle,

---

[1] «Lo payre non pagara per les iniquitats del filh, et lo filh per les iniquitats del payre. Chron. provençale, col. 61.

nous avons jugé à propos d'y pourvoir ; après avoir consulté le concile [1], nous déclarons que Raymond, comte de Toulouse, qui a été trouvé coupable, et que certains indices prouvent depuis long-temps ne pouvoir gouverner ce pays dans la foi, est exclu pour jamais d'y exercer sa domination, dont il n'a fait que trop sentir le poids. Il demeurera dans un lieu convenable hors des fiefs confisqués, pour y faire une digne pénitence de ses péchés : toutefois il recevra tous les ans quatre cents marcs d'argent pour son entretien, tant qu'il se montrera obéissant; que sa femme, sœur du roi d'Aragon, et qui, d'après les témoignages de tous, est une dame de bonnes mœurs et très-catholique, jouisse paisiblement des terres qui lui ont été assignées pour son douaire, à condition qu'elle les fera régir selon l'ordre de l'église, et ainsi qu'il plaira au Saint-Siège. Quant aux domaines que les croisés ont conquis sur les hérétiques, leurs croyans, fauteurs et receleurs, avec la ville de Montauban et celle de Toulouse, les plus gâtées par l'hérésie, ils seront donnés au comte de Montfort, homme cou-

[1] Concil., t. xi, p. 234. Spicileg., t. vii, p. 210.

rageux, sauf les droits des églises et des catholiques. Les autres villes et châteaux qui n'ont pas été pris par les croisés seront confiés à la garde de gens capables de défendre les intérêts de la paix et de la foi, afin d'en pourvoir le fils unique du comte de Toulouse, après qu'il sera parvenu à un âge légitime, et s'il se montre tel qu'il soit digne d'obtenir le tout ou seulement une portion. »

Le concile suspendit sa décision en ce qui touchait les comtés de Foix et de Cominges, mais il déclara qu'en quelque main qu'ils fussent remis, ils n'en seraient pas moins des vassalités du comté de Toulouse déférés à Simon de Montfort. Ainsi la race franque et son chef devenaient par suite de ces décrets, paisibles possesseurs de tous les pays qui s'étendent depuis Béziers jusqu'à l'Océan, les Pyrénées et la Dordogne. Le jeune Raymond ne devait plus recueillir du riche héritage de son père que la Provence telle qu'elle est aujourd'hui dans ses limites [1].

Ce changement opéré dans la seigneurie de

[1] Voir aussi Trésor de chartes (bulles contre les hérétiques, n° 13.)

la Langue-doc, en amena un autre dans la possession des terres et arrière-fiefs; la domination du clergé s'y établit presque exclusivement sur les débris de la puissance militaire et féodale; la plupart des comtes, barons, dûrent faire hommage à l'église du voisinage, à ces cathédrales puissantes, à ces évêques qui avaient lutté si violemment contre l'hérésie menaçante et fait triompher la cause étrangère; c'est à cette époque que Dominique fonda l'ordre des prédicateurs, milice sacrée qui devait défendre particulièrement dans la Provence les droits du Saint-Siège et la pureté de la foi catholique [1].

Tous les seigneurs de race provençale exclus de leurs héritages cherchèrent un abri en Espagne, dans les cours d'Aix et de Marseille, ou chez les grands vassaux de Philippe-Auguste; le comte Raymond et son jeune fils se retirèrent à Gênes unie alors, comme toutes les républiques d'Italie, aux villes libres de la Langue-doc. Ils y méditaient les moyens d'opérer une révolution en leur faveur parmi la po-

[1] La fondation de cet ordre est de 1207; les prédicateurs reçurent la première donation en 1215. Trivet, Vit. S. Dom. apud Echard. script. ordin. prædicat. p. 9 et seq.

pulation fidèle du pays que Montfort venait de leur enlever; cette révolution éclata plus tard.

Simon mettait à exécution tous les décrets du concile de Latran; il en dépassait même les limites. Non-seulement il entrait en possession des terres qui lui avaient été confiées par le pape, mais encore il faisait prêter de nouveaux sermens aux consuls et capitouls; ses hommes d'armes, tous de race franque, rasaient les murs, faisaient aplanir les fossés, couper les chaînes, abattre les tours qui défendaient les maisons bourgeoises; au contraire, il fortifiait les châteaux confiés à ses propres vassaux, palissades, tourelles et créneaux, rien n'était épargné pour les rendre inexpugnables.

Restait toujours une difficulté féodale à vaincre; Montfort pouvait-il se dispenser de l'hommage à son supérieur? Devenait-il seigneur indépendant de la Langue-doc par le décret du concile, et ne devait-il la foi lige qu'au pape? Le droit féodal ne s'était pas à ce point modifié; c'était bien assez que le concile eût disposé d'un fief sans la participation du suzerain et de la cour des barons; l'église ne pouvait violer aussi ouvertement les règles établies avec la conquête germanique ; le concile de Latran avait réservé d'ailleurs tous les droits du supérieur, et le supérieur de Montfort, dans l'ordre des fiefs, était le roi de France ; le comte songea donc à lui rendre hommage et à en recevoir l'investiture. Il s'achemina en conséquence vers la cour de Paris.

Le nom de Montfort était devenu très-populaire dans les églises et les castels. A l'idée pieuse qui se mêlait à sa conquête, se joignait encore cette espèce de merveilleux chevaleresque, qui dominait dans les manoirs de France ; il était l'image de ces fortunes fabuleuses, de ces prodigieuses destinées, qui élevaient un châtelain sur un trône, comme lors de la conquête de Constantinople. Aussi, Simon de Montfort fut-il accueilli sur son passage par de vives acclamations. On accourait pour le voir ; on se disputait les morceaux de ses vêtemens, comme de pieuses reliques. Le clergé venait à sa rencontre processionnellement ; c'était enfin l'homme de l'église [1].

[1] Pierre de Vaulx-Cernay, ch. 83.

Ce mouvement d'opinion était si puissant que Philippe accorda l'hommage sans autre examen. Il accueillit magnifiquement le comte au pont de l'Arche où sa cour plénière était réunie. Après la cérémonie de l'investiture, le roi donna la charte suivante : « Au nom de la sainte et indivisible Trinité, Philippe, par la grâce de Dieu, roi des Français, sachent tous présens et à venir, que nous avons reçu Simon de Montfort, pour notre homme-lige, à l'occasion des terres qui ont été conquises sur les hérétiques et ennemis de J. C. dans le duché de Narbonne, le comté de Toulouse, les vicomtés de Béziers et de Carcassonne, dans les fiefs que Raymond tenait de nous, et pour les terres qui sont de notre seigneurie, sauf les droits d'autrui et celui de ses vavasseurs. Donné au pont de l'Arche, l'année 1216, et la trente-septième de notre règne [1]. »

Quelques jours après, le roi étant à Melun, adressa d'autres chartes à ses hommes, afin qu'ils eussent à reconnaître Montfort. « Sachez, disait le roi, que nous avons reçu pour notre

[1] Reg. Curiæ Franc., et aux preuves de l'histoire de Languedoc, t. 3, col. 252.

homme-lige, notre cher et féal Simon, comte de Montfort, à cause du duché de Narbonne, du comté de Toulouse, des vicomtés de Béziers et de Carcassonne, en un mot pour les terres et fiefs que Raymond, autrefois comte de Toulouse, tenait de nous, et qui ont été acquises sur les hérétiques et les ennemis de l'Église, sauf les droits d'autrui et ceux de nos vassaux, pourvu qu'ils professent la foi catholique. C'est pourquoi nous vous défendons expressément de vous mêler de ces domaines, ou de les saisir, sinon au profit dudit comte, auquel vous prêterez vos conseils et votre appui. Fait à Melun, au mois d'avril 1216 [1]. »

Ainsi se trouvait tout-à-fait régularisée, selon la loi féodale, la domination franque dans les terres de Provence. Le suzerain, dans l'ordre hiérarchique des terres, avait reconnu le comte de Montfort; la Langue-doc devait passer à sa famille, et les cités elles-mêmes avaient engagé leur foi; mais il y avait une cause générale qui devait plus tard se manifester avec énergie. C'est cette répugnance des populations, cette haine de race entre les Francs et les Provençaux, qui rendait odieuse la suze-

[1] *Ibid.*

raineté politique du nouveau comte et de ses hommes d'armes; quelque temps les habitans des terres de la Langue-doc subirent ce joug, mais au premier signal de liberté et d'indépendance, ce beau pays vint se replacer comme de lui-même sous les lois des seigneurs du sol; les vieux comtes de Toulouse n'eurent qu'à se montrer et la domination étrangère disparut, tant est grande la puissance des opinions populaires!

CHAPITRE XXVIII.

Cour et gouvernement de Philippe-Auguste. — Sa famille. — La reine Ingerburge. — Naissance de Philippe, petit-fils du roi. — Anne de France, et l'empire latin à Constantinople.—Jean de Brienne.—Colonies chrétiennes de la Palestine. — Croisade chevaleresque contre les Maures d'Espagne. — Actes du gouvernement. — Libertés bourgeoises. — Rapports de féodalité avec les grands feudataires.—Bourgogne.—Bretagne.—Champagne. — Rapports avec les arrière-vassaux. — Avec les églises. — Événemens contemporains.—Actes d'administration et d'utilité publique.

1204 — 1214.

Les événemens si divers et si importans que nous venons de raconter ne nous ont pas permis de nous arrêter sur les actes du gouvernement intérieur de Philippe-Auguste. A l'aspect de ces luttes, grandes et décisives, l'attention s'est détournée des petits accidens de la cour du Suzerain. Maintenant qu'elles sont résolues, revenons aux scènes non moins intéressantes de la vie privée et de l'administration féodale.

Depuis l'année 1204, où s'opéra la réunion de la Normandie et des fiefs anglais au domaine, le palais de Philippe-Auguste avait pris une splendeur nouvelle, et, depuis le règne de Charlemagne, tout-à-fait inconnue aux chefs militaires des barons de France : les revenus royaux s'étaient considérablement augmentés d'un grand nombre de terres et de cités bourgeoises où maintenant s'exerçait la justice du roi. Le luxe s'en était accru à ce point que les robes de soie, les riches vêtemens écarlates, étaient aussi communs parmi les officiers du suzerain, que la bure noire et les capes chez les bourgeois et les vilains. Cette magnificence des habits, et surtout les longues queues, excitaient la vive indignation des vieux barons et des clercs. Un des ardens moralistes de l'époque regrette le temps des vêtemens courts et serrés qui épargnaient l'étoffe, et il aperçoit une grande corruption dans les manches amples et les robes traînantes : « Sachez, mes bonnes dames, que si, pour remplir l'objet de votre destination, vous aviez besoin de longues queues, la nature y eût pourvu par quelque chose d'approchant[1]. »

La reine Ingerburge était revenue à la cour de Poissi, et sa présence jetait Philippe dans le plus mortel ennui. Il avait subi la sentence du pape, qui le forçait à la reprendre et à la traiter comme sa femme ; mais il la repoussait de son lit et de sa noble compagnie, et bien qu'il eût reçu une très-bonne dot en argent dont le divorce entraînait le remboursement, il aurait consenti à la tripler pourvu qu'on le séparât d'elle[2].

La princesse délaissée s'était livrée à la plus extrême dévotion, sans doute pour consoler ses chagrins domestiques ; elle se faisait affilier aux prières des monastères et au fervent acétisme des moines. Il nous reste une lettre de Gervais, abbé des Prémontrés, adressée à

---

[1] Sermons de Pierre, chantre de l'église cathédrale de Paris, chap. 82 à 85. J'emprunte la traduction du naïf et savant bénédictin dom Brial, Hist. littéraire de France, in-4., t. xv, p. 294, article *Pierre-le-Chantre*.

[2] Toutes ces relations entre le Danemarck et la France par rapport au mariage d'Ingerburge et du roi, sont très-bien racontées dans les lettres de Guy, abbé du Paraclet, publiées par Langebeck, *Rerum Danicar. script.*, t. vi.

la reine, et dans laquelle il la rend participante des oraisons de ses cinq cents moines [1]. Ingerburge ne se contentait pas de ces correspondances par lettres; elle visitait les couvens d'hommes et y couchait même avec ses femmes. C'est ainsi qu'elle vint à l'abbaye de Ponthivi, et il paraît que les religieux ne se tinrent pas dans les bornes strictes de la continence, car il existe un décret de l'ordre de Citeaux, qui condamne l'abbé de ce monastère à rester pendant un certain temps hors des cellules pour avoir reçu la reine de France et une multitude de ses suivantes dans l'abbaye [2]; elles avaient dormi pendant deux nuits dans le dortoir.

Quoi qu'il en soit, le roi n'en persistait pas moins dans son idée de divorce; il écrivait des lettres pressantes au pape. En 1208 il lui disait : « Seigneur, donnez à votre légat l'autorité suffisante pour rompre mon mariage avec la reine, soit à cause des maléfices, soit pour la faire entrer dans la vie religieuse, et en lui faisant accomplir des vœux [3]. »

[1] Sacræ antiquitat. monument., t. I, p. 49.
[2] Martène, thesaurus anecdot., t. III, col. 1245.
[3] Ibid. Amplissim. collec., t. I, col. 1079.

Loin de répondre à ces pressantes prières, le pape l'exhortait à rompre enfin la répugnance sans raison qu'il avait conçue pour sa femme, et déclarait que l'Église verrait comme un acte de véritable piété qu'il se rapprochât d'Ingerburge[1]. Plus tard il lui enjoignait de traiter au moins avec douceur celle qui, loin de son époux, était macérée par une continuelle continence[2]. Le pontife, par la plus singulière inquisition, pénétrait encore plus avant dans les mystères du mariage; il écrivit à Guarin, évêque de Senlis, ministre et confesseur du roi, pour que, dans les prescriptions de la pénitence, il exigeât expressément de Philippe qu'il connût sa femme selon l'œuvre de la chair au moins deux fois par semaine[3]. Toutes ces petites enquêtes domestiques, comme on le sent, devaient fort ennuyer le roi qui prenait ses joyeux ébats avec nobles dames et châtelaines. Cependant les injonctions du pape étaient si impérieuses, qu'il reçut en grâce cette femme qu'il avait si long temps détestée. « Moult eult li peuple grant joie de cette

---

[1] Epist. d'Innocent III, t. 2, p. 513.
[2] Ibid., t. II, p. 638.
[3] Ibid., ibid.

chose, dit le chroniqueur de Saint-Denis, car en la personne du roi n'y eut plus vice ni chose qui fust à blâmer for seulement que il soustroyait à la Roine la *débite selon la chair*, mais il lui faisait administrer très-largement et honorablement toutes ses nécessités, et tous furent aises de cette conjonction[1]. »

Quoi qu'en dise le moine de Saint-Denis, toujours un peu courtisan pour le prince, Philippe-Auguste éprouva quelque peine de l'arrivée d'Ingerburge; il la relégua encore presqu'aussitôt à Étampes, d'où elle ne fut rappelée que lorsque, accablé par la maladie, le roi se sentit près de sa fin; ses ennuis domestiques furent consolés par la naissance d'un petit-fils issu du prince Louis[2], ce qui assurait l'ordre d'hérédité dans sa race, et permettait d'accomplir ses desseins monarchiques. L'enfant fut présenté aux barons comme le successeur de la couronne et salué par eux à ce titre; il n'accomplit pas sa destinée et mourut jeune, mais un second petit-fils naquit plus tard, et ce

[1] Chroniq. de St.-Denis, ad ann. 1217. Dm. Brial, collect. des Historiens de France, t. XVII, p. 400.
[2] En 1209.

fut depuis ce Louis IX, qui eût achevé l'œuvre de son aïeul si les principes d'une piété exagérée n'avaient absorbé les facultés de son esprit.

Mais dans le lignage de Philippe, le rejeton qui excitait son plus vif intérêt était un petit bâtard qu'il avait eu, quelques-uns disent d'une noble dame : il avait nom Charlot[1] ; de blonds cheveux tombaient bouclés sur ses épaules ; il ne quittait point le roi qui en avait confié l'éducation à ce chroniqueur poète que nous avons eu si souvent l'occasion de citer, Guillaume-le-Breton ; plus tard celui-ci lui dédia la Philippéide ; Charlot fut destiné, selon l'usage suivi pour les bâtards, à l'état clérical ; il reçut la trésorerie de la cathédrale de Tours, dignité importante dans la hiérarchie ecclésiastique[2].

Il y avait déjà bien du temps qu'une jeune fille de France, partit de la cour de Paris, destinée pour épouse à l'empereur Alexis. Les grandes révolutions qui agitèrent l'empire

[1] La légitimation n'avait été accordée par le pape qu'aux deux enfans d'Agnès de Méranie.

[2] Voyez l'épître dédicatoire de Guillaume-le-Breton, où le poète chroniqueur célèbre les vertus et la beauté de son élève. Dom Brial, collect. des hist. de France. t. XVII, p. 119.

d'Orient l'avaient rendue veuve, à l'âge de quatorze ans, de deux princes revêtus de la pourpre, d'Alexis et d'Andronic; elle n'avait pas atteint encore sa trentième année lorsque la dynastie française s'établit sur les débris du trône de Constantin. Cette grande colonie avait éprouvé de tristes vicissitudes; à peine fondée, quelques querelles s'étaient élevées entre Baudouin élu empereur de Constantinople et le marquis de Mont-Ferrat qui avait obtenu le royaume de Thessalonique, et, pour nous servir de l'expression de Vilhardouin, « les deux barons s'étaient départis en mauvais ménage[1]. » Il fallut pour les calmer l'intervention du doge de Venise, et des preux chevaliers de l'Occident, qui montrèrent la nécessité de l'union pour achever de soumettre l'empire de Byzance ; ces dissentions furent jugées par la cour féodale; et au printemps suivant, les croisés quittèrent Constantinople afin de dompter les différentes provinces; le comte Louis de Blois, qui avait obtenu en partage la Bithinie, vainquit Théodore Lascaris, et conquit toutes les côtes de la Propontide et du Bosphore jusqu'à Nicée ;

[1] Vilhardouin, liv. vi.

Henri de Haînault s'empara du pays qui s'étend depuis l'Hellespont jusqu'au mont Ida; le marquis de Mont-Ferrat dirigea ses hommes d'armes sur la Grèce, traversa la Thessalie, et porta ses gonfanons dans la Béotie et l'Attique; enfin, Geoffroi de Vilhardouin, neveu du maréchal de Champagne, s'établit dans le Péloponèse avec une troupe de joyeux compagnons de ses batailles.[1]

La domination de France était pesante; elle avait amené un partage de terre, une violente dépossession des propriétaires du sol[2]. Les usurpations des prêtres latins sur le clergé national, le désespoir, l'amour de la patrie, portèrent les Grecs à la résistance, et comme ils étaient impuissans par eux-mêmes, ils appelèrent à leur aide les Bulgares, population barbare, qui obéissait à un roi du nom de Jean ou Joanice. Les chevaliers français assiégeaient Andrinople lorsque les Bulgares et les Comans, horde de Tartares, qui campaient sur les frontières de la

---

[1] Vilhardouin, liv. vi. Le bon sénéchal de Champagne est par fois un peu obscur dans sa topographie pour les conquêtes des Francs.

[2] Voyez Nicétas, liv. 5 et 6.

Moldavie, se déployèrent dans la plaine ; cette armée était innombrable; néanmoins la bataille fut donnée, et les Francs succombèrent. La plus vaillante chevalerie périt dans cette journée, et parmi les morts on compta Louis de Champagne, comte de Blois. L'empereur Baudouin tomba dans les mains des barbares ; une foule de récits circulèrent sur sa triste destinée que les trouvères déplorèrent long-temps. Ils disaient dans leurs chants que l'empereur avait été renfermé dans une étroite prison à Ternovna, que là, il avait inspiré un violent amour à la femme de Jean, et qu'aussi chaste que Joseph, il avait repoussé des feux impurs ; la femme irritée le dénonça à son mari comme ayant voulu l'entraîner à l'adultère; ils ajoutaient que Jean l'avait fait massacrer au milieu d'un festin ; puis il avait livré son corps à des oiseaux de proie et aux bêtes féroces[1] ! Selon d'autres, les barbares après avoir long-temps détenu Baudouin en un château obscur, lui firent couper bras et jambes, jetèrent son tronc mutilé en une vallée où il demeura trois jours à com-

[1] Alberic Triafont. Chroniq., ad ann., 1206.

battre la mort ; les bêtes et oiseaux le mangeaient tout en vie, puis de sa teste, les Bulgres firent faire un gobelet dont ils buvaient[1]. » Les barons apprenant sa triste fin, nommèrent d'abord pour régent, et ensuite pour empereur Henri de Flandre, son frère.

L'empire franc de Constantinople eût donc été menacé, si l'amour n'avait préparé une utile alliance. Après la mort des deux empereurs, Alexis II et Andronic I, Anne de France, demeurée veuve, n'était point retournée dans son beau pays. Un lien secret l'attachait à Théodore Branas, prince d'illustre race, et dont le père avait pris la pourpre, sous le règne d'Isaac l'Ange. Branas était plus brave que le commun des Grecs : il possédait le *dominium* ou suzeraineté féodale des villes d'Andrinople et de Didimotique. La jeune impératrice s'était depuis longtemps abandonnée au noble hellène. Le sentiment qui l'unissait à une fille de France, peut-être aussi la haine que Théodore Branas portait aux légitimes empereurs, décida son al-

---

[1] Végenèce sur Vilhardouin, chap. vii.

hance avec les Latins. Il s'opposa aux progrès des Bulgares, et après de successives victoires, il s'unit avec la veuve de l'empereur. Anne avait alors trente-trois ans, et vivait depuis longues années avec son amant, dont elle avait eu une fille. L'empire franc de Constantinople reçut ainsi un passager secours, et fut consolidé pour quelque temps. La chevalerie de l'Europe y trouva des terres à acquérir, et de grands coups de lance à donner ; les papes eux-mêmes, qui avaient vu d'abord avec peine cette expédition militaire, la favorisèrent depuis, et la révolution qui enleva Constantinople aux Latins ne détruisit pas entièrement leur domination dans la Grèce.

Si la colonie franque de Constantinople éprouvait de grandes vicissitudes, celles de la Palestine et de la Syrie étaient non moins violemment ébranlées. Depuis la perte de Jérusalem, les principautés chrétiennes d'outre-mer avaient subi une imminente décadence; Jérusalem formait le lien commun de toutes ces stations féodales[1]. Lorsque la Cité-Sainte

---

[1] Le peu de détails que l'on peut recueillir sur le triste état des

tomba dans les mains des Musulmans, toutes ces villes et ces terres, obéissant à des princes indépendans, n'eurent plus entre elles que des liens incertains; c'était comme une république fédérative. Amaury portait le vain titre de roi de Jérusalem; les descendans de Bohémond possédaient Antioche. Chaque prince, chaque seigneur faisait ses guerres particulières, ses traités, sans qu'une pensée com   présidât à la défense du territoire. O.   peut se faire une idée des épouvantables calamités qui, à cette époque, affligèrent l'Orient. Une peste affreuse enleva près d'un million d'hommes dans l'Égypte; des tremblemens de terre renversèrent des cités tout entières en Syrie et dans la Palestine; et, à la suite de tant de désastres, vint la famine et toutes les douleurs qu'elle entraîne[1].

Dans ces tristes circonstances, Amaury, roi de Jérusalem, mourut en un pèlerinage qu'il avait fait à Caiffa, durant la Semaine-

colonies chrétiennes se trouvent dans le continuateur en langue romane de Guillaume de Tyr, liv. 5 et 6.

[1] L'historien arabe Abdallatif, traduit par M. de Sacy, p. 351, a décrit tous les fléaux qui accablaient les Musulmans dans ces mauvais jours.

Sainte, pour y cueillir des palmes; sa couronne devenait l'héritage d'une jeune princesse, fille d'Isabelle et de Conrad, marquis de Tyr; selon le droit féodal des assises, il fallait immédiatement lui choisir un époux, afin de défendre les terres de son domaine. Les barons de la Palestine délibérèrent pour savoir s'ils l'éliraient parmi eux; la pénible situation des colonies chrétiennes, le besoin qu'elles avaient de l'Occident et de la protection d'un prince puissant par ses armes, les engagèrent à solliciter Philippe-Auguste de leur donner pour roi un chevalier ou un baron chargé de gouverner féodalement les terres de Syrie. Aimar, seigneur de Césarée, et l'évêque de Ptolémaïs se rendirent à la cour plénière, qui était alors à Champeaux, et exposèrent la situation des établissemens d'outre-mer. Les députés furent noblement accueillis. Le baronnage de France avait sur ces bords lointains des parens, de nombreux amis. Pas une famille de châtelains qui ne comptât deux ou trois des siens dans les principautés d'Antioche, à Ptolémaïs, à Tripoli ou Césarée, toutes les traditions de race, et jusqu'aux peintures des vitraux, et les enluminures des romans, étaient empreintes des souvenirs de Jérusalem et de la Palestine. Philippe-Auguste avait lui-même visité l'Orient; il reçut l'évêque et le preux comte avec les plus grands honneurs, et après avoir quelque temps délibéré sur la demande qu'on lui adressait, il désigna pour époux à Isabelle, et pour roi de Jérusalem, Jean de Brienne, une des prodigieuses et chevaleresques fortunes du moyen âge[1]. Destiné d'abord à l'état ecclésiastique, Jean avait fui le monastère pour se jeter dans les vaillans jeux de la lance et des batailles. Il suivit son frère Gauthier à la conquête de Naples; c'est après la mort de ce noble chevalier, et tandis qu'il disputait encore son héritage, qu'il fut élu pour commander à cet autre royaume qu'il fallait arracher à la domination des Sarrasins. Jean de Brienne accepta avec joie; on attachait à cette époque un immense prix à la royauté même nominale de Jérusalem; mais il ne put remplir tout ce qu'on attendait de lui; l'Europe avait alors de trop

[1] Le continuateur de Guillaume de Tyr assure que Jean de Brienne fut désigné par les barons de la Palestine eux-mêmes; telle n'est pas l'opinion de Sanuti, livre III, p. 1).

vives discordes. Jean de Brienne réunit à peine trois cents chevaliers pour le service de la Terre-Sainte[1]; Philippe-Auguste lui donna quarante mille livres d'argent; il en emprunta autant sur ses terres à des Juifs et à des Romains. Avec ce secours il ne put tenter que de faibles efforts contre Malek-Adhel, qui avait succédé à la puissance et à la renommée du grand Saladin.

En Espagne, les paladins étaient plus heureux dans leurs batailles contre les Maures. Les Sarrasins avaient fait d'immenses progrès. Des palais embaumés de Cordoue et de Grenade s'était élancée une nombreuse chevalerie; l'Afrique avait envoyé ses plus braves combattans; le roi de Castille menacé fit un appel à tout le baronnage chrétien, tandis que le pape Innocent écrivait aux évêques pour qu'ils exhortassent les fidèles à cette grande et patriotique croisade. Deux mille lances passèrent les Pyrénées avec les écuyers et les archers. Les deux armées se rencontrèrent [2] dans les plaines

---

[1] Jean de Brienne était fils d'Érard, comte de Brienne, et d'Agnès de Montbelliard.
[2] Chronique de St.-Denis, ad ann. 1208.

de Navès de Tolosa; là se livra une de ces sanglantes batailles qui décident du sort des empires[1]. Les Sarrasins furent défaits et perdirent, si l'on en croit les chroniques, plus de deux cent mille combattans.

Ces grands exploits, les revers et les infortunes des colonies chrétiennes, les merveilles de Constantinople et du saint tombeau de Jérusalem, faisaient l'objet de toutes les conversations des cours plénières de Philippe-Auguste. Sur tous les points du monde alors connu se hissait le gonfanon de la chevalerie de France: dans le vieil empire d'Orient, la Grèce, la Syrie, l'Egypte, l'Espagne, Naples. C'était comme des conquêtes toujours nouvelles ; les dames n'avaient point de répit dans leur joie et dans leurs larmes; chaque jour menait une grande fortune ou une mort inopinée ; les castels passaient à tout moment du deuil au brillant fracas des fêtes, et bien souvent la broderie des damoiselles fut suspendue pour écouter la lecture de la charte d'un simple chevalier devenu roi, ou le récit funèbre du trépas

[1] J'ai déjà parlé de cet événement, chap. 22, aux notes.

glorieux d'un noble baron dans les batailles contre les Grecs ou les Sarrasinois.

Il m'est souvent arrivé de réfléchir sur ces prodigieuses destinées du moyen âge et de les comparer à celles d'une époque toute moderne et gigantesque, où les soldats aussi *passaient rois*. Tous ces siècles dans lesquels le courage et la force dominent ont plus d'un trait de ressemblance; les héros d'Homère, les paladins féodaux, les soldats de notre grand empire, sont coulés dans un même moule de bronze, et ils ne diffèrent les uns des autres que par les caractères généraux de la civilisation qui les environne et les domine.

Au milieu de ces distractions de la conquête, le gouvernement féodal n'en occupait pas moins le suzerain et ses nobles vassaux.

Les chartes de cette époque, qui ont pour objet les libertés bourgeoises, sont empreintes de divers caractères; ou elles sont de pures concessions municipales, ou elles établissent un système de féodalité et de défense commune entre les cités, ou enfin elles règlent leur administration générale et particulière.

Les bourgeois de Braie obtinrent des priviléges municipaux sur le même modèle que les franchises de Dun-le-Roi ; ils acquéraient toute juridiction de police, l'élection de leurs magistrats, la disposition des fonds imposés pour l'utilité publique¹.

Après la cession d'Aire et de St.-Omer, faite par le comte de Flandre, le prince Louis, devenu seigneur de ces deux cités, confirma tous leurs priviléges et droits, tels qu'elles les possédaient de toute antiquité sous leur ancien sire ².

Ce fut dans le même objet que Philippe concéda une commune à Péronne ; il fallait entraîner les bourgeois des frontières à préférer la suzeraineté de France, et se défendre ainsi des souvenirs de la vieille domination ³.

Cette même année, 1211, il sanctionnait les coutumes et le gouvernement municipal de Tournay ⁴. Ces confirmations successives pour des immunités déjà concédées signalent toutes

---

1 Recueil des Ordonn., t. xi, p. 295, ad ann. 1211.
2 Recueil des Ordonn., t. xi, p. 362, et t. iv. ad ann. 1211.
3 Recueil des Ordonn., t. v, p. 155, ad ann. 1211.
4 Ibid., t. i, p. 298.

les précautions que prenaient les bourgeois afin de ne plus retomber sous le pouvoir dont les sauvait leur charte municipale. On n'avait pas trop à se fier aux paroles royales ou aux concessions faites par les seigneurs, et voilà ce qui faisait multiplier les garanties et les diplômes de confirmation.

Les grands vassaux suivaient l'impulsion donnée par les rois dans ce système de liberté et d'émancipation au profit des bourgeois; il y en avait plusieurs motifs; quelquefois, les citoyens s'émancipaient eux-mêmes, et force était bien de reconnaître ce qui s'était proclamé comme un fait. Souvent ceux-ci donnaient de l'argent, et lorsque les seigneurs en avaient besoin, ils auraient tout vendu pour s'en procurer.

C'est ainsi que le sire Mathieu concéda certaines libertés municipales à ses hommes de Montmorency; elles étaient moins grandes que celles des communes en général [1].

Une charte semblable fut concédée par le comte de Ponthieu à ses hommes de Maiselle selon le droit et les coutumes d'Abbeville [2].

[1] Généalog. de la maison de Montmorency, p. 75.
[2] Recueil des Ordonn., t. v, p. 11.

Le second caractère que nous avons signalé et qui, ainsi que nous le développerons plus tard, indique un progrès dans la marche ascendante du pouvoir municipal, c'est l'esprit d'association qui semble animer et fortifier ce nouveau système. En 1208, les consuls d'Avignon contractent, de leur propre chef, sans l'intervention d'un supérieur, une association avec ceux de Saint-Gilles pour se défendre et mutuellement se protéger[1].

L'année précédente, les bourgeois de Rouen et ceux de Paris arrêtent certains articles relatifs au commerce entre ces deux grandes cités[2].

Quelquefois les communes se proclament elles-mêmes sans aucune sanction suzeraine, comme celle de Metz[3] et celle de Toulouse, en 1208[4].

Souvent les citoyens se classent en confréries, s'organisent pour l'attaque ou la défense

---

[1] Papon, Hist. de Provence., t. II, preuv. p. 55.
[2] Recueil des Ordonn., t. IV, p. 17.
[3] Hist. de Metz, t. III, preuv., p. 177.
[4] Catel, Hist. des comtes de Toulouse, p. 250.

commune, comme ceux de Marseille qui se confédèrent pour réprimer les violences, et défendre le pape Innocent [1].

Les bourgeois se soulèvent même contre leurs propres magistrats; c'est ainsi que les citoyens de Nîmes expulsent leurs consuls par la violence, parce qu'ils étaient trop dévoués à l'évêque. Cette charte porte le titre de *conjuration* [2].

L'administration des communes prend aussi une forme plus générale et plus régulière. Philippe-Auguste n'adresse plus seulement des lettres particulières, mais des chartes circulaires, aux magistrats, sur le mode de saisir et d'arrêter les clercs lorsqu'ils auront mérité quelques poursuites de la part des élus et échevins [3]. Les barons, assemblés en parlement, déclarent que Jean-le-Riche, autrefois bourgeois de Corbie et aujourd'hui citoyen de Compiègne [4], doit payer la taille aux maires et jurés de sa nouvelle

---

[1] Martène, Thes. anecdot., t. IV, col. 165.
[2] Ménard, Hist. de Nîmes, t. I, p. 48.
[3] Martène, Thesaur. anecdot., t. IV, col. 165.
[4] Recueil des Ordonn., t. I, p. 515, aux notes.

commune. En même temps un diplôme du roi ordonna que le produit de l'impôt levé à Bourges sera employé au pavage de la ville.[1]

La situation des municipalités et des bourgeois a pris quelque chose de plus fixe et de plus fort; constatons maintenant à quel point était parvenue la féodalité et les rapports des grands vassaux avec la couronne.

On a déjà dit quelle était la triste position de la Flandre ; depuis la bataille de Bouvine, elle ne comptait plus dans le mouvement politique; le comte était captif, ses villes riches et commerçantes réduites à une sujétion absolue; dès-lors peu de transactions intervinrent de quelque importance.

La Bourgogne, le plus grand fief territorial, n'avait point séparé sa cause de celle du roi de France, dans aucun des dangers qui l'avaient menacé. Eudes, duc de cette vaste province, n'avait pas d'enfans d'Alix de Vergy, sa femme. Cette absence d'héritier direct de sa race l'affli-

[1] Labbe, Hist. du Berry, p. 200.

geait profondément ; cependant il lui restait deux frères, l'un seigneur de Montagu, l'autre dauphin du Viennois. Il songea au choix d'un héritier dans ces branches collatérales, et comme le droit féodal, depuis les dernières assises de Villeneuve-le-Roi, ne permettait pas le partage, il donna la préférence au dauphin; cette disposition réunissait ainsi à la Bourgogne une autre province; puis il maria la jeune fille du dauphin et de Béatrix de Sabran, à Hervé, fils du comte de Nevers, d'Auxerre, de Tonnerre et de Donzi, de sorte que le duché de Bourgogne, agrandi de tant de fiefs agglomérés, aurait offert une plus vaste étendue que les domaines de la couronne; mais par un de ces hasards de fortune qui détruisent les desseins le mieux concertés, les jeunes époux étaient à peine fiancés, que la femme du duc de Bourgogne devint grosse et accoucha d'un héritier pour ce duché. En même temps, le dauphin du Viennois, veuf de la dame de Sabran, épousa Béatrix de Montfort, dont il eut un descendant. Ainsi la Bourgogne, le Dauphiné et le comté d'Auxerre, qui auraient pu se réunir en un même territoire, restèrent divisés.

La Champagne était dans les mains d'un enfant de deux ans ; d'après le droit féodal, le jeune sire et son fief tombaient sous la garde et tutelle du roi [1] ; dans une charte contemporaine, des conventions sont arrêtées entre la comtesse palatine, femme du défunt vassal de Champagne, et le roi ; il est convenu que Philippe tiendra l'héritier du comte auprès de lui et sous sa protection suzeraine, jusqu'à l'âge de quatre ans, puis sa mère en deviendra la tutrice jusqu'à vingt-un ans, époque où le roi recevra l'hommage du jeune chevalier, et lui donnera l'investiture. Il est en outre décidé que si une action quelle qu'elle soit est intentée à l'héritier de Champagne, il ne sera point tenu d'y répondre, car selon la coutume de minorité, nul n'est tenu d'ester en droit s'il n'a atteint l'âge de vingt-un ans [2]. Cette charte fut confirmée par le duc de Bourgogne, sans doute comme grand vassal de la couronne, et l'un des pairs

---

[1] Ann. 1210, Martène, Amplissim. collec., t. 1, col. 1094.
[2] Chanterau Lefèvre, Traité des Fiefs, preuv., p. 36.

de la cour. Le pape Innocent écrivit à ce sujet une lettre spéciale d'approbation apostolique ; toutes les fois qu'il s'agissait d'intérêts de mineurs, de veuves et d'incapables ou de croisés, l'Église se donnait une faculté d'intervention instituée par les décrétales et les maximes du droit canon [1].

La Bretagne était aussi presqu'entièrement tombée sous la protection du roi. Après la mort violente d'Arthus, la succession de ce duché avait été déférée à la jeune Alix, fille de la duchesse Constance et de son second mari Guy de Thouars. On a vu qu'Alix avait été fiancée, et depuis qu'elle devint l'épouse de Henri de Penthièvre comte d'Avaugour, qui faisait valoir certaines prétentions sur la Bretagne ; le jeune comte de Penthièvre mourut aussitôt après son mariage, et Guy de Thouars, qui prenait le titre de tuteur de sa fille, le suivit presqu'immédiatement au tombeau ; il y eut donc véritable vacance dans le gouvernement, chacun put invoquer ses droits. Le roi Jean, qui n'avait point renoncé à l'espoir de reconquérir son influence sur cette terre, offrit de mettre

[1] Epist. Innocent. t. II. p. 492.

en liberté Éléonore sœur d'Arthus, qui était en âge d'être mariée, et pouvait choisir celui des seigneurs nationaux qui lui conviendrait: le nom d'Arthus avait je ne sais quelle puissance magique sur l'imagination des Bretons; il se liait à leurs vieilles traditions historiques; ils consentirent à ce que Jean leur proposait, mais ce prince, si capricieux dans ses desseins, ne voulut pas ensuite rendre Éléonore, car il craignait qu'elle ne lui disputât la couronne d'Angleterre, comme fille de son frère aîné; il cherchait à traîner en longueur cette négociation, lorsque Philippe parvint à la rompre tout à coup en offrant pour époux à Alix, Pierre comte de Braine, frère puiné de Robert II comte de Dreux, et proche parent de la couronne de France; Pierre partit de la cour de Paris, suivi d'un brillant équipage, et se rendit à Nantes; les seigneurs Bretons l'accueillirent avec honneur, et, d'après l'avis de leur parlement réuni, Alix lui fut accordée; elle n'avait alors que douze ans[1]. Le comte de Braine nouveau duc de Bretagne fixa ses cours plénières à Nantes. Ainsi ce duché passait dans

[1] Dm Morice, Hist. de Bretagne, t. 1, p. 140.

la famille de Philippe-Auguste; ce prince imposa même des garanties de soumission et de bonne amitié. Il exigea de Robert, comte de Dreux, qu'il se portât pour pleige et caution de son frère, afin d'avoir une responsabilité plus rapprochée et plus immédiate[1].

Quant aux autres grands fiefs, la Normandie et le comté de Toulouse, l'un était complètement réuni à la couronne, l'autre était violemment agité par la guerre des Albigeois; et encore ce dernier se trouvait momentanément soumis à Montfort, l'un des vassaux de la couronne de France. La haute vassalité était comme effacée; quant à la vassalité inférieure, des actes existent encore, qui montrent sa soumission presque absolue à l'autorité royale.

Dans une charte de 1209, Gauthier, comte de Châtillon, garantit au roi, que lui et ses héritiers lui rendront foi et hommage, services militaires, et même qu'ils lui remettront le château de Saint-Pol à sa première volonté[2].

[1] Hist. de la maison de Dreux, preuv., p. 264.
[2] Hist. généalog. de la maison de Châtillon-sur-Marne, p. 35, aux preuves.

Le roi reçoit comme son homme-lige, et par conséquent, comme son vassal le plus soumis, le comte de Blois son neveu, héritier de son père ; celui-ci s'engage à ne pas le quitter, en la paix comme à la guerre, et de suivre son gonfanon partout où il plaira à son seigneur de le transporter [1].

Robert de Courtenay s'engage à ne rien vendre, rien aliéner de tous ses domaines, sans le consentement de son suzerain, si ce n'est la coupe des bois de la forêt de Conches et de Nonancourt, qu'il a obtenues en fief [2].

Quelquefois Philippe intervient même dans les transactions de famille, pour confirmer les chartes féodales. C'est ainsi qu'il autorise le don de Montferrand, fait par Guillaume, comte d'Auvergne, fils du dauphin, à son épouse Isabelle et à Catherine, sa fille [3].

Il acquiert souvent aussi, la possession réelle des terres ; le sire de Péronne lui vend la châtellenie de Bray-sur-Somme, avec ses appartenances, pour quatre mille livres pa

---

[1] Ann. 1212.—Martène, Amplissim. collect., t. 1 col. 1109.
[2] Ibid.,—col. 1108.
[3] Généalog. Montmorency, p. 397.

risis, payables comptant¹. Rodolphe, comte de Beaumont, lui cède le château de Domfront, et s'engage à le servir fidèlement comme son homme-lige.² Quelquefois aussi, il fait à son tour des concessions féodales, à la charge d'un service militaire. C'est ainsi que pour gagner Savari de Mauléon, l'un des plus actifs et des plus influens barons de l'Anjou et du Poitou, Philippe lui donne en fiefs, la Rochelle et Cognac. Les rois anglais, dont il était auparavant le vassal, pouvaient exiger de lui cent chevaliers et cent archers; Philippe l'en libéra³, ce qui n'empêcha pas Savari de persister dans la cause de l'Angleterre; nous le verrons plus tard reparaître sous les étendards du roi Jean.

J'ai dit toute l'importance de l'Église au moyen âge, et ses rapports avec les rois ont au moins autant d'intérêt que ceux du suzerain et des vassaux; cependant ils sont dans les dix années de cette période peu graves et sans résultats.

1 Généalog. de la maison de Béthune, preuves, col. 125.
2 Bry, Hist. du Perche, p. 232.
3 Martène, Amplissim., collect., t. 1, col. 1088.

La simonie dominait l'Église; toutes les dignités étaient vendues, et jusques dans les monastères, les fonctions du cloître se livraient à l'encan; ce malheureux esprit est vivement censuré dans une lettre d'Innocent III aux archevêques et évêques de France [1]; le pontife s'élève avec une indignation non moins ardente contre la conduite de l'évêque de Poitiers et les *infâmes* trafics auxquels il se livre; il l'invite à se repentir et à se soumettre à la pénitence [2]. Ainsi le pape maintenait les mœurs et la discipline de l'Église.

Philippe-Auguste s'efforçait à son tour de protéger les droits et les dignités ecclésiastiques, au préjudice même de ses barons et de ses bourgeois; les magistrats de Rheims s'étaient emparés des clefs de la ville contre le privilége de l'archevêque; le roi leur écrit afin qu'ils les rendent sous peine d'encourir son indignation [3], les bourgeois ne l'écoutèrent point et continuèrent de garder les portes. C'est en-

---

[1] Martène, Thesaur. anecdot., t. 1, col. 817.
[2] Epist. Innocent, t. 11, p. 691.
[3] Marlet, Hist. Remens., t. 2, p. 478.

core comme protecteur des clercs qu'il adressa une charte au comte de Toulouse, afin de rendre à son éclat et à son antique puissance l'église de Maguelonne[1].

Philippe accablait de dons les monastères, les cathédrales et les hôpitaux. En 1206, il destina de nombreuses terres à la fondation de l'abbaye de Font-Daniel[2]; il dota la maison de Dieu de Paris de toute la desserte de sa chambre, chaque fois qu'il quitterait la tour du Louvre ou ses autres manoirs de la cité[3]. Sur la demande de Jean, abbé de Saint-Germain, il reconnut et confirma les droits paroissiaux de l'abbaye dans tout le territoire renfermé entre le petit pont et le bourg Saint-Germain[4], et par une autre charte il lui donna l'usage exclusif d'une poterne dans les murs de Paris[5]. Le roi concéda à l'abbé du monastère de Chevreuse tous les priviléges régaliens sur les églises du diocèse[6]. Une sem-

---

[1] Dm. Vaissète, Hist. du Languedoc, t. III, col. 210.
[2] Gallia Christian. t. IV, col. 408.
[3] Felibien, Hist. de Paris, t. III, p. 243.
[4] Launoi opera, t. III, part. 1, p. 259.
[5] Dubreuil, Antiq. de Paris, fol. 415, v°
[6] Gallia Christian., t. XII, Instrum., col. 348, 2ᵉ édit.

blable donation fut faite à l'église d'Autun, sauf cependant la garde, chevauchée ou service militaire, auxquels elle ne cesserait pas d'être soumise¹; l'évêque d'Auxerre en fut exempté, mais seulement durant sa vie, et bien entendu qu'il enverrait ses hommes aux batailles sur la demande du suzerain comme le commun des barons²; Manassé, évêque d'Orléans, demeurait tenu d'aller personnellement en guerre³.

Quelquefois le roi donnait des usages dans ses bois, ses forêts, et ses rivières; il concéda aux moines de Sainte-Marie de Bon-Port qu'ils pourraient moudre leurs blés sans aucune exaction séculière dans le moulin du pont de l'Arche⁴; souvent aussi la charte ne constituait qu'un simple échange. Philippe fait savoir dans un de ses diplômes qu'il a cédé à l'évêque de Paris onze deniers de cens sur sa maison de Notre-Dame-des-Champs, contre pareille somme de onze deniers que l'é-

---

1 Labbe Biblioth. MSS., t. II, p. 484.
2 Lebœuf, Hist. d'Auxerre, t. II, p. 38.
3 Gall. Christian., édit. 2, t. VIII, col. 126.
   Neustria pia, 896.

vêque possède sur Saint-Thomas du Louvre [1].

Le roi confirmait aussi les dons que ses vassaux multipliaient souvent en faveur des églises. Un de ses diplômes approuve la charte par laquelle Mathieu, sire de Montmorency, dote l'église de Sainte-Marie du Val, d'une mesure de froment destinée à faire des hosties [2]; un autre acte royal ratifie la donation de Jean, sire de Montmirail, et de sa femme Helvide, à la maison de Dieu de Paris, d'une partie de bois mort pour chauffer les pauvres, et d'une autre portion pour construire des cellules [3]. Enfin le roi sanctionne la concession faite par Hubert de Coulomier à l'église de Saint-Quentin des poules et des œufs de la ferme qu'il possède près de cette église [4].

Tous ces diplômes isolés qui peignent bien l'esprit d'un temps, n'offrent aucun de ces caractères généraux qu'il est possible d'analyser et de définir. Ils concourent avec les faits con-

---

[1] Sauval, Ant. de Paris, t. III, p. 55.
[2] Généalog. Montmorency, preuv., 77.
[3] Hist. de l'abbaye de Long-Pont, p. 164.
[4] August.-Viromand, p. 195, fragment

temporains à reproduire les opinions de cette époque merveilleuse.

Tout mouvement populaire dans le moyen âge a de l'importance, parce qu'il est un symptôme de vie et de liberté; la malheureuse condition du serf et de l'habitant des campagnes, les excitait souvent à se soulever contre leurs oppresseurs. Les paysans ou *pastourels* quittaient la glèbe, s'armaient de bâtons, de fourches et de tous les instrumens destinés à leurs travaux, puis couraient contre les églises et les manoirs qu'ils réduisaient en cendre; ils n'épargnaient ni les sires châtelains, ni les clercs oppresseurs, et leur liberté farouche et indisciplinée troublait même les paisibles monastères; dans les premières années du XIIIe siècle, tandis que les chevaliers étaient absens de leurs castels pour l'expédition de Bouvine, une grande jacquerie ou soulèvement de pastourels se manifesta dans les provinces centrales du royaume féodal; les serfs vêtus de bure grossière brisèrent les portes de fer des églises, s'emparèrent des châsses bénites; ils parcoururent ainsi tout le Berry, et malheur au manoir dont les hommes d'armes ne hissaient pas le pont-levis, et ne garnissaient pas d'archers les hautes tourelles. Comme l'esprit de liberté se mêlait toujours alors à l'hérésie, les pastourels annonçaient l'avénement d'un nouveau règne du Saint-Esprit et l'égalité pour tous ; ils se donnaient la mission de prêcher la parole de Dieu dans leur langage rustique, et d'imposer les mains à leurs nouveaux adeptes ; ces malheureux furent poursuivis et atteints par les chevaliers bardés de fer, et l'on en fit un grand carnage ; plus tard ces tentatives de pastourels se renouvelèrent et furent quelquefois plus heureuses.

Les croisades imprimaient au fond de la société, je ne sais quel principe d'activité ; toutes les classes subissaient, l'une après l'autre, l'esprit de ces expéditions lointaines, d'abord les barons et les chevaliers, puis les bourgeois, et plus d'un citoyen quitta sa paisible cité pour suivre ces périlleuses fortunes dans la terre d'outre-mer ; mais le plus étonnant phénomène que produisit l'esprit aventureux et voyageur, ce fut une croisade d'enfans : plusieurs milliers de jeunes filles et de jeunes garçons abandonnèrent en l'année 1212, non-seulement la France, mais encore l'Allemagne et l'Italie, disant qu'ils voulaient délivrer les saints lieux [1]; les plus âgés avaient dix-huit ans; vainement leurs parens voulaient-ils les retenir, ils s'échappaient par les portes dérobées, faisaient des trous aux murailles et s'éloignaient du toit paternel avec la même joie que s'ils avaient été appelés dans le castel voisin, au spectacle populaire de quelque grande lice ou d'une cour plénière. On ignore quel fut le mobile de cet enthousiasme; quelques-uns content que ces enfans furent ainsi attirés par les marchands de Venise, de Gênes, Pise et de Marseille, qui se livraient alors à l'infâme trafic des jeunes garçons et des jeunes filles destinés au sérail des Sarrasins; ils donnèrent de l'argent aux clercs pour les engager à séduire cette multitude d'enfans, et à les faire embarquer dans les ports de la Méditerranée. Le chroniqueur ajoute qu'en effet, parvenu à Marseille et à Gênes, ceux qui avaient survécu

[1] Consultez sur cette curieuse croisade Vincent de Beauvais, Specul. hist. l. xxx, c. 5, Albert de Stade, Chroniq., fol. 202, Alberic des trois fontaines, Chroniq., p. 459, qui entre dans les plus grands détails.

aux fatigues et aux périls d'une longue route, furent mis sur des navires, transportés en Egypte, et vendus aux marchands sarrasins [1].

Ces grandes émotions populaires supposent qu'il n'existait point de police sociale, et que les masses se déterminaient par un mouvement instinctif et irrégulier. Nous retrouvons cet état de désordre dans la plupart des cités, où aucunes précautions n'étaient prises contre les événemens les plus naturels. En 1206, il y eut une crue d'eau extraordinaire dans la Seine, et toutes les rues de Paris étaient tellement inondées que l'on n'allait plus se visiter qu'en bateau; les ponts, frappés par des lames incessamment agitées, furent eux-mêmes très-ébranlés [2]. On ne songea à d'autres mesures qu'à faire sortir les châsses bénites de Saint-Denis, de Sainte-Geneviève et de Saint-Germain. Ces églises étaient bien garnies de reliques, car, depuis

[1] Comparez Thomas de Chompré dans son livre *De Apibus*; Roger Bacon en parle aussi, mais Albéric est le plus complet.
[2] Chroniq. de Saint-Denis, ad ann. 1206. Dm. Brial, Hist. de France, t. XVII, p. 593.

la prise de Constantinople par les Francs, un bon nombre de chefs, de bras, de mâchoires, avaient été transportés en pompe de la capitale de Constantin par les abbés et les religieux[1]; Baudoin lui-même avait envoyé un navire chargé de ces saintes dépouilles à Philippe-Auguste. Or, pour apaiser le courroux manifeste du ciel, les moines de Saint-Denis et ceux de tous les monastères des environs de Paris se réunirent à Sainte-Geneviève, et une procession générale parcourut les lieux que l'inondation n'avait pas submergés; elle s'avança même près du petit-pont; les chanoines avaient de l'eau jusqu'aux genoux. Lorsque la châsse eut traversé la rivière, le pont s'écroula avec fracas, et personne ne fut blessé. Peu à peu les eaux se retirèrent [2].

Cependant, à cette époque, les enceintes de Paris étaient agrandies. Les bourgeois, d'après la volonté du suzerain, se cotisèrent pour élever de nouvelles murailles, et y comprendre quelques-uns des bourgs qui jusqu'alors étaient

---

[1] Gall. christian., t. x, Inst., col. 129.
[2] Felibien, Hist. de Paris, t. 1.

en dehors de la cité¹. Autour des églises de Saint-Germain et de Saint-Paul s'étaient d'abord élevées quelques rares maisons destinées aux marchands pendant le temps des foires ou pour abriter la foule aux jours des grandes fêtes monastiques; puis s'étaient peu à peu agglomérés des bâtimens plus nombreux dans la juridiction des abbayes; ils formaient alors de véritables bourgs, et les habitans demandèrent avec instance d'être renfermés dans les enceintes de la cité, pour se défendre des robeurs et pillards qui désolaient les campagnes. Les nouveaux murs que les bourgeois firent construire prenaient au nord du vieux Louvre, à peu près où se trouve aujourd'hui la cour du nouveau; ils s'étendaient vers les rues du Coq, de Grenelle, Coquillière et Montmartre; puis ils se prolongeaient jusqu'à la rivière par la pointe Saint-Eustache, la rue Mauconseil et les Blancs-Manteaux; au midi, l'enceinte commençait à la rue de Seine, montait à Ste.-Geneviève et descendait à la rivière par la place Maubert. On comptait dans ces murailles, qui embrassaient une étendue assez considé-

---

1. Chroniq. de St.-Denis, ibid, p. 398.

rable, environ cinq cents tours crénelées, et soixante-huit portes dont les principales étaient celles de Coquillière, la porte Barbette, celles de Saint-Martin et de Saint-Victor : toutes étaient bardées de fer, et les murailles construites en pierres fortes carrées [1].

Peu d'actes de juridiction municipale, pour la capitale, marquent ces années du règne de Philippe-Auguste; le suzerain était trop occupé de ses batailles; cependant un règlement relatif à la boulangerie est empreint de quelques bons principes sur la liberté des professions industrielles; jusqu'alors les boulangers ou tameliers avaient été obligés d'apprêter leur pain dans deux fours royaux auxquels le privilége était exclusivement accordé; l'un s'appelait le four d'enfer, par tradition diabolique, car il était si profond, le feu qu'on y faisait si ardent, qu'on ne doutait pas que Lucifer et les diables verts et rouge n'y prissent leurs ébats; cette obligation de cuire le pain dans des lieux fixés d'avance mettait des entraves au métier de la boulangerie; le roi accorda à tous les maîtres en cet art, le droit d'avoir chacun un four chez soi, de manière à faire

[1] Voyez toujours Felibien, Hist. de Paris, t. 1, à l'année 1208.

le pain qui serait nécessaire à leur débit[1]. Un autre réglement confirma tous les priviléges, immunités et juridictions dont jouissaient depuis longues années les ouvriers de la monnaie[2]; ils devaient avoir des maîtres ou rois, et ne pouvaient être traduits que devant eux pour les délits et crimes qui n'emporteraient pas la perte de la vie ou des membres ; ils n'étaient soumis ni à l'ost, ni à la chevauchée, exemption la plus importante dans cette époque de batailles. Les rois avaient bien besoin de toute la subtilité de ces ouvriers pour leurs ressources financières; c'était par l'altération du fin or et du fin argent que les seigneurs obtenaient une partie de leurs revenus, habitude malheureuse, mais que l'ignorance cupide avait placée parmi les ressources du trésor. Enfin en 1210 le roi s'interposa entre les bouchers de Paris et l'abbesse de Montmartre sur leurs différens à l'occasion des étaux qu'ils tenaient de l'abbaye[3]. Ce petit nombre d'actes signale une certaine sollicitude pour les métiers et corporations de

---

[1] Voyez la charte rapportée par Félibien, t. 1, aux preuves.
[2] Ordonn. du Louvre, t. 1, p. 30.
[3] De la Marre, Traité de la police, t. 11, p. 1207.

Paris. C'était déjà beaucoup, au milieu de la féodalité hautaine, de s'occuper un peu des bourgeois et des artisans!

RÉSUMÉ.

4ᵉ PÉRIODE DU RÈGNE DE PHILIPPE-AUGUSTE.

1204—1216.

Caractères généraux de cette époque. — Esprit de la guerre des Albigeois. — Le comte de Montfort. — Le comte de Toulouse. — Pierre de Castelnau. — St.-Dominique. — Puissance papale en Angleterre. — Le catholicisme. — Bataille de Bouvine. — Biographie littéraire.

L'ÉPOQUE que nous venons de retracer comprend les événemens du règne de Philippe-Auguste, depuis la conquête de la Normandie jusqu'à la soumission de la Langue-doc au comte de Montfort (de 1204 à 1216.) Ces douze années en forment la période la plus importante.

Trois grands faits dominent le commencement du XIII° siècle : la guerre des Albigeois, la bataille de Bouvine, la soumission féodale de l'Angleterre au pape; ils remplissent tellement les esprits que toutes ces émotions de pèlerinages à la Terre-Sainte, de mouvemens armés des nations d'Occident contre l'Orient ne sont plus que des accidens dans la vie générale de la société. La féodalité est absorbée par ses propres intérêts; car elle est engagée dans une lutte décisive. Aussi le théâtre de presque tous les événemens se trouve-t-il toujours dans le territoire féodal; c'est en France, dans la Langue-doc, en Flandre, que se portent les nobles batailles de chevalerie; peu de hauts vassaux quittent leur manoir pour combattre le Sarrasin dans la terre d'outre-mer.

Des traits bien distincts marquent les croisades contre les albigeois; il y a d'abord un principe religieux. Les opinions n'étaient point assez avancées pour que le catholicisme cessât d'être le mobile dominant de cette société. C'était au nom de Dieu, au nom de l'Église surtout que les nations s'ébranlaient en masse pour marcher à cette guerre d'extermination ; aussi est-elle particulièrement empreinte de l'esprit de vengeance étroite et fanatique qui distingue le clergé ; la chevalerie du moyen âge était belliqueuse et pillarde, mais elle n'avait rien de cette cruauté raisonnée ; elle répugnait à ces massacres par syllogisme qui rentraient dans le caractère des clercs.

Deux races d'hommes se trouvaient en présence dans cette lutte sanglante ; les inimitiés, les répugnances qui existaient entre elles et dont les chroniques font entendre la vive expression, contribuèrent sans doute aux excès dont les batailles furent suivies ; les Français et les Provençaux ne pouvaient se souffrir dans les mêmes cours plénières, aux mêmes tournois ; ni les croisades qui les avaient appelés sous de communs gonfanons, ni les mariages qui rapprochaient le haut baronnage des deux bords de la Loire n'avaient pu complètement éteindre ces vieilles antipathies.

L'ambition se mêlait à ces conquêtes ; les belles terres de Provence offraient une proie séduisante aux pauvres chevaliers du centre de la France; ils échangeaient volontiers leurs antiques tourelles et leurs manoirs vieillis contre les joyeuses et riches châtellenies du midi.

Le comte de Montfort semble l'expression la plus parfaite et, pour ainsi dire, la personnification de cette croisade. Ce caractère si fortement trempé, et qui nous apparaît plus sombre que le fer rouillé de son armure, était préoccupé du double fanatisme des idées religieuses et de l'ambition ; l'entreprise qu'il avait conçue d'établir sa race dans le plus beau fief de France était grande, mais elle ne dépassait pas ces fortunes merveilleuses, qui s'élevaient du simple manoir de chevalerie à l'empire de Constantinople, ou à la souveraineté de la Syrie et de Naples; il y a tout à la fois dans cette figure extraordinaire, quelque chose de sincère, comme une croyance, de farouche comme la féodalité du Xe siècle, et de dissimulé comme le sourire d'un inquisiteur. A côté de lui combien se rapetisse le vieux comte Raymond ; c'est la suzeraineté décrepite et corrompue ;

c'est un de ces hommes de transition qui n'appartiennent à aucune époque, à aucune idée. Il passe de la plus extrême servilité à la plus violente indépendance; ne sachant pas prendre un parti et se mettre à la tête du mouvement national contre les croisés. Il en profite cependant; l'opinion le pousse, et il ne manque point alors à sa fortune!

Dans ce tableau viennent aussi se placer quelques célébrités monacales : le légat Castelnau, sorte de fanatique sincère, se réjouissant de tous les excès qu'il provoque, et expirant avec calme sous les coups d'un zèle patriotique; le fameux Dominique, qui se montre à la postérité étonnée comme un contraste bizarre d'humilité et de cruauté religieuse! Quand on lit la vie de ce moine si tristement fameux, quand on étudie ses ouvrages, on semble perpétuellement assister à une de ces scènes du tribunal de la foi, où tout doucement une victime est condamnée pour son salut, et où l'on s'efforce de lui prouver qu'on la brûle pour sa plus grande gloire.

Deux faits politiques nous paraissent résulter de la guerre des albigeois : d'abord l'intervention de l'église dans les questions féodales, et, par conséquent, la violation complète de la hiérarchie des fiefs. Ce sont, en effet, les conciles, les légats, qui décident de la possession des terres et des seigneuries ; ils se substituent, pour ainsi dire, à la cour féodale des barons, qui seule jusqu'alors avait prononcé les confiscations territoriales. Le concile de Latran fut donc une des plus grandes usurpations de l'Église sur la suzeraineté.

A côté de ces violences des clercs, apparaît une résistance organisée contre eux, un commencement d'émancipation intellectuelle. Plus l'Église est hautaine, persécutrice, plus les nouveautés trouvent appui. La réforme prêchée par les albigeois devient une cause nationale. Les seigneurs territoriaux la protègent attendu qu'elle leur rend l'indépendance et les relève d'une sujétion humiliante envers le pape. Les peuples de la Languedoc l'adoptent parce qu'elle se mêle à leurs besoins, qu'elle les délivre d'un clergé oppresseur, en opposition avec ses franchises locales et ses intérêts matériels. Ainsi les prétentions politiques des clercs, au lieu de préparer leur triomphe, hâtent la marche des innovations religieuses.

De semblables usurpations de l'église en Angleterre, à la suite de l'hommage du roi Jean au pape, produisirent encore des fruits amers. C'était évidemment un pas immense fait par l'autorité pontificale ; elle échangeait son influence spirituelle en une possession de terre, en une véritable suzeraineté féodale. Par ce moyen, le pouvoir moral s'accroissait de toute la force que donne toujours la domination territoriale; et cependant rien ne contribua plus à affaiblir l'église romaine! c'est qu'elle s'était dénaturée et avait échangé son action toute intellectuelle, qui était sa destination unique, en un gouvernement matériel pour lequel elle n'était point faite. Il est dans la condition des institutions religieuses de se perdre partout où elles veulent se mêler aux intérêts terrestres, parce qu'elles luttent avec des faits plus forts qu'elles; et c'est ce qui explique l'affaiblissement et la décadence de l'autorité cléricale. Pendant quelques siècles, les Anglais se sont défendus contre les prétentions des pontifes à la suite de la donation faite par le roi Jean, jusqu'au jour où ils ont secoué avec violence le joug qu'on leur avait imposé. Les papes ont été suzerains temporels de l'Angleterre, et l'Angleterre a aujourd'hui une église nationale séparée de Rome. Leçon imposante qui semble déjà perdue cependant pour le catholicisme !

Nous avons examiné les causes et les résultats de la bataille de Bouvine ; mais quel spectacle n'offre pas cette grande scène de chevalerie qui explique tout le merveilleux de l'Arioste et de Boyardo ? Faut-il encore s'étonner que les romanciers nous aient fait des hommes à taille de géans ; des Roland, des Auger-le-Danois, des Renaud de Montauban, ces paladins de la cour de Charles ? Que dire de tant de vaillans chevaliers, du comte de Boulogne, du comte de Flandre, du duc de Bourgogne, du bouillant chevalier des Barres, de ce jeune preux qui, au milieu de la mêlée, s'écrie : « Souvenez-vous de vos dames. » De ce redoutable évêque de Beauvais, nouveau Turpin, assommant les Anglais pour ne pas répandre du sang, et ne point manquer aux commandemens de l'église ; de cette rude bataille de bourgeois; de cette chevalerie hautaine de Flandre, qui se laisse rouer de coups, plutôt que de croiser le fer avec des vilains ; tout cela a je ne sais quoi de poétique et de grandiose ! Quelle société ! quels hommes !

Dans la période que nous venons de parcourir, nous trouvons peu de personnages célèbres dans les lettres. Quelques rabbins, Salomon Jarchi, David Kimchi et David Cohen ou le prêtre, firent des commentaires sur la Bible, le Talmud, cercle étroit où se renferme toujours la littérature hébraïque [1].

Simon, chanoine de Tournai, est célèbre dans l'histoire littéraire et philosophique, parce que les contemporains le font auteur de cette hardie proposition : « Il y a trois personnages qui subjuguèrent le monde, par leurs dogmes et leurs sectes : Moïse, Jésus et Mahomet ; Moïse, le premier, trompa le peuple juif ; Jésus, les chrétiens ; Mahomet, les Gentils [2]. » En disant ces paroles

---

[1] M. de Pastoret a donné une notice sur les rabbins du commencement du XIII⁰ siècle dans l'Histoire Litt. de France des Bénédictins, t. xvi, p. 338.

[2] Le livre *Des Trois Imposteurs* a été attribué à une multitude de personnages dans le XIII⁰ siècle. Oudin et la Monnaye ont

dans la chaire, rapporte un chroniqueur, Simon resta muet. Quoi qu'il en soit du miracle, cette proposition d'une audace si grande, et qu'on attribue aussi à l'empereur Frédéric, se reproduit plusieurs fois dans le moyen âge, au milieu de cette société dévote et presque cléricale. Simon de Tournai est un philosophe de mérite, pour le temps dans lequel il a vécu. Sa *Summa theologica*, réfutation du système d'Épicure, est un travail qui mérite attention [1].

Guillaume de Bomes, abbé de Donmartin, n'est connu que par sa relation des miracles de saint Thomas de Cantorbéry, dans laquelle il se complait à abaisser la majesté royale; Alain de Lille, surnommé le docteur universel, eut la direction de l'école de Paris, puis il se retira à Cîteaux. Il conçut le plan d'une encyclopédie morale (c'est-à-dire un exposé de tous les moyens donnés à l'homme pour être heureux), sous ce titre : *Anticlaudianus;* il est aussi

traité à fond ce sujet, ainsi que je l'ai déjà dit. Voyez Oudin, de Scriptorib. ecclesiast. Sœcul. XIII, p. 66 à 79.

[1] M. Petit Radel en a donné une notice dans l'Hist. Litt. des Bénédictins, t. XVI, p. 599.

l'auteur d'un livre sur les gémissemens de la nature envers Dieu ; la nature lui apparaît en songe se plaignant des crimes et des maux de l'humanité ; plusieurs autres ouvrages ascétiques nous restent encore d'Alain de Lille[1]. Garnier de Rochefort, évêque de Langres, a laissé quarante sermons sur différentes fêtes de l'année.[2] Guillaume, abbé de Paraclet, composa un recueil de lettres admirées par les Bénédictins et les érudits.[3] Pierre de Poitiers, chancelier de l'église de Paris, a fait un cours de théologie où les allégories se mêlent à la vérité.[4] Gilles de Corbeil, médecin et poète, écrivit ses observations médicales en vers dont nous aurons plus tard l'occasion de parler

---

[1] Alain avait laissé une réputation colossale à Cîteaux ; les vers suivans étaient sur son tombeau :

Ce grand docte Alanus qui fut tout admirable
Rend ce lieu de Cîteaux partout plus mémorable ;
Car il y fut berger, convers et serviteur,
Encore y sert d'exemple, de vertus et d'honneur.

Dm. Martène, Voyage Litt., t. 1, p. 214.

[2] Gallia Christian., t. IV, p. 591—834.
[3] Bollandist. 1 avril, p. 625.
[4] Martène, Thesaur. anecdot., 1, col. 563.

d'une manière complète.[1] Nevelon de Cherisi se fit quelque réputation par ses lettres, vives remontrances contre la suprématie du pape. « Je suis condamné à chercher des métaux, (de l'argent) disait le pieux prélat à l'évêque de Soissons, la cour de Rome devient chaque jour plus exigeante, et je m'éloigne de mon diocèse, dans l'impuissance de la satisfaire. » L'évêque de Soissons lui répond : « Je suis moins touché de l'adversité que vous éprouvez, que du scandale général qui afflige toute l'Église, par les voies détournées que met en pratique le successeur de St. Pierre ; pourquoi ne se rend-il pas aux remontrances qu'on lui a faites? Hélas ! je ne saurais trop déplorer les ruines du peuple, et celle des pasteurs[2]! Gauthier de Coutances, archevêque de Rouen, que sa longue résistance à Philippe et Richard rendit célèbre, est auteur d'un récit sur le pèlerinage d'outre-mer de ces deux princes rivaux, et d'un livre sur le droit civil[3].

---

[1] Mss. du roi, n° 6882 à 6988, 8093.

[2] Étienne de Tournay, epist. p. 188 à 215.

[3] La Pommeraye, Histoire de l'Église de Rouen, p. 438.

Amaury de Chartres mérite une mention particulière parce qu'il fut l'auteur d'une secte religieuse condamnée dans le moyen âge. Amaury, né à Bene, village du pays chartrain, étudia dans les écoles de Paris et y fit des progrès si rapides qu'il en devint l'un des professeurs les plus renommés. Il y donnait des leçons de dialectique et des arts libéraux, compris dans le fameux *Trivium* et *Quadrivium*. Il expliquait surtout les livres métaphysiques d'Aristote. Ces études mystiques et assidues le jetèrent dans des spéculations hardies ; et il publia un ouvrage, sous le titre de *Physion*[1], sur le système des émanations célestes, et par conséquent peu en harmonie avec le catholicisme. Ce livre fut condamné par une bulle d'Innocent III, et l'auteur obligé de se soumettre à la pénitence. Sa rétractation lui causa tant de peine qu'il en mourut. Le concile général de Latran proscrivit les doctrines d'Amaury, et déclara qu'elles étaient encore plus insensées qu'hérétiques[1].

Les choses se passaient ainsi en France. Il

[1] J'analyse ce livre d'Amaury dans mon trente-huitième chapitre qui traite des Progrès de la Philosophie.

nous faut maintenant assister à la chevaleresque expédition du prince Louis et des paladins du roi Philippe en Angleterre.

1 Labbe, Concilia, t. xi, p. 49 et suiv.

FIN DU TROISIÈME VOLUME.

TABLE

DES

CHAPITRES CONTENUS DANS CE VOLUME.

CHAPITRE XIX.

(Page 1 à 40.)

1147 — 1206.

Naissance et progrès de l'hérésie des Albigeois.—Situation féodale de la Langue-doc.—Ses mœurs et coutumes aux XIIe et XIIIe siècles. — Le clergé. — L'évêque de Toulouse. — Opinions religieuses. — Ariens. — Succession des doctrines gnostiques. — Bulgares. — Patarini. — Bons-hommes.—Premiers symptômes d'hérésie dans la Langue-doc. — Ses développemens chez les nobles, les bourgeois et les serfs. — Efforts du clergé. — La cour de Rome. — Lettre d'Innocent III. — Première idée d'une croisade.

CHAPITRE XX.

(Page 40 à 82.)

1206 — 1209.

Situation de Philippe-Auguste lors de la prédication de la croisade contre les Albigeois. — Débarquement du roi Jean sur le continent.—Guerre dans le Poitou.—Confiscation du fief d'Auvergne. — Seigneurs qui prennent la croix contre les hérétiques.—Marche des Francs contre les Provençaux. — Le comte de Montfort. — Le duc de Bourgogne. — Le comte de Nevers. —Le comte de Saint-Pol. — Le comte de Bar-sur-Seine. — Dénombrement de l'armée des Croisés.—Effroi du comte de Toulouse. — Son abjuration. — Prise de Béziers, Carcassonne. — Élection du comte de Montfort.

CHAPITRE XXI.

(Page 82 à 126.)

1209 — 1212.

Pensées de Philippe-Auguste en apprenant l'élection de Montfort.— Droit féodal. — Le comte Raymond prend en main la cause des Provençaux hérétiques. — Conquêtes des Francs. — Les ducs de Bourgogne et de Nevers se retirent. — Ligue contre le comte de Toulouse. — Le comte à la cour de France. — Soumission des villes de la Langue-doc à Montfort. — Mort du vicomte de Béziers.—Refus des supérieurs de recevoir l'hommage. — Voyage du comte de Toulouse à Rome, en Allemagne et en France. — Son retour dans la Langue-doc.—Exploits de Montfort.—Excommunications. — Guerres et nouvelles batailles.— Les Francs envahissent les terres de Toulouse. — Hommages.— Montfort est attaqué dans Castelnaudari. — Soumission de la Provence aux barons Francs. — Nouveau règlement de police pour les terres de la conquête.

CHAPITRE XXII.

(Page 126 à 166.)

1205 — 1214.

Rapport de Philippe-Auguste avec l'Angleterre. — Double élection d'un archevêque de Cantorbéry. — Le pape choisit de sa propre autorité. — Le roi Jean ne veut pas reconnaître ce choix. — Fureur du roi contre les religieux de Cantorbéry. — Il chasse évêques, clercs, et prend les biens des églises. — Interdit. — Les Anglais affranchis du serment de fidélité. — L'Angleterre est donnée au roi de France. — Philippe-Auguste se prépare à une expédition. — Jean invoque l'appui des Sarrasins. — Il veut leur faire hommage. — Refus. — Il recourt au pape. — L'Angleterre, fief de l'Église romaine. — Foi et hommage du roi Jean dans les mains du légat. — Philippe-Auguste est sommé de se désister de son expédition contre l'Angleterre. — Mécontentement du roi. — Rupture avec le comte de Flandre.

CHAPITRE XXIII.

(Page 166 à 198.)

1202 — 1213.

uccession de la Flandre. — Héritières du comté. — Villes libres. — Prétendans divers à la main de Jeanne. — Enguerrand de Coucy. — Barons d'Angleterre. — Le comte Ferrand. — Son mariage. — Difficultés pour le faire reconnaître. — Traité avec Philippe de France. — Alliance de la Flandre et de l'Angleterre. — Expédition du roi contre Ferrand. — Départ de la flotte. — Description des villes de Flandre. — La flotte d'Angleterre part de Portsmouth. — Destruction d'une grande partie de la flotte de France. - Lille. — Cassel-Tournay. — Débarquement des Anglais. — Évacuation de la Flandre.

CHAPITRE XXIV.

(Page 198 à 233.)

1213 — 1214.

auses de la bataille de Bouvine. — Ligue générale contre Philippe. — L'empereur Othon. — Le roi d'Angleterre. — Le comte de

Flandre. — Le comte de Boulogne. — Vassaux fidèles au roi Philippe. — Communes. — État des forces respectives. — Expédition des Anglais dans le Poitou. — Marche des alliés dans le Nord.

CHAPITRE XXV.

(Page 233 à 279.)

Mai à Juillet 1214.

Armée des confédérés dans la Flandre. — Dénombrement de leurs forces. — Parlement pour la guerre. — Préparatifs de Philippe-Auguste. — Convocation des barons. — Nombre des vassaux. — Communes. — Départ du roi. — Il arrive à Tournay. — Ordre des batailles. — Les gens de Soissons font la première attaque. — Mêlée de chevalerie. — Les Bourguignons et les gens de Flandre. — L'aile droite des confédérés est enfoncée. — Attaque au corps de bataille. — Philippe-Auguste est désarçonné et foulé aux pieds des chevaux. — Le comte de Boulogne. — Othon prend la fuite. — Victoire complète des Français.

CHAPITRE XXVI.

(Page 279 à 305.)

Juillet 1214.

Résultat de la bataille de Bouvine. — Nouvelle conjuration. — Sévérité du roi. — Le comte de Boulogne. — Le comte de Flandre. — Entrée de Philippe dans Paris. — Répartition des prisonniers. — Captifs faits par les communes. — Effets politiques de la bataille de Bouvine. — Angleterre. — Empire. — Flandre. — Fiefs anglais. — État du royaume après la victoire.

CHAPITRE XXVII.

(Page 305 à 354.)

1213 — 1216.

Préparatifs de la croisade de Louis de France contre les Albigeois. —Situation de la Langue-doc depuis les conquêtes de Montfort. — Réclamations de Philippe-Auguste.—Du roi d'Aragon. — Le pape suspend la croisade. — Concile de Lavaur. — Appel de sa décision. — Prise d'armes du roi d'Aragon, des comtes de Toulouse, de Cominges et de Foix. — Soulèvement de la Provence.—Siège de Muret.—Grande défaite des Provençaux. — Cause de la perte de la bataille de Muret.— Soumission de la Langue-doc. — Alliances de Montfort. — Cession du comté de Toulouse par Raymond à son fils. — Concile de Montpellier. — Le sire de Montfort proclamé seigneur de la Langue-doc.—Confirmation du pape. — Départ de Louis pour la croisade des Albigeois.—Louis dans la Langue-doc.— Séjour à Toulouse. — Concile de Latran.— Décret du concile. —État féodal de la Langue-doc.—Montfort est admis à l'hommage, comme comte de Toulouse, par Philippe-Auguste.

CHAPITRE XXVIII.

(Page 354 à 397.)

1204—1214.

Cour et gouvernement de Philippe-Auguste. — Sa famille. — La reine Ingerburge.— Naissance de Philippe, petit-fils du roi.— Anne de France, et l'empire latin à Constantinople. — Jean de Brienne. — Colonies chrétiennes de la Palestine. — Croisade chevaleresque contre les Maures d'Espagne. — Actes du gouvernement. — Libertés bourgeoises. — Rapports de féodalité avec les grands feudataires.—Bourgogne. — Bretagne.—Champagne. — Rapports avec les arrière-vassaux. —Avec les églises —Événemens contemporains. — Actes d'administration et d'utilité publique.

1204 — 1216.

Résumé. — Caractères généraux de cette quatrième époque. — Esprit de la guerre des Albigeois. — Le comte de Montfort. — Le comte de Toulouse. — Pierre de Castelnau. — St.-Dominique.—Puissance papale en Angleterre. — Le catholicisme. — Sur la bataille de Bouvine.—Biographie littéraire.

FIN DE LA TABLE.

IMPRIMERIE DE A. BARBIER,

www.ingramcontent.com/pod-product-compliance
Lightning Source LLC
Chambersburg PA
CBHW070928230426
43666CB00011B/2358